本书是山东省社会科学规划项目海洋强省建设研究专项"南太平洋地区海洋治理及对山东的启示"（项目编号：19CHYJ11）的阶段性研究成果

域外国家对太平洋岛国的
外交战略研究

RESEARCH ON DIPLOMATIC STRATEGIES
OF EXTRA-REGIONAL STATES
TOWARDS PACIFIC ISLAND COUNTRIES

梁甲瑞　著

社会科学文献出版社
SOCIAL SCIENCES ACADEMIC PRESS (CHINA)

梁甲瑞

2017年毕业于天津师范大学，获法学博士学位；2018年进入华东师范大学政治学博士后流动站工作；现为聊城大学历史文化与旅游学院教师、聊城大学太平洋岛国研究中心研究员，主要从事全球海洋治理以及太平洋岛国研究。任职以来在《太平洋学报》、《国际论坛》、《中国软科学》、《德国研究》、China Quarterly of International Strategic Studies 等国内外知名期刊发表论文20余篇；出版学术专著《中美南太平洋地区合作：基于维护海上战略通道安全的视角》；目前主持自然资源部委托项目"中国与小岛国海洋高层会晤机制研究"、山东省社会科学规划项目海洋强省建设研究专项"南太平洋地区海洋治理及对山东的启示"(19CHYJ11)。

前　言

在国际舞台上，太平洋岛国被认为是传统意义上的小国，但它们又是海洋大型国家。在新的全球语境下，太平洋岛国海洋大型发展中国家的身份不断获得国际社会的认同。然而，它们未来在建构身份的过程中仍面临着一些阻力，这些阻力既有内部因素，也有外部因素。相对于传统海洋强国相比，增强太平洋岛国在国际海洋事务中的积极作用有助于维护发展中国家的合法权益。基于太平洋岛国的海洋大型国家身份，域外很多国家都积极发展同它们的外交关系，主要的域外国家有美国、英国、德国、印度、印尼、古巴、中国、法国、日本。这些域外国家有着不同的战略考量，也有着不同的战略利益，因此采取了不同的战略措施。

在谋和平、促发展成为主流的今天，传统的以争夺南太平洋地区海上战略通道、争取太平洋岛国联合国投票权、夺取南太平洋海洋资源为目的的零和博弈已经很难立足。域外国家需要在全人类共同利益的基础上，开辟合作路径，在南太平洋地区进行海洋治理，确保海洋的健康、安全，在南太平洋地区建构新型海洋秩序。发展海洋外交可以成为包括中国在内的域外国家建构与太平洋岛国人类命运共同体的最佳切入点。具体而言，构建命运共同体应该包括两个关键的路径，一是意识层面的路径，二是务实与互惠合作层面路径。就从海洋外交切入而言，域外国家与太平洋岛国既应在海洋领域实现务实合作，也应实现对海洋的共同认知。命运共同体的构建也面临着一些挑战。太平洋岛国远离国际社会的热点地区，深受西方文化影响，排斥外来文化。同时，一些太平洋岛国政局不稳，政治生态环境较差，这也是构建命运共同体的一个限制因素。

目　录
CONTENTS

第一章　从小国到海洋大型发展中国家：太平洋岛国的身份辨析……… 001
　一　太平洋岛国传统意义上的小国身份…………………………………… 002
　二　太平洋岛国海洋大型发展中国家身份的内在属性…………………… 008
　三　太平洋岛国海洋大型发展中国家身份的外在表现…………………… 013
　小　结………………………………………………………………………… 045

第二章　德国重返南太平洋………………………………………………… 047
　一　德国对太平洋岛国政策的新动向……………………………………… 047
　二　德国外交政策变化背后的战略考量…………………………………… 056
　三　德国外交政策变化对南太平洋地区战略环境的影响………………… 060
　小　结………………………………………………………………………… 062

第三章　英国维持南太平洋海权…………………………………………… 063
　一　英国参与南太平洋地区的动因：南太平洋海上战略通道的价值 …… 063
　二　英国在南太平洋地区的战略手段……………………………………… 065
　三　英国对南太平洋地区的影响…………………………………………… 071
　小　结………………………………………………………………………… 073

第四章　美国维护世界霸主地位 ………………………… 075
- 一　马汉的"海权论" ………………………………… 075
- 二　海权论在美国南太平洋海洋战略历史中的演变 ……… 079
- 三　美国对太平洋岛国的外交战略 …………………… 085
- 四　美国在南太平洋控制海上战略通道的手段 ………… 101
- 小　结 ………………………………………………… 106

第五章　日本建设海洋强国及政治大国 ………………… 107
- 一　日本对太平洋岛国外交战略的动因 ……………… 108
- 二　日本对太平洋岛国的外交手段 …………………… 114
- 小　结 ………………………………………………… 120

第六章　中国构建蓝色经济通道 ………………………… 121
- 一　蓝色经济通道的基础：达成共建蓝色伙伴关系的共识 … 121
- 二　蓝色经济通道的内容 ……………………………… 125
- 三　构建蓝色经济通道的困境 ………………………… 131
- 小　结 ………………………………………………… 132

第七章　印度加速东进行动 ……………………………… 134
- 一　印度参与南太平洋地区的内在逻辑 ……………… 135
- 二　印度参与南太平洋地区的现状 …………………… 141
- 三　印度在南太平洋地区的战略手段 ………………… 145
- 四　印度在南太平洋地区的前景 ……………………… 156
- 小　结 ………………………………………………… 160

第八章　印度尼西亚建设海洋强国 ……………………… 161
- 一　印尼与太平洋岛国交往的历史 …………………… 162
- 二　印尼对太平洋岛国外交战略的动因 ……………… 164

三　印尼对太平洋岛国的外交战略手段 …………………………… 172
　　小　结 ……………………………………………………………… 177

第九章　法国定位太平洋国家身份 ………………………………… 179
　　一　法国参与南太平洋地区的历史追溯 …………………………… 180
　　二　法国的战略调整 ………………………………………………… 185
　　三　太平洋岛国及区域外大国的反应 ……………………………… 195
　　小　结 ……………………………………………………………… 198

第十章　古巴开展医疗外交 ………………………………………… 200
　　一　古巴的医疗援助：南太平洋地区的新型援助模式 …………… 201
　　二　古巴医疗援助的特点 …………………………………………… 204
　　三　古巴医疗援助的动因 …………………………………………… 206
　　四　古巴对太平洋岛国外交战略的影响 …………………………… 210
　　小　结 ……………………………………………………………… 215

第十一章　域外国家对太平洋岛国外交战略的对比 ……………… 216
　　一　战略动机 ………………………………………………………… 216
　　二　战略手段 ………………………………………………………… 224
　　三　域外国家对太平洋岛国外交战略的历史与前景 ……………… 227
　　小　结 ……………………………………………………………… 238

结　语 ………………………………………………………………… 240

参考文献 ……………………………………………………………… 247

后　记 ………………………………………………………………… 256

第一章 从小国到海洋大型发展中国家：太平洋岛国的身份辨析

有些学者认为，确切地定义小国是不可能的。因此，他们通常忽略定义问题，或者干脆以主观上的"自认为"或"被认为是"作为挑选研究对象的标准。[①] 传统意义上，太平洋岛国被认为是小型国家，国小民少，具有很大的脆弱性。国际社会通常把"小国"的标签视为太平洋岛国的身份。然而，太平洋岛国拥有广阔的海洋面积、人海合一的海洋观念、大量关于全球海洋治理的区域组织以及在全球海洋会议中的话语权。因此，它们又是海洋大型发展中国家。以往学术界的研究往往聚焦于以美国、日本、英国等为代表的海洋强国，但忽略了对于海洋大型发展中国家的关注。《太平洋岛国区域海洋政策和针对联合战略行动的框架》(Pacific Islands Regional Ocean Policy and Framework for Integrated Strategic Action) 中明确界定了太平洋岛国的身份，"太平洋岛国被认为是小岛屿发展中国家，也被认为是海洋大型发展中国家"。[②] 随着全球海洋治理理念和实践的不断发展，太平洋岛国作为全球海洋大型发展中国家的身份逐渐获得认同。太平洋岛国海洋大型发展中国家身份的建构不是一蹴而就，而是经历了不断地发展以及与国际社会的互动形成的。早在20世纪80年代，就有学者提出了太平洋岛国有可能成为海洋大国的观点。比如，在比

[①] Heiner Hanngi, "Small State as a Third State: Switzerland and Asia-Europe Internationalism," in Laurent Goetscheled., *Small States Inside and Outside the European Union: Interests and Policies*, Boston: Kluwer academic Publishers, 1998, pp. 79 – 95.

[②] Secretariat of the Pacific Community, *Pacific Islands Regional Ocean Policy and Framework for Integrated Strategic Action*, 2005, p. 4, http://www.sprep.org/att/IRC/eCOPIES/Pacific_Region/99.pdf.

利安娜（Biliana Cicin-Sain）和罗伯特·克内克特（Robert W. Knecht）看来，"美国和其他发达国家通常把南太平洋的岛国看作'微型国家'，仅仅是依据这些岛国的陆地面积、人口和经济规模。但决策者必须意识到随着南太平洋地区引入 200 海里专属区的概念，以及太平洋岛国论坛和其他区域组织在海洋问题上的有效协调，太平洋岛国有潜力从'微型国家'成为大型海洋强国"。[1] 本章包括三部分，第一部分探讨传统意义上太平洋岛国的小国身份，第二部分探讨太平洋岛国海洋大型发展中国家身份的内在属性，第三部分探讨太平洋岛国海洋大型发展中国家身份的外在体现。

一　太平洋岛国传统意义上的小国身份

由于太平洋岛国国小民少，毫无疑问，它们是名副其实的小国。未来，这些局限性阻碍着太平洋岛国成为海洋发达国家的目标。陆地面积、人口、经济和环境特征一直是用来界定小岛屿国家的指标。[2] 传统意义上，太平洋岛国是典型的小岛屿国家，因此本文将从这四个指标上来界定其传统身份。

（一）脆弱的经济能力

长久以来，太平洋岛国处于国际政治的边缘地带，国力弱小，在国际舞台上扮演着弱国的角色，是名副其实的小国。因此，许多岛国不得不依赖外部援助来维持国家的正常运转。对于它们来说，外援是维系社会稳定和经济增长的重要手段。同时，来自澳大利亚与新西兰的侨汇也是太平洋岛国收入的重要来源。以瑙鲁为例，该国之前被称为"幸福的岛屿"，磷酸盐的开采是其主要的收入来源。20 世纪六七十年代，瑙鲁是世界上人均收入最高的国家。然而，瑙鲁已经没有可开采的磷酸盐，投资也随之减少。侨汇成为瑙鲁最主要的经济来源。任何经济活动都是在一定的规模上进行的。如果不能

---

[1] Biliana Cicin-Sain, Robert W. Knecht, "The Emergence of a Regional Ocean Regime in the South Pacific", *Ecology Law Quarterly*, Vol. 16, Issue 1, 1989, p. 211.

[2] Mark Pelling, Juha I. Unitto, "Small island developing states: natural disaster vulnerability and global change", *Environmental Hazards*, Vol. 2, No. 3, 2001, p. 50.

达到经济活动所要求的"最小有效规模"(MES)①,经济效率就会受到严重约束,经济活动就无法持续下去。规模问题正是太平洋岛国经济面临的主要缺陷。普遍性的市场狭小、资源不足衍生了岛国的经济特征,导致了岛国经济的单一化和专门化。它们的支柱产业主要是农业、林业、渔业等。相对而言,这些部门都是劳动密集型产业,技术含量较低。农业是太平洋岛国的基础产业,从事农业的劳动人口是劳动力的主体,他们一般占全国总人口的半数以上。除此之外,太平洋岛国渔业资源丰富。独立后,各国纷纷重视渔业资源的开发。仅金枪鱼一项每年产70多万吨,占全世界总产量的20%左右。②据估计,太平洋岛国专属经济区中,金枪鱼资源每年可产生约40亿美元的价值,但其中只有15%流向这些岛国。太平洋岛国的主要经济来源是出售捕捞许可资格。境外渔船捕捞金枪鱼的数量占总量的三分之二,其中近90%的金枪鱼被运送到区域外进行加工处理。罗根瓦尔德·哈内森(Rögnvaldur Hannesson)认为,"传统意义上,太平洋岛国根本未有效利用渔业资源,但海洋专属经济区使它们获得了控制渔业资源的资格。然而,事实上,大部分渔业资源被境外捕鱼船所控制"。③近海渔业也受到了人口增长和气候变化的威胁,经济价值高的品种濒临灭绝。④很多学者已经意识到了境外捕鱼船的负面影响,比如,大卫·豆尔曼(David J. Doulman)和彼得·塔拉瓦斯(Peter Terawasi)认为,"在南太平洋地区,大片的海域都要遵循沿岸国家管辖权。很多远海捕鱼国的渔船在该地区活动,因此有必要建立一个监督这些渔船的机制,以更好地维护太平洋岛国论坛渔业处(Pacific Islands Forum Fisheries Agency,FFA)成员国的对于渔业资源的合法权益"。⑤FFA指出,"太平洋岛国需要制定促进本地工业发展的政策,目的是促进经济增长。当下,本地渔业带来的就业机会比较少,对减弱贫困和维护食品安

---

① "最小有效规模"是指维持一个产品产出所需之最小水平的市场规模。Harvey W. Armstrong&Robert Read, "The Phantom of Liberty? Economic Growth and the Vulnerability of Small States", *Journal of International Development*, Vol. 12, No. 4, May 2002.

② 汪诗明、王艳芬:《太平洋英联邦国家:处在现代化的边缘》,四川人民出版社,2005,第256~261页。

③ Rögnvaldur Hannesson, "The exclusive economic zone and economic development in the Pacific island countries", *Marine Policy*, Vol. 32, No. 6, 2008, p. 886.

④ "A Regional Roadmap for Sustainable Pacific Fisheries", Ocean Conference, July 27, 2017, https://oceanconference.un.org/commitments/? id=18778.

⑤ David J. Doulman and Peter Terawasi, "The South Pacific Regional Register of Foreign Fishing Vessels", *Marine Policy*, July, 1990, p. 325.

全的影响很低。比如，太平洋岛国捕捞金枪鱼的收入为 2 亿美元，但域外国家在同样海域捕捞金枪鱼的收入超过 10 亿美元。"① 太平洋岛国已经意识到了问题的严重性，并做出了相应的举措。2015 年，在太平洋岛国论坛领导人会议上，领导人强调了从地区渔业获得最大化经济收益的重要性。领导人同样批准了"太平洋可持续渔业的地区路线图"（Regional Roadmap for Sustainable Pacific Fisheries），目的是五年内实现增加渔业领域的经济效益。②

（二）陆地面积较小

在太平洋岛国中，21 个太平洋岛国和属地的总面积约为 55.1 万平方千米。其中，面积较大的国家为巴布亚新几内亚（46.28 万平方千米）、斐济（1.83 万平方千米）、所罗门群岛（2.84 万平方千米）、瓦努阿图（1.22 万平方千米），面积较小的国家为瑙鲁（21.1 平方千米）、图瓦卢（26 平方千米）等。因此，所有的太平洋岛国面积都很小。除了巴布亚新几内亚之外，绝大部分岛国的陆地面积狭小，小地域限制了经济的选择。除了远离主要的宗主国之外，岛国之间处于相互隔离的状态，这无疑增加了交通运输的成本。许多岛国位于容易引起诸如飓风、洪水、海啸、干旱等自然灾害的气候区，正因为如此，斐济、汤加、关岛、北马里亚纳群岛易受飓风的袭击，对农业、房屋、基础设施的影响很大。太平洋岛国的地理结构和分布程度（degree of distribution）不尽相同。太平洋群岛的形成都是火山成因，它们可以分为三类：①复杂蛇纹石构造。巴布亚新几内亚、所罗门群岛以及新喀里多尼亚都属于此类。②高密度火山结构。代表性的有拉罗汤加和库克群岛。③珊瑚环礁。这类主要有托克劳、北库克群岛、瓦利斯与富图纳和马绍尔群岛。大部分岛国都属于第一类。山脉和崎岖的地形是它们的共同特点。一些岛国，比如纽埃和萨摩亚，相对比较紧凑，只有一个或几个临近的小岛。相反，其他许多岛国由很多岛屿组成，这些岛屿散落在广阔的海洋上，比如，基里巴斯、法属波利尼西亚和密克罗尼西亚联邦，就属于这种类型。③

---

① "FFA Fisheries Development", FFA, https://www.ffa.int/node/64.
② Pacific Islands Forum Secretariat, *Annual Report 2016*, 2017, p. 10. http://forumsec.org/resources/uploads/embeds/file/Pacific-Islands-Forum-Secretariat-Annual-Report-2016.pdf, Fiji: Suva.
③ I. J. Fairbairn, Charles E. Morrison, Richard W. Baker and Sheree A. Groves, *The Pacific Islands: Politics, Economics and International Relations*, Honolulu: University of Hawaii Press, 1991, pp. 3-60.

（三）岛国总体人口较少

韦民把小国界定为"人口规模低于1000万的主权国家"。① 依据此定义，太平洋岛国显然属于小国的行列。2017年，世界银行统计了11个太平洋岛国②的人口，总数大约为230万人。③ 2014年，联合国人口基金会（United Nations Population Fund）对15个太平洋岛国和属地④进行了人口和发展的统计。这15个国家和属地的总人口为993.7万。其中，所罗门群岛、基里巴斯、图瓦卢、瓦努阿图被归类为"最不发达国家"（Least Developed Countries, LDCs）。即便巴布亚新几内亚的人口为760万，所有的15个太平洋岛国和属地的人口仍然较少。巴布亚新几内亚、斐济和萨摩亚的人口占了总人口的90%左右。6个太平洋岛国的总人口不足2万。尽管人口较少，但是有的岛国人口密度很大。南太平洋地区的环境非常脆弱，较高的人口密度威胁着供水系统、环境卫生、固体废弃物治理，导致了环境和健康危机。迁移一直是太平洋岛民的一种生活方式，它影响了太平洋岛国的出生率和人口分布。目前的现象是城镇化，即人口由外围岛屿或农村向市中心迁移。在绝大多数的美拉尼西亚和波利尼西亚地区，城镇人口的增长率远高于农村。国际迁移使得太平洋岛国的人口增长相对较低。事实上，很多较小的岛国担心人口流向诸如澳大利亚、新西兰这样的地方。据估计，每年离开太平洋岛国的居民达到1.6万人。婴儿死亡率通常用来衡量一个国家的健康状况。巴布亚新几内亚和基里巴斯的婴儿死亡率比较高。⑤

就小国而言，人口低于100万的国家被称为"极端小国"（extremely small country），介于100万~500万的国家被称为"弹丸小国"（very

---

① 韦民：《小国与国际关系》，北京大学出版社，2014，第58页。
② 11个太平洋岛国分别是斐济、基里巴斯、马绍尔群岛、密克罗尼西亚联邦、瑙鲁、帕劳、萨摩亚、所罗门群岛、汤加、图瓦卢、瓦努阿图。
③ "The World Bank In Pacific Islands", The World Bank, September 19, 2017, http://www.worldbank.org/en/country/pacificislands/overview.
④ 15个太平洋岛国分别是巴布亚新几内亚、斐济、所罗门群岛、瓦努阿图、萨摩亚、基里巴斯、汤加、密克罗尼西亚联邦、马绍尔群岛、帕劳、库克群岛、图瓦卢、瑙鲁、纽埃、托克劳。
⑤ UNFPA, *Population and Development Profiles: Pacific Island Countries*, http://pacific.unfpa.org/sites/default/files/pub - pdf/web _ _ 140414 _ UNFPAPopulationandDevelopmentProfiles - PacificSub - RegionExtendedv1LRv2_ 0. pdf, 2014, pp. 5 - 8.

small countries），介于 500 万～1600 万的国家被称为"小国"。① 基于上面的数据，除了巴布亚新几内亚之外，绝大部分太平洋岛国属于"极端小国"的范畴。传统意义上，人口几乎是国家权力的重要指标。在汉斯·摩根索（Hans J. Morgenthau）看来，"鉴于人口数量是国家权力所依赖的因素之一，又鉴于一国权力总是相对于其他国家的权利而言的，因此竞争权力的各个国家的相对人口数字，特别是它们的相对增长率就值得注意"。②

（四）自然环境比较脆弱

气候变化已经给小岛屿国家带来一系列的负面影响。③ 对太平洋岛民而言，气候变化使他们成为世界上受此影响最深的人群。丽贝卡·欣格利（Rebecca Hingley）把太平洋岛民视为"气候难民"（Climate Refugees）。④ 南太平洋区域环境署在《战略计划 2011～2015》（Strategic plan 2011～2015）中指出，"全球气候变化正不均衡地深刻影响着太平洋岛国。虽然太平洋岛国对全球温室气体的排放影响很小，但在全球范围内，它们是首先受此影响的群体。绝大部分太平洋岛国正在经历气候变化对基础设施、供水、沿岸和森林生态系统、渔业、农业、人类健康的影响。不仅如此，太平洋岛国日益感受到了海平面上升、海洋温度上升、海洋酸化以及气温的总体上升。"⑤ 联合国 2012 年《亚太人类发展报告》（Asia-Pacific Human Development Report）指出，"未来的气候变化将对太平洋岛国地区的生存带来一系列根本性的挑战。在过去 100 多年中，南太平洋地区的温度净增加 0.6℃，进而引起了大约 17 厘米的海平面上升，这引发了大规模的海啸和海岸侵蚀。在未来的 100 年，南太平洋地区的温度预计会增加 1.4～3.7℃，海平面将在 2100 年之前上升 120～200 厘米。气候变暖将会

---

① Dominick Salvatore, Marjan Svetlicic, *Small Countries in a Global Economy: New challenges and Opportunities*, New York: Palgrave, 2001, pp. 72 - 73.
② 〔美〕汉斯·摩根索著《国家间政治》，徐昕、郝望、李保平译，北京大学出版社，2006，第 164 页。
③ Mark Pelling, Juha I. Unitto, "Small island developing states: natural disaster vulnerability and global change", *Environmental Hazards*, Vol. 2, No. 3, 2001, p. 13.
④ Rebecca Hingley, "'Climate Refugees': An Oceanic Perspective", *Asia&The Pacific Policy Studies*, Vol. 4, No. 1, 2017, pp. 158 - 159.
⑤ SPREP, *Strategic Plan 2011 - 2015*, Samoa: Apia, 2011, p. 16.

对一些生存因素产生影响，包括食物安全和疾病，而海平面上升将会对南太平洋地区的可居住性带来重大挑战"。① 除此之外，太平洋岛国的农业和林业对气候变化同样具有很大的脆弱性。② 丽贝卡·欣利也表达了类似的观点，"气候变化可能带来了最严重的危机，但每个地区受气候变化的影响不同。南太平洋地区是世界上受气候变化影响最严重的地区"。③ 基于此，太平洋岛国对《巴黎协定》充满了期待，希望通过《巴黎协定》来提升自身减缓气候变化的能力。2017年9月，《第四十八届太平洋岛国论坛公报》指出，"论坛领导人强调了他们对于'针对太平洋复原力发展的框架'（Framework for the Resilient Development of the Pacific，FRDP）的呼吁，以体现《巴黎协定》的成果。同时，论坛领导人在2016年11月的第22届缔约国大会（COP 22）上，渴望关于气候变化的《巴黎协定》尽快生效，并重申了太平洋岛国论坛将继续与其他国家一道履行《巴黎协定》规定的责任。考虑到太平洋岛国在气候变化方面的巨大脆弱性，论坛领导人呼吁国际社会采取紧急行动，重视太平洋岛国的气候变化问题，其中包括2018年之前定稿《巴黎协定指导方针》（Paris Agreement Guidelines）"。④ 对太平洋岛民的生活、安全和健康而言，太平洋岛国论坛领导人不断重申气候变化是他们面临的最大威胁。他们同样重申了对于国际财政支持的迫切需求。⑤

---

① Patrick D. Nunn, "Climate Change and Pacific Island Countries", *Asia-Pacific Human Development Report Background Papers*, 2012, pp. 1 – 2.

② Pacific Community, *Vulnerability of Pacific Island agriculture and forestry to climate change*, New Caledonia: Noumea, 2016, p. 3, https: //spccfpstore1. blob. core. windows. net/digitallibrary – docs/files/6f/6fdef19c8085874a0406d7e1f64897bd. pdf? sv = 2015 – 12 – 11&sr = b&sig = d5NzpJVpNFlHGxCcYM9GZHvjSx9qq8RxGVzCZM9UCiQ%3D&se = 2018 – 09 – 16T07%3A25%3A39Z&sp = r&rscc = public%2C%20max – age%3D864000%2C%20max – stale%3D86400&rsct = application%2Fpdf&rscd = inline%3B%20filename%3D%22Vulnerability_ Pacific_ agriculture_ climate_ change. pdf%22.

③ Rebecca Hingley, " 'Climate Refugees': An Oceanic Perspective", *Asia&The Pacific Policy Studies*, Vol. 4, No. 1, 2017, p. 158.

④ Pacific Islands Forum, *Forty-Eight Pacific Islands Forum Communique*, Samoa: Apia, 2017, p. 5, http: //www. forumsec. org/resources/uploads/embeds/file/Final_ 48%20PIF%20Communique_ 2017_ 14Sep17. pdf.

⑤ "Climate finance: Strengthening capacity in the Pacific", The Pacific Islands Forum Secretariat, http: //www. forumsec. org/resources/uploads/attachments/documents/Climate_ Finance_ Strengthening_ Capacity. pdf.

二 太平洋岛国海洋大型发展中国家身份的内在属性

从实体上看,作为海洋国家,太平洋岛国虽然陆地面积狭小,但是根据《联合国海洋法》,太平洋岛国拥有广阔的海洋专属经济区。从历史传统上看,太平洋岛国拥有"人海合一"的传统观念;从现实看,太平洋岛国具备宝贵的海洋治理理念和经验。这些因素决定了太平洋岛国海洋大型发展中国家的内在身份属性。

(一) 广阔的海洋专属经济区

太平洋岛国有着成为海洋大型发展中国家的先天条件,即拥有广阔的海洋专属经济区。对于大片公海的海洋区域来说,200海里资源专区对该海域有着重要的影响,特别是对拥有很多群岛的南太平洋海域。分散的小岛国几乎在一夜之间拥有了南太平洋海域资源的合法权利。与其他沿岸国家一样,21个太平洋岛国和属地建立的南太平洋200海里经济区创建了一组毗邻的专属经济区和渔业专属区,横跨了超过4个时区和25度的维度。20世纪70年代末、80年代初,200海里专属经济区明显地改变了南太平洋。接近40%的南太平洋被置于国家资源的管辖权之下。几乎大片海域的所有资源和超过了3000万平方公里的经济使用面积,目前被太平洋岛国所控制。比如,基里巴斯的陆地面积为690平方公里,但却控制着350万平方公里的海域。如果不算巴布亚新几内亚,太平洋岛国所控制的海洋面积是它们陆地面积的大约300倍,这是与世界上其他沿岸国家最大的不同。以拥有世界上最大海洋专属经济区之一的美国为例,其海洋与陆地面积的比例少于2∶1。[1] 根据《太平洋岛国区域海洋政策和针对联合战略行动的框架》(Pacific Islands Regional Ocean Policy and Framework for Integrated Strategic Action) 的解读,南太平洋地区包括岛国和属地 (太平洋共同体) 所在的太平洋的一部分,这些国家是太平洋区域理事会 (CROP) 的成员国。南太平洋区域的范畴不仅包括这些岛国所拥有的200海里专属经济区,还包括支持该地区海洋生态系统的海洋和沿岸地区。在这里,"海洋"被定义为海洋里的水域、海底

---

[1] Biliana Cicin-Sain & Robert W. Knecht, "The Emergence of A Regional Ocean Regime In The South Pacific", *Ecology Law Quarterly*, Vol. 16, Issue 1, 1989, p. 1.

下、海洋大气及大洋接口中的有生命的和无生命的元素。①

广阔的海洋专属经济区意味着太平洋岛国具备了拥有丰富渔业资源的前提。南太平洋地区的海洋渔业资源分为两类：近海渔业（offshore）和沿海渔业（congshore fishery）。近海渔业资源包括金枪鱼、旗鱼以及外来物种（allied species）。近海渔业包括多样的长须鲸和无脊椎动物。② 与大西洋、印度洋、东太平洋海域的金枪鱼捕捞不同，中西太平洋海域的大部分金枪鱼属于太平洋岛国的专属经济区，大约57%的金枪鱼来自这些专属经济区。域外国家在南太平洋捕鱼所支付的"使用费"（access fees）成为太平洋岛国财政收入的重要组成部分。为了保护这些宝贵的渔业资源以及提高管理金枪鱼的能力，南太平洋地区在渔业管理方面加强合作，成为全球渔业管理的首个典范。③

（二）人海合一的海洋观念

自古以来，海洋是太平洋岛国居民生活的重要部分。南太平洋为岛国的居民提供了交通、资源、食物以及身份认同感。④ 对太平洋岛国而言，海洋不仅是获取资源的来源，还是它们日常生活的重要组成部分，达到了"人海合一"的层次。正如德吾德·策尔克（Jon M. Van Dyke）和格莱特·休伊森（Grant Hewison）所言，"几百年来，'无限海洋'的观念一直成为西方国家的主流意识，当代西方文明的建立基于对海洋及其海洋资源的开发和征服。因为海洋一直被视为边界地区，所以'听之任之'的态度成为许多国家面对海洋及其资源的理念。大量当下及未来保护海洋的实践都可以从土著人的传统中发现。依岛屿或海岸生存的居民早在快速交通或联系的时代之前，就意识到了海洋资源的有限性，并需要保护。传统意义上，人们不把海洋生物视为不同的种类，而视他们为整体生活的一部分。如今，太平洋岛民

---

① Secretariat of the Pacific Community, *Pacific Islands Regional Ocean Policy and Framework for Integrated Strategic Action*, 2005, p. 4, http://www.sprep.org/att/IRC/eCOPIES/Pacific_Region/99.pdf.

② Robert Gillett, *Fisheries of the Pacific Islands*, Bangkok: FAO Regional Office for Asia and the Pacific, 2011, pp. 4 – 20.

③ Quentin Hanich, "Regional fisheries management in ocean areas surrounding Pacific Island States", in H. Terashima, eds., *Proceedings of the International Seminar on Islands and Oceans*, Tokyo: Ocean Policy Research Foundation, 2010, pp. 2 – 3.

④ World Bank, "A Global Representative System of Marine Protected Areas, Marine Region 14: Pacific", 1995, p. 2. http://www.environment.gov.au/coasts/mpa/nrsmpa/global/volume4/chapter14.html.

开始构建基于自身对海洋认知的南太平洋海洋机制，并引进保护海洋环境的路径。太平洋岛国在海洋治理方面的经验和倡议将指导我们如何可持续生存"。① 《太平洋岛国区域海洋政策和针对联合战略行动框架》（Pacific Islands Regional Ocean Policy and Framework for Integrated Strategic Action）中指出，"太平洋岛屿社区构建在散落的海洋群岛上，这其中发生了人类历史上一些最为鼓舞人心的人口迁移。海洋对太平洋岛屿社区整合程度，胜于其他一切。对太平洋岛国人民而言，海洋不仅是交通的媒介，而且是食物、传统和文化的源泉。自居民定居在太平洋岛屿地区以来，海洋的生物多样性为居民提供了生活的来源"。② 《战略计划2011~2015》指出，"数千年来，太平洋岛国居民的生存依赖于海洋所提供的丰富的自然资源。不仅如此，海洋还提供了食物、交通、传统实践和经济发展机会"。③ 第47届太平洋岛国论坛峰会《论坛公报》中明确指出了海洋的重要价值，"太平洋地区最重要的自然资源就是海洋"。④

德吾德·策尔克和格莱特·休伊森认为，"对太平洋岛国的居民而言，海洋不仅仅是一种资源，它是一个生命性的存在以及其他生物的家园。海洋养育了太平洋诸岛及其所居住的人类。海浪把太平洋诸岛的祖先从遥远的地方，穿越时空，带到这个地方。对他们来说，陆地和海洋是不分离的，相互依存。他们的生活、健康、灵性和意识都与海洋有着密切的联系"。⑤ 太平洋的夏威夷也把海洋视为一种生命性的存在。在波卡·莱恩（Poka Laenui）看来，"夏威夷人不但把海洋视为环境或资源，而且视海洋为永生上帝和其他一切生物的家园。相反，西方却持一种'人类中心论'或'人类优越论'的观点，海洋只是被用来维持人类的生存，唯一的用途是被人类主宰、掌握和控制，别无其他目的。这种论断把人类同世界上的其他生物隔离开来。在

---

① Jon M. Dyke, Durwood Zaelke, Grant Hewison, *Freedom for the Seas in the 21st Century*, Washington D. C. : Island Press, 1993, pp. 3 - 4.
② Secretariat of the Pacific Community, *Pacific Islands Regional Ocean Policy and Framework for Integrated Strategic Action*, 2005, p. 3, http: //www. sprep. org/att/IRC/eCOPIES/Pacific_Region/99. pdf.
③ SPREP, *Strategic Plan 2011 - 2015*, Samoa: Apia, 2011, p. 7.
④ "Forum Communique", Pacific Islands Forum Secretariat, http: //www. forumsec. org/resources/uploads/attachments/documents/2016_Communique_FINAL_web. pdf.
⑤ Jon M. Dyke, Durwood Zaelke, Grant Hewison, *Freedom for the Seas in the 21st Century*, Washington D. C. : Island Press, 1993, p. 89.

太平洋地区，海洋是许多东西的来源，超越了经济、安全或交通。海洋是太平洋岛国人民食物和健康的来源，为岛国人民提供了身体健康和情感幸福的多种机制。海洋同样提供了灵魂净化、救赎和滋养的源泉以及学习自然之道的途径"。[1] 由此可见，太平洋岛国的海洋观不同于西方国家或其他海洋国家，达到了"人海合一"的层次。只有充分理解太平洋岛国对海洋的理念，才能更好地了解海洋对它们的意义。"海洋资源的可持续发展和利用、海洋和沿岸环境依赖于对海洋的完全理解，包括过去的理念。"[2] 毫无疑问，太平洋居民与海洋有着特殊的密切关系。大部分群岛共同体理念和信仰体系把其子孙后代追溯到海洋。每个太平洋岛民都有着土地和海洋的图腾，并把海洋视为自己的血统，而不是我们所认为的一个省或地区。[3] "人海合一"的观念已经成为太平洋岛国的一个集体身份，而这种集体身份有助于形成集体认同。在亚历山大·温特看来，"集体身份把自我和他者的关系引向其逻辑得出的结论，即认同。认同是一个认知过程，在这一过程中自我－他者的界线变得模糊起来，并在交界处产生完全的超越。自我被'归入'他者"。[4]

（三）太平洋岛国土著居民具有宝贵的海洋治理理念和经验

太平洋岛国在全球海洋治理方面的实践也有效践行着其海洋大型发展中国家的身份。在全球海洋治理方面，南太平洋地区有效地倡导着海洋治理价值理念和践行海洋治理理论。正如太平洋岛国论坛副秘书长安迪·冯泰（Andie FongToy）所言，"面对全球应对如何在可持续发展、管理和保护海洋及海洋资源之间建立一个平衡关系方面，我们一直是先行者。实现这一平

---

[1] Poka Laenui, "An Introduction to Some Hawaiian Perspectives on the Ocean", in Jon M. Dyke, Durwood Zaelke, Grant Hewison, *Freedom for the Seas in the 21st Century*, Washington D. C. : Island Press, 1993, pp. 91 – 94.

[2] Secretariat of the Pacific Community, *Pacific Islands Regional Ocean Policy and Framework for Integrated Strategic Action*, 2005, p. 12, http://www.sprep.org/att/IRC/eCOPIES/Pacific_Region/99.pdf.

[3] "The Blue Pacific at the United Nations Ocean Conference", Pacific Islands Forum Secretariat, January, 2017, http://www.forumsec.org/pages.cfm/newsroom/announcements – activity – updates/2017 – 1/blue – pacific – at – united – nations – ocean – conference.html.

[4] 〔美〕亚历山大·温特著《国际政治的社会理论》，秦亚青译，上海人民出版社，2014，第224页。

衡是开展良好的海洋治理与管理的关键"。① 在过去的数十年间，南太平洋地区的海洋治理面临着严重的威胁，出现了很多海洋问题，比如过度捕捞、环境污染日益严重、海水温度增高、海平面上升等，这些问题严重破坏了海洋环境及海洋生态系统。然而，南太平洋地区在全球海洋治理中扮演着领头羊的角色，主要是因为该地区有着明确的海洋治理主体、客体以及规范。欧盟在《全球海洋治理联合声明》中表达了对于太平洋岛国海洋治理的关切，"许多岛国（包括小岛屿发展中国家）和沿海国家严重依赖海洋资源，对于人类活动对海洋保护和可持续使用的潜在影响，这些显得比较脆弱"。② 太平洋岛民被认为是太平洋的"护卫"，"没有人比世世代代以海洋为家园的太平洋岛民更适合做海洋'护卫'了"。③

就南太平洋地区来说，海洋治理规范从宏观层面到微观层面都具有该地区独特的特点。同时，这些规范既包括框架，又包括海洋保护协议，有效地指导了该地区的海洋治理，有助于保护海洋资源、完善海洋治理。④ 宏观层面上，海洋具有流动性和跨界性的特点，这就需要有一个宏观的规范来指导海洋治理。南太平洋地区已经意识到随着海洋问题的增多，不同领域的规范也越来越多，这使得海洋治理规范具有碎片化的特点，因此需要一个宏观的规范来整合具体领域的规范。⑤ 太平洋岛国传统的"占有"（tenure）和生态观念成为南太平洋地区重要财产，这对于限制准入或在习惯海域的特定活动而言，具有显著的效果。流行的"管家"文化观念影响着区域层面的资源治理决策。虽然大部分太平洋岛国没有成文的习惯法，但它们却被广泛认可，并体现在大部分国家的最高法之中。太平洋岛国的土著海洋治理规范在保护地区生物多样性

---

① 《太平洋岛屿国家，不是小的脆弱经济体，而是大的海洋国家》，博鳌亚洲论坛，2017年3月26日，http：//www.boaoforum.org/2017nhhydt/32865.jhtml。

② "Joint Communication To The European Parliament, The Council, The European Economic And Social Committee and the Committee of the Regions", European Commission, Nov. 18, 2015, http：//eeas.europa.eu/archives/docs/enp/documents/2015/151118_joint-communication_review-of-the-enp_en.pdf.

③ "Ocean Governance: Our Sea of Islands", The Commonwealth, http：//thecommonwealth.org/sites/default/files/inline/Ocean%20Governance%20Our%20Sea%20of%20Islands.pdf.

④ "Key Ocean Policies and Declarations", Pacific Islands Forum Secretariat, January 21, 2015, http：//www.forumsec.org/pages.cfm/strategic-partnerships-coordination/pacific-oceanscape/key-ocean-policies-declarations.html.

⑤ Secretariat of the Pacific Community, *Pacific Islands Regional Ocean Policy and Framework for Integrated Strategic Action*, 2005, p.3, http：//www.sprep.org/att/IRC/eCOPIES/Pacific_Region/99.pdf.

中，发挥着关键的作用。① 国际社会已经意识到了土著居民的观念的独特性，并尊重和保护土著居民的风俗习惯和观念。比如，中国在参与北极的官方政策《中国的北极政策》中指出，"尊重是中国参与北极事务的重要基础。尊重北极土著人的传统和文化，并顾及北极居民和土著人群体的利益"。②

三 太平洋岛国海洋大型发展中国家身份的外在表现

受限于国际政治中权力政治的影响，太平洋岛国在国际事务中的影响力无法与大国媲美。但作为海洋大型发展中国家，太平洋岛国在国际海洋事务中发挥着重要的作用，体现着自身的身份特性。

（一）在《联合国海洋法公约》制定与完善中的关键角色

《联合国海洋法公约》是国际社会长时间反复较量后达成的调和与折中的产物，是海洋资源和权利的再分配，体现了各种利益的协调和若干矛盾冲突的妥协。该公约通过并生效反映了以太平洋岛国为代表的发展中国家的崛起，标志着国际海洋秩序的建立。《联合国海洋法公约》的出现，不仅创造了世界海洋上新的法律机制，还促使所有海洋国家重新对其在海洋上的活动与利用加以重视，亦促使所有海洋国家将海洋视为一个整体，来探讨立法与行政的关系。③ 太平洋岛国在《联合国海洋法公约》的不断完善过程中发挥了不可忽略的作用。

第一，推动《联合国海洋法公约》制定。由于南太平洋地区面临着各种各样的海洋问题，太平洋岛国在保护海洋环境方面积累了丰富的经验，这些地区经验客观上推动着国际海洋法的完善。《南太平洋地区自然资源和环境保护公约》是南太平洋地区首次努力在广阔其地理范围内阻止、减少和控制海洋污染，它成为防止海洋环境恶化的有效工具。该公约把公海纳入了

---

① "Ocean Governance: Our Sea of Islands", The Commonwealth, p. 22. http://thecommonwealth.org/sites/default/files/inline/Ocean%20Governance%20Our%20Sea%20of%20Islands.pdf.
② 《〈中国的北极政策〉白皮书》，新华网，2018年1月26日，http://www.xinhuanet.com/2018-01/26/c_1122320088_2.htm。
③ Raphaey Bille, Lucien Chabason, Petra Drankier, Erik J. Molenaar, Julien Rochette, *Regional Oceans Governance: Making Regional Seas Programmes, Regional Fishery Bodies and Large Marine Ecosystem Mechanisms Work Better Together*, UNEP Regional Seas Reports and Studies No. 197, 2016, p. 2.

保护的区域,这是保护海洋环境领域有意义和重要的一步,但世界上很多大国却忽略了这一点。考虑到太平洋岛国缺乏执行和监测能力以及财政资源,这也许效果不大。然而,对国际法治理公海规则的发展来说,这是一个重要的贡献。① 自 20 世纪 50 年代起,联合国多次召开国际海洋会议,着手研究、制定新的海洋法公约。20 世纪 70 年代,新独立的太平洋岛国意识到了联合国海洋法会议对于它们的重大意义,积极派代表参与该会议。其中,新独立的斐济及其首位总理拉图·卡米塞塞·马拉(Ratu Sir Kamisese Mara)发挥了重要的领导作用,甚至在《联合国海洋法公约》制定完毕后的十年间,联合国第三次海洋法会议斐济代表萨切雅·南丹还担任联合国海洋事务和海洋法公约秘书长特别代表一职。1982 年 12 月,《联合国海洋法公约》制定完成,斐济成为该公约第一个签字国。随后不久,南太平洋论坛成员国相继签约。② 事实上,世界上所有地区的小岛屿国家都积极参与联合国海底委员会,并自 1973 年起参与第三届联合国海洋法大会的实质性会议。作为岛国,它们联合起来,寻求新的海洋机制,在扮演建设性角色的同时,也敦促《联合国海洋法公约》应该考虑到岛屿国家的特殊需求。比如,参考一个国家的陆地和人口,这个国家专属经济区(Exclusive Economic Zone,EEZ)的规模不应该受到限制。可喜的是,小岛屿国家的合理诉求体现在了《联合国海洋法公约》的条款中。③ 1971 年 8 月,太平洋岛国在论坛峰会上讨论了南太平洋的领海需求问题,主要是关于新独立国家在合法领海区域的海洋资源问题,并渴望作为联合国海床委员会成员国的澳大利亚和新西兰,可以及时为岛国提供有效的信息。④

第二,丰富《联合国海洋法公约》的海洋治理规范。《联合国海洋法公约》是一个海洋治理的总体性框架。区域海洋治理机制在这个总框架之下

---

① A. V. S. Va'ai, "The Convention for the Protection of the Natural Resources and Environment of the South Pacific Region: Its Strengths and Weaknesses", in Jon M. Dyke, Durwood Zaelke, Grant Hewison, ed., *Freedom for the Seas in the 21st Century*, Washington D. C. : Island Press, 1993, p. 113.

② 曲升:《南太平洋区域海洋机制的缘起、发展及意义》,载《太平洋学报》2017 年第 2 期,第 4~5 页。

③ Tuiloma Neroni Slade, *The Making of International Law: The Role of Small Island States*, Int'l&Comp. L. J. , 2003, pp. 534 – 535.

④ Pacific Islands Forum Secretariat, Joint Final Communique, p. 3. http://www.forumsec.org/resources/uploads/attachments/documents/1971%20Communique – Wellington%205 – 7%20Aug. pdf.

运行。南太平洋地区许多具体的关于海洋环境和资源的保护利用丰富了这个总体框架的具体条款。① 同时，南太平洋地区的很多海洋治理规范契合、丰富了《联合国海洋法公约》。《联合国海洋法公约》是海洋治理的国际法基础，对内水、临海、专属经济区、大陆架、公海等概念进行了界定，并对领海主权争端、污染处理等具有指导作用。《战略计划 2016～2020》的制定基于"可持续发展目标"（Sustainable Development Coals，SDG）的海洋治理理念。"《战略计划 2016～2020》的执行考虑了全球环境的作用。2015 年，太平洋共同体通过了 SDG 的承诺。SDG 体现了太平洋共同体很多成员国的发展重点，为《战略计划 2016～2020》提供了全球和地区框架及多边协议。"② 《区域海洋政策与联合战略行动的框架》的基础则是《联合国海洋法公约》，"南太平洋区域海洋政策致力于推动太平洋地区海洋环境的保护和治理，并支持该地区的可持续发展。它的指导原则是《联合国海洋法公约》和其他国际及地区协议。"③ 南太平洋区域环境署在 2011 年通过了《战略计划 2011～2015》，其中指出"提高成员国参与气候变化谈判的能力，承担国际责任，尤其是《联合国气候变化框架公约》所规定的责任，具有重要的意义"。④

第三，有效践行专属经济区的概念。太平洋岛国对于践行 EEZ 达成了共识。1976 年 7 月，在第 17 届论坛峰会上，论坛领导人强调了岛国依附于联合国海洋法发展的重要性。所有成员国从 200 海里 EEZ 的建立中获取了益处，岛国掌握了海洋资源，这为岛国带来了新的经济机会。论坛领导人意识到需要做很多准备，目的是建立 EEZ 以及确保 EEZ 一旦建立，就能最大限度地为岛国带来优势。这就需要区域层面的合作与协调。论坛成员国需要防止未经协商的决策，这种决策会牺牲南太平洋地区的整体利益。论坛采取的准备措施包括与在该地区捕鱼的域外国家进行谈判。同时，论坛

---

① Raphael Bille, Lucien Chabason, Petra Drankier, Erik J. Molenaar, Julien Rochette, *Regional Oceans Governance: Making Regional Seas Programmes, Regional Fishery Bodies and Large Marine Ecosystem Mechanisms Work Better Together*, UNEP Regional Seas Reports and Studies No. 197, 2016, p. 14.

② Pacific Community, *Strategic Plan 2016-2020*, New Caledonia: Noumea, 2015, p. 3.

③ Secretariat of the Pacific Community, *Pacific Islands Regional Ocean Policy and Framework for Integrated Strategic Action*, 2005, p. 3, http://www.sprep.org/att/IRC/eCOPIES/Pacific_Region/99.pdf.

④ SPREP, *Strategic Plan 2011-2015*, Samoa: Apia, 2011, p. 16.

领导人意识到了有必要提升海洋监测与巡查能力。① 太平洋岛国从《联合国海洋法公约》中得到了很大的益处。在马丁·蔡门伊（Martin Tsamenyi）看来，随着1982年《联合国海洋法公约》在世界范围内的执行，特别是该公约关于资源和环境治理的条款，为太平洋岛国提供了广泛的经济机会。大部分岛国陆地资源匮乏，但是海洋资源却很丰富，特别是在海洋专属经济区内有丰富的渔业资源。作为重要的海洋资源，渔业不仅为太平洋岛国带来了外汇收入，而且为岛国带来营养。② 在践行《联合国海洋法公约》所确定的概念方面，特别是关于 EEZ 的使用，南太平洋地区处于前沿地位。太平洋岛国的海洋发展为其他沿岸的发展中国家树立了典范。基于此，非洲、加勒比地区的区域组织向太平洋岛国寻求这方面的建议。太平洋岛国论坛及其有特色的地区路径的推行，被认为是成效显著。③

（二）在联合国海洋大会中的活跃地位

历史上，太平洋岛国参与联合国海洋法会议经历了一个过程。1974年的第二届海洋法会议通过了第3334（XXIX）号决议，即邀请巴布亚新几内亚、库克群岛、纽埃、太平洋岛屿托管领土以观察员身份参加海洋法会议其后举行的任何一期会议，如果其中任何一国家或领土获得独立，可以以参加过地位参加海洋法会议。④ 自此，这几个太平洋岛国获得了联合国海洋法会议的观察员资格，并参加了1975年的第三届海洋法会议。劳伦斯·朱达（Lawrence Juda）认为从主权平等的意义上说，在相当一部分法律体系形成背景下，第三届海洋法会议为发展中国家充分、平等参与提供了重大的机会。以往，国际法只是由少数的西方国家制定。自1973年开始，随着殖民列强的瓦解以及新独立国家的扩散，世界共同体已经发生了很大的变化。⑤

近年来，太平洋岛国海洋大型国家的身份在国际社会中不断得到认可，其在联合国海洋大会中的角色日益活跃。海洋大会是联合国首个关于SD14

---

① South Pacific Forum, *Summary Record*, Nauru, 1976, p. 39. http：//www.forumsec.org/resources/uploads/embeds/file/1976%20JULY%20FORUM%20SUMREC.pdf.
② Martin Tsamenyi, "The institutional framework for regional cooperation in ocean and coastal management in the South Pacific", *Ocean and Coastal Management*, Vol. 42, 1999, pp. 465 – 466.
③ Biliana Cicin-Sain&Robert W. Knecht, "The Emergence of A Regional Ocean Regime In The South Pacific", *Ecology Law Quarterly*, Vol. 16, Issue 1, 1989, pp. 182 – 209.
④ 国家海洋局海洋发展战略研究所：《联合国海洋法公约》，海洋出版社，2014，第271页。
⑤ Lawrence Juda, *International Law and Ocean Use Management*, London：Routledge, 2003, p. 209.

议题的会议，将提供独特的宝贵机会，供世界寻求具体解决方案以扭转海洋健康状况急剧下降的趋势。同时，此会议将进一步推进实施 SDG14。[①] 斐济和瑞典共同组办了此次海洋大会。此举是太平洋岛国在联合国中的海洋大国身份的体现。斐济总理姆拜尼马拉马作为海洋大会的主席，在发言中强调，"气候变化是人类有史以来所面临的最严峻威胁之一，由此导致的海平面上升以及海洋生态环境恶化等问题直接涉及小岛屿发展中国家的未来生存和发展……"[②] 同时，第 71 届联大主席、前斐济驻联合国代表汤姆森在开幕致辞中指出，"要想在这个星球上为所有物种创造一个安全的未来，我们必须现在就采取行动，维护海洋和气候的健康……"[③] 2017 年，太平洋岛国论坛领导人在联合国大会上强调了"蓝色太平洋"的重点：主要有执行《巴黎协定》，有效治理和保护海洋，实现可持续发展目标，维护和平与稳定等。[④]

（三）集体推动联合国大会对太平洋岛国海洋问题的重视

太平洋岛国凭借在联合国中的数量优势，集体推动联合国大会做出有助于解决岛国海洋问题的决议。联合国成为太平洋岛国推动全球海洋问题议题设置的重要平台，也特别适合克服太平洋岛国的个体脆弱性。罗伯特·罗斯坦（Robert Rothstein）认为国际组织的存在可以通过扩大外交视野的方式为没有经验的小国提供发展"外交老练"的可能性。[⑤] 太平洋岛国在联合国的活动舞台主要是联合国大会，那里的所有成员都遵循主权平等的原则，因而太平洋岛国可以发挥数量的优势来获取最大的收益。

"最近几十年来，国际组织使海洋问题政治化，并极大地促进了积极参与这些问题的国家数量。尽管欠发达国家政府除拥有海岸线外，缺乏与海洋相关的重要能力，但在这些问题上的影响越来越大。显然，主要海洋大国在

---

① 《我们的海洋，我们的未来》，联合国海洋大会，2017 年 6 月 5 日，http：//www.un.org/zh/conf/ocean/index.shtml。
② 《联合国海洋大会开幕－扭转趋势、促进海洋可持续发展》，联合国，2017 年 6 月 5 日，http：//www.un.org/chinese/News/story.asp？newsID＝28179。
③ 《联合国海洋大会开幕－扭转趋势、促进海洋可持续发展》，联合国，2017 年 6 月 5 日，http：//www.un.org/chinese/News/story.asp？newsID＝28179。
④ "Pacific Islands Forum Chair highlights priorities for the Blue Pacific at the United Nations", Pacific Islands Forum Secretariat, June 2017, http：//forumsec.org/pages.cfm/newsroom/press－statements/2017－media－releases/pacific－islands－forum－chair－highlights－priorities－for－blue－pacific－at－united－nations.html.
⑤ Robert L. Rothstein, *Alliances and Small Powers*, New York：Columbia University Press, 1968, p.40.

联合国海洋法会议上处于守势。"[1] 近年来，气候变化成为联合国大会的重要议题，太平洋岛国在该议题的推动中扮演着重要的角色。它们在联合国大会上敦促国际社会采取国际社会减缓气候变化的行动。2017年9月，基里巴斯总统塔内希·马茂（Taneti Mamau）在联合国大会上指出，"本次会议的主题是以人为本。全世界领导人应该保证担负起人类的生活、尊严和价值高于金钱的责任。联合国必须重视全球大家庭中最脆弱、最穷困的成员，比如最不发达国家和小岛屿国家。我们必须确保它们不落后于通过实现全球发展议题的全球旅程……我们必须确保它们的声音可以被倾听"。汤加国王图普六世（Tupou VI）同样表达了联合国大会应重视全球资源的保护和可持续利用，强调伙伴关系在国际法框架下联合实现目标中的重要性。所罗门群岛总理梅纳西·索加瓦雷（Manasseh Sogavare）则充分地阐述了气候变化的负面影响，这种负面影响出现在所罗门群岛的沿岸，带来严重的威胁。[2] 2009年6月3日，联合国大会一致通过了A/RES/63/281决议。该决议引入了"联合国相关机构强化考虑、解决气候变化问题的努力，特别强调了它们的安全影响"。这是整个国际社会首次把气候变化同国际和平与安全明确联系起来。根据第二段，该决议要求秘书长基于成员国和相关区域组织的意见，在第64届大会上递交一份关于气候变化的安全内涵的综合报告。太平洋岛国以此方式表达了它们的观点，并被纳入了上述的报告。这份文件概述了南太平洋地区气候变化的安全影响、原因和框架，同时列举了太平洋岛国正在经历的气候变化的安全影响以及它们在中短期内所渴望面对的安全影响。经济和地理的脆弱性使得太平洋岛国对于气候变化的安全影响特别脆弱，因此，南太平洋地区的案例可以为整个国际社会提供经验和教训。没有任何一个国家可以避开气候变化的安全影响。[3]

---

[1] 〔美〕罗伯特·基欧汉、约瑟夫·奈著《权力与相互依赖》，门洪华译，北京大学出版社，2012，第123页。

[2] "At UN Assembly, Pacific Island States press for action to mitigate impacts of climate change", UN, August 2017, https：//news.un.org/en/story/2017/09/566532 - un - assembly - pacific - island - states - press - action - mitigate - impacts - climate - change.

[3] "Fiji, Marshall Islands, Micronesia, Nauru, Palau, Papua New Guinea, Samoa, Solomon Islands, Tonga, Tuvalu, Vanuatu Views on the Possible Security Implications of Climate Change to be included in the report of the Secretary-General to the 64th Session of the United Nations General Assembly", Pacific SIDS, June 3, 2009, http：//www.un.org/esa/dsd/resources/res_ pdfs/ga - 64/cc - inputs/PSIDS_ CCIS.pdf.

(四) 努力建立与相关国际海洋组织的关系

在罗伯特·基欧汉（Robert O. Keohane）和约瑟夫·奈（Joseph S. Nye）看来，"国际组织往往是适合弱国的组织机构。联合国体系的一国一票制有利于弱小国家结盟。国际组织的秘书处也往往迎合第三世界的需求。国际组织的实质性规范大多是过去多年间形成的，它们强调社会公平、经济公平和国家公平等"。① 努力成为国际组织的成员国成为太平洋岛国维护自身海洋利益、摆脱大国控制的重要选择。除了联合国之外，太平洋岛国参与的国际相关海洋组织主要有国际海事组织（International Maritime Organization, IMO）、联合国环境规划署（United Nations Environment Programme, UNEP）、国际海底管理局（International Seabed Authority, ISA）、联合国粮农组织（Food and Agriculture Organization of the United Nations, FAO）等。

第一，IMO。IMO 目前拥有 173 个成员国、3 个准成员国。IMO 在《2018 年至 2023 年针对 IMO 的战略计划》（Strategic Plan for The Organization For The Six-Year Period 2018 to 2023）中指出，"它保证在决策过程中将考虑所有利益相关方的观点，并继续注意发展中国家的需求，特别是小岛屿发展中国家和最不发达国家"。② 基于此，太平洋岛国成为 IMO 的重要考虑对象。截止到目前，共有 5 个太平洋岛国成为 IMO 的成员国，分别是库克群岛、基里巴斯、所罗门群岛、图瓦卢、巴布亚新几内亚。③ 除此之外，IMO 与南太平洋地区的区域组织有着密切的合作关系。IMO 与 SPC 的合作历史悠久，主要是帮助太平洋岛国与领地提升运输服务。SPC 拥有在 IMO 的观察员资格，双方合作的领域包括海洋治理与安全、能源有效运输、提升妇女在海洋部门中的权利。④

第二，UNEP。UNEP 是全球主要的环境组织，它设置环境议程、推动联合国体系下的可持续发展环境维度的政策执行，是全球环境的权威倡导

---

① 〔美〕罗伯特·基欧汉、约瑟夫·奈著《权力与相互依赖》，门洪华译，北京大学出版社，2012，第 34～35 页。
② IMO, *Strategic Plan for The Organization For The Six-Year Period 2018 to 2023*, December 2017, p. 4, http://www.imo.org/en/About/strategy/Documents/A%2030-RES.1110.pdf.
③ "Member States", IMO, http://www.imo.org/en/About/Membership/Pages/MemberStates.aspx.
④ "International Maritime Organization", SPC, http://www.spc.int/partners/transport-energy-international-maritime-organization/.

者。① 在 UNEP 的理事会成员中，有 2 个太平洋岛国，分别是西萨摩亚和所罗门群岛。2014 年 9 月，UNEP 在阿皮亚建立一个次区域办公室，这被认为是小岛屿发展中国家第三届国际会议的完美铺垫，是作为保证小岛屿发展中国家可持续发展的持久合作手段。UNEP 在南太平洋地区办公室的建立恰逢其时，主要是因为太平洋岛国面临着气候变化和海平面上升带来的诸多挑战。② 2017 年，UNEP 与 SPREP 宣布建立新的合作伙伴关系。双方将紧密合作，致力于保护太平洋岛国的生物多样性。③

第三，ISA。截止到 2017 年 7 月，ISA 成员国包括 13 个太平洋岛国，分别是斐济、基里巴斯、马绍尔群岛、密克罗尼西亚、瑙鲁、纽埃、帕劳、巴布亚新几内亚、所罗门群岛、萨摩亚、汤加、图瓦卢、瓦努阿图。④ 太平洋岛国在 ISA 中扮演着重要的角色。太平洋岛国在广阔海域的海床拥有主权。在专属经济区内，《联合国海洋法公约》赋予了沿岸国家开采海床资源的权力以及保护海洋环境的责任。巴布亚新几内亚、汤加、斐济和所罗门群岛是世界上首批在专属经济区内为公司办理开采手续的国家。库克群岛和汤加目前正建立国际法定机制，目的是在国际层面上补充 ISA 的努力。⑤ 2015 年，SPC 与 ISA 签订了一份理解备忘录。该备忘录表达了双方在发展地区和国家框架方面的相互利益，用以维护太平洋岛国的利益、管理超出国家管辖范围外的深海开采活动、进行科学研究和分析、分享海床资源信息。⑥

第四，FAO。为了满足农业发展中主要全球趋势的要求以及迎接成员国

---

① "About UN Environment", UNEP, https：//www.unenvironment.org/about – un – environment.
② "UNEP opens first sub regional office at SPREP, Samoa", SPREP, September 2014, http：//www.sprep.org/general – news/unep – opens – first – sub – regional – office – at – sprep – in – samoa.
③ "SPREP and UNEP announce new partnership to showcase Pacific Islands' achievements in protecting biodiversity", SPREP, 18 December, 2017, http：//www.sprep.org/biodiversity – ecosystems – management/sprep – and – unep – wcmc – announce – new – partnership – to – showcase – pacific – islands – achievements – in – protecting – biodiversity.
④ "Member States", International Seabed Authority, 25 July, 2017, https：//www.isa.org.jm/member – states.
⑤ "Pacific Islands：leading the way in deep sea minerals legislation", East Asia Forum, 11 May, 2013, http：//www.eastasiaforum.org/2013/05/11/pacific – islands – leading – the – way – in – deep – sea – minerals – legislation/.
⑥ "SPC and International Seabed Authority seal new agreement", SPC – EU Deep Sea Minerals Project, 23 July, 2015, http：//dsm.gsd.spc.int/index.php/news/65 – international – seabed – resources – to – be – better – managed – with – agreement – between – spc – and – the – international – seabed – authority.

所面临的挑战，FAO 确立了几个工作重点，其中的一个重点与海洋相关，即"确保渔业资源更可持续、更具有生产性"。FAO 的成员国中共有 13 个太平洋岛国和属地，分别是斐济、马绍尔群岛、基里巴斯、巴新、密克罗尼西亚、瑙鲁、纽埃、帕劳、所罗门群岛、托克劳、汤加、图瓦卢、瓦努阿图。[①] 1996 年，FAO 为了更好地协调其在南太平洋地区的工作，在萨摩亚建立了一个次区域办公室。FAO 次区域办公室是一个技术中心，用以支持 14 个太平洋岛国，同时它还致力于推动与南太平洋地区相关政府部门、私营机构以及 NGO 的合作关系。[②]

（五）对全球海洋治理的贡献

随着全球化的发展，海洋问题日益严峻。在这种背景下，全球海洋治理应运而生。随着欧盟《全球海洋治理联合声明》的出台，全球海洋治理具备了理论基础和框架。南太平洋地区面临着各种各样的海洋问题，而且海洋与该地区的经济及居民的生存息息相关。南太平洋地区有着完整的海洋治理主体、客体及规范，有效践行着全球海洋治理理论，因此，南太平洋地区在全球海洋治理方面处于"先行者"的地位，同时，南太平洋地区的海洋治理对全球海洋治理有着重要的启示。

海洋与人类的生存与发展有着密切联系。进入 21 世纪以来，随着全球化的发展，很多海洋问题越来越严峻，比如海洋资源枯竭、海洋生态恶化等，因此，全球海洋治理迫在眉睫。作为世界海洋的重要海域，南太平洋的海洋治理面临的形势更为严峻。南太平洋海域正面临着全球气候变化这一全球性的挑战，海洋资源、海洋环境保护已经成为太平洋岛国可持续发展的重大挑战。除此之外，过度捕捞、海平面上升、海洋环境污染、海洋生物多样性遭到破坏等问题同样严峻。然而，在全球海洋治理方面，南太平洋地区有效地倡导着海洋治理理念和践行海洋治理理论。目前，虽然人们越来越多地使用全球海洋治理这个概念，但是学术界对全球海洋治理的研究并不多，既有研究主要集中在以下几个维度：①全球海洋治理的概念、主体、客体以及方法。比如黄任望在《全球海洋治理问题初探》一文中尝试对全球海洋治

---

① "About FAO", FAO, January 2018, http://www.fao.org/about/what-we-do/en/.
② "FAO Regional Office for Asia and the Pacific", FAO, January 2018, http://www.fao.org/asiapacific/pacific-islands/en/.

理进行定义,并对全球海洋治理的主体、客体和方法进行初探。[1] ②全球海洋治理产生的背景及现实意义。比如王琪和崔野在《将全球治理引入海洋领域——论全球海洋治理的基本问题与我国的应对策略》一文中探讨了全球海洋治理的产生背景、基本内涵、构成要素及制约因素等理论问题,并就我国在全球海洋治理中的地位和应对策略进行分析。[2] ③全球海洋公域的多层治理。比如丽萨·坎贝尔(Lisa M. Campbell)、诺艾拉·格雷(Noella J. Gray)等人在《全球海洋治理:新出现的问题》(Global Oceans Governance: New and Emerging Issues)一文中从海洋水文层面、政治层面及社会层面,探讨了海洋治理面临的挑战。[3] ④整合型海洋治理的合法性问题。比如简·万·塔腾霍夫(Jan Van Tatenhove)在《整合型海洋治理:合法性问题》(Integrated Marine Governance: Questions of Legitimacy)一文中探讨了整合型海洋治理所面临的合法性问题。[4] ⑤海洋治理的效能评估。比如玛丽亚·阿德莱德·费雷拉(Maria Adelaide Ferreira)、大卫·约翰逊(David Johnson)等人用葡萄牙对海洋治理效能的评估作为案例,来探讨海洋治理成功的标准。[5] 既有关于全球海洋治理的研究虽然探讨了全球海洋治理理论,但是并未从完整意义上提出全球海洋治理理论。欧盟2016年《全球海洋治理联合声明》的出台,标志着全球海洋治理具备了理论基础。因此,关于全球海洋治理的研究应充分考虑欧盟的《全球海洋治理联合声明》。同时,既有研究忽略了南太平洋海洋治理,未把全球海洋治理与南太平洋海洋治理结合起来。

关于南太平洋地区海洋治理的研究,目前国内外的相关研究较少。曲升探讨了南太平洋区域海洋机制的缘起、发展及意义。[6] 陈洪桥从研究南太平洋地区政策的历史背景入手,对最新的太平洋地区主义框架进行分析,进一

---

[1] 黄任旺:《全球海洋治理问题初探》,载《海洋开发与管理》2014年第3期,第48~56页。
[2] 王琪、崔野:《将全球治理引入海洋领域 - 论全球海洋治理的基本问题与我国的应对策略》,载《太平洋学报》2015年第6期,第17~27页。
[3] Lisa M. Campbell, Noella J. Gray, Luke Fairbanks, Jennifer J. Silver, Rebecca L. Gruby, "Global Oceans Governance: New and Emerging Issues", *Annual Review of Environment&Resources*, Vol. 41, No. 1, 2016, pp. 1 – 27.
[4] Jan van Tatenhove, "Integrated Marine Governance: Questions of Legitimacy", *Marine Studies*, Vol. 1, No. 10, 2011, pp. 87 – 113.
[5] Maria Adelaide Ferreira, David Johnson and Carlos Pereira da Silva, "Measuring Success of Ocean Governance: a Set of Indicators from Portugal", *Coastal Research*, Vol. 2, No. 75, 2016, pp. 982 – 986.
[6] 曲升:《南太平洋区域海洋机制的缘起、发展及意义》,载《太平洋学报》2017年第2期,第1~19页。

步讨论了太平洋岛国未来治理政策可能的调整方向。① 格雷西·方（Gracie Fong）探讨了南太平洋渔业局在海洋生物资源治理和保护方面的作用。② 瑞贝卡·格鲁比（Rebecca L. Gruby）和泽维尔·巴索托（Xavier Basurto）把多中心的机制理论和人类地理学理论结合在一起，促进人们对大规模公共资源治理机制的理解，并重点关注与帕劳的国家海洋保护区网络有关的机制变化以及帕劳通过国家政府和非政府组织在海洋治理决策过程中如何获得影响力。③ 既有关于南太平洋海洋治理的研究未考虑全球海洋治理理论，对海洋治理的研究仅局限在南太平洋地区。

总体而言，既有研究未把全球海洋治理理论与南太平洋海洋治理结合起来，研究维度仅局限在全球层面或地区层面，忽略了全球海洋治理理论与地区海洋治理实践的有效结合。

1. 全球海洋治理理论

全球海洋治理是全球治理理论的具体化和实际应用。它是全球化时代下国际政治与公共事务管理相结合的产物，是治理理论在全球事务中的延伸与拓展。而将全球治理理论引入海洋领域，即产生了"全球海洋治理"。随着全球海洋地位的日益提升和全球治理理论的不断完善，全球海洋治理作为一种新兴的全球治理实践领域，不仅具有直接而重要的现实意义，也在不断完善全球治理的理论深度和实践广度。④ 全球海洋治理的实践早已有之，先于全球海洋治理理论。⑤ 需要指出的是，欧盟在全球海洋治理理论中处于引领

---

① 陈洪桥：《太平洋岛国区域海洋治理探析》，载《战略决策研究》2017年第4期，第3~17页。
② Gracie Fong, "Governance and Stewardship of the Living Resources: The Work of the South Pacific Forum Fisheries Agency", in Jon M. Dyke, Durwood Zaelke, Grant Hewison, ed., *Freedom for the Seas in the 21ˢᵗ Century*, Washington D. C.: Island Press, 1993, pp. 131 – 141.
③ Rebecca L. Gruby, Xavier Basurto, "Multi-level governance for large marine commons: Politics and polycentricity in Palau's protected area network", *Environmental Science and Policy*, Vol. 36, 2014, pp. 48 – 60.
④ 王琪、崔野：《将全球治理引入海洋领域－论全球海洋治理的基本问题与我国的应对策略》，载《太平洋学报》2015年第6期，第19~20页。
⑤ 对于全球海洋治理的产生，不同学者有着不同的观点。在王琪和崔野看来，"冷战结束以来，伴随着全球化浪潮的扩展和深入，全球海洋治理逐渐得到国际社会的关注并最终产生"。相关内容参见同①，第18页；丽萨·坎贝尔（Lisa M. Campbell）、诺艾拉·格雷（Noella J. Gray）等人认为，"从政治意义上说，现有的国家和多国海洋治理的形成是二战后国家建构和联合国确立的国际秩序的产物"。相关内容参见 Lisa M. Campbell, Noella J. Gray, Luke Fairbanks, Jennifer J. Silver, Rebecca L. Gruby, "Global Oceans Governance: New and Emerging Issues", *Annual Review of Environment&Resources*, Vol. 41, No. 1, 2016, p. 3.

者的地位，欧盟海洋治理进程因区域外动力与面对危机带来的压力而不断完善。强大的综合实力以及在创建全球海洋治理机制过程中的先导作用，使欧盟成为全球海洋治理体系的赢家。2016年11月，欧盟委员会与欧盟高级代表通过了首个欧盟层面的《全球海洋治理联合声明》，包括50个纲领，目的是在欧盟与全球范围内保证一个安全、干净、可持续治理的海洋。该联合声明文件包括三个领域，分别是完善全球海洋治理架构；减轻人类活动对海洋的压力，发展可持续的蓝色经济；加强国际海洋研究和数据搜集能力，致力于应对气候变化、贫穷、粮食安全、海上犯罪活动等全球海洋挑战，以实现安全、可靠以及可持续开发利用全球海洋资源。同时，该联合声明是欧盟对接《联合国2030年可持续发展议程》和《可持续发展目标》（SDG），特别是SDG14条款的一部分，以保护和可持续利用海洋及海洋资源。世界自然基金会欧盟海洋政策专员萨曼莎·伯吉斯（Samantha Burgess）表示，"就推动全球治理而言，希望欧盟可以做个很好的示范，颁布新的立法规范，通过加强与各国政府合作，确保欧盟和国际社会实现可持续发展"。[①] 因此，全球海洋治理理论应充分结合欧盟的《全球海洋治理联合声明》。学术界对于全球海洋治理的概念并没有统一的界定。王琪和崔野认为，"全球海洋治理是指在全球化的背景下，各主权国家的政府、国际政府间组织、国际非政府组织、跨国企业、个人等主体，通过具有约束力的国际规制和广泛的协商合作来共同解决全球海洋问题，进而实现全球范围内的人海和谐以及海洋的可持续开发和利用"。[②] 本文所使用的是欧盟关于全球海洋治理的概念界定，"全球海洋治理是以保持海洋健康、安全、可持续以及有弹性的方式，管理和利用全球海洋以及海洋资源"。[③]

由于海洋综合管理与海洋治理密切相关，有必要探究一下海洋综合管理的相关内容。海洋综合管理的主要目标是沿岸和海洋及其生物资源的可持续开发和利用。它是一个动态的、跨学科的、重复的参与过程，旨在促进沿岸和海洋的环境、经济、文化和娱乐长期发展目标平衡协调的可持续管理。海洋综合管理采取一定范围沿岸和海洋区域内人类活动规划和管理的综合方

[①] "International ocean governance: an agenda for the future of our oceans", EU Maritime Affairs, November 10, 2016, https://ec.europa.eu/maritimeaffairs/policy/ocean-governance_en.

[②] 同①，第20页。

[③] "International ocean governance: an agenda for the future of our oceans", EU Maritime Affairs, November 10, 2016, https://ec.europa.eu/maritimeaffairs/policy/ocean-governance_en.

法，考虑生态、社会、文化和经济相关特性及其之间的相互作用。从理想情况考虑，海洋综合管理项目应该在一定的地理范围内密切结合的连贯管理体制内运作。海洋综合管理的基本原则包括沿岸和海洋可持续发展原则，环境和发展原则，沿岸和海洋的特殊性、公共性及其资源利用原则。①

2. 全球海洋治理的主体

全球海洋治理的主体是制定和实施全球规制的组织机构。虽然全球化正在深刻改变着当前世界，但主权国家依然是国内和国际关系中行使权威的关键行为体，也是全球治理中最重要的主体。② 国家、超国家、次国家、国际组织、个人等正在构成日益复杂的治理网络结构。全球海洋治理的重要国际组织是联合国。联合国是国际海洋环境保护事物的主导者，它所主持的公约、决议等文书成为当今全球海洋治理的基本准则。联合国秘书长每年向联合国大会做关于海洋治理的报告，历年的报告中均有大篇幅论及海洋环境保护、海洋渔业资源的养护和管理、海洋生物多样性等海洋治理相关事务。联合国组织中有几个部门涉及海洋治理的事务。联合国海洋与区域网络（UN-Oceans）是一个组织机构间的机制，致力于加强联合国系统与国际海底管理局（International Seabed Authority）之间的合作与一致性，并保持与《联合国海洋法公约》的一致性。③ 联合国环境规划署（UNEP）是联合国处理环境事务的机构，区域海洋环境项目和《保护海洋环境免受陆地活动影响全球行动纲领》等海洋环境保护项目由其主要负责实施和执行。国际海事组织（IMO）是联合国负责海上航行安全和防止船舶造成海洋污染的一个专门机构，下设海洋环境保护委员会，负责制定和修改预防船舶和航运污染海洋环境的公约或行为准则。联合国粮农组织主要负责海洋生物资源保护和海洋渔业资源有关公约和议定书的实施。联合国秘书处、联合国开发计划署、国际海洋法庭、世界气象组织等都在各自的领域积极开展海洋治理活动。

非政府组织在全球海洋治理中是一支不可替代的重要力量，凭借自身所具有的专业知识、认知与行动网络以及独立性身份的立场，在全球海洋治理中发挥着独特的作用。同时，非政府组织的"民间性"属性还赋予其相比

---

① 林宁、黄南艳、吴克勤：《海洋综合管理手册：衡量沿岸和海洋综合管理过程和成效的手册》，海洋出版社，2008，第7页。
② 蔡拓、杨雪冬、吴志成：《全球治理概论》，北京大学出版社，2016，第10页。
③ 更多关于联合国海洋与区域网络的内容参见"UN-Oceans", United Nations, May 23, 2017, http://www.unoceans.org/。

于国家行为体的天然的社会动员优势。比如，国际绿色和平组织的反对日本捕鲸活动、美国野生救援协会发起的禁食鱼翅运动等。1972年伊丽莎白·曼·博尔吉斯教授倡导并创办了国际海洋学院，这些组织和运动对全球海洋治理具有一定的推动作用。①

3. 全球海洋治理的客体

全球海洋治理的客体就是全球海洋治理的对象，是已经深刻影响或将要影响全球海洋的问题。目前，全球海洋治理在以下几个领域有新出现的问题。②

（1）海洋食物生产。小规模捕捞或水产养殖都不是新问题，但是由于它们对于海洋食品安全和沿岸居民就业以及海洋环境保护都有着重要影响，因此正在成为新的热点。③ 小规模捕捞的特征是多样化的捕捞技术、捕获类型和数量的临时机制以及低水平的资本。水产养殖大约生产了50%的海洋食物，自2000年之后，以年平均6.2%的速度增长。海洋水产养殖的模式与种类不同，包括开放水域的金枪鱼和其他浮游生物、龙虾等。历史上，小规模捕捞的经济价值和社会价值被忽略了，在渔业科学发展中并没有起作用。20世纪中期，政府间组织、非政府组织以及跨国机构开始通过使小规模捕捞现代化来追求海洋经济的发展和减少贫困。根据《联合国粮食及农业组织2014年指针》，近年来，小规模捕捞聚焦于渔民生计、人权和制度的发展。④

（2）海洋产业化。长期存在的以及新出现的海洋产业的治理处于变动之中。传统的诸如捕鱼的产业活动就是不成功海洋治理的例子，而对于新的产业活动，比如水产养殖、海底采矿，被认为是发展海洋社区的机会。⑤ 长期存在的产业活动（捕捞金枪鱼）和新兴产业活动（海底采矿）的治理体

---

① 黄任望：《全球海洋治理问题初探》，载《海洋开发与管理》2014年第3期，第52页。
② Lisa M. Campbell, Noella J. Gray, Luke Fairbanks, "Global Oceans Governance: New and Emerging Issues", *The Annual Review of Environment and Resources*, Vol. 41, No. 1, 2016, p. 27.
③ Ratana Chuenpagdee, *World Small-Scale Fisheries Contemporary Visions*, The Netherlands: Eburon Acad, 2011; Kate O'Neill, Erika Weinthal, Kimberly Marion Suiseeya," Methods and global environmental governance", *Annual Review of Environment and Resources*, Vol. 38, No. 1, 2013, pp. 441 – 471.
④ "Voluntary Guidelines for securing Sustainable Small-Scale Fisheries in the Context of Food Security and Poverty Eradication", UN FAO, February 15, 2015, http://www.fao.org/3/a – i4356e. pdf.
⑤ Campbell LM, Gray NJ, Fairbanks, Silver JJ, "Oceans at Rio + 20", *Conservation Letters*, Vol. 6, No. 6, 2013, pp. 439 – 447.

现了海洋的保护理念与开发潜力之间的冲突。目前，全球渔船的数量是海洋所能承载的2~3倍。全球53%的渔业被完全开发，32%的被过度开发。一些重要的鱼类已经减少到了最低点，它们的生存受到了很大的威胁。[1] 除此之外，广阔的海洋蕴藏着丰富的、全人类共有的战略资源，如深海油气、海底可燃冰、热液硫化物矿床、大洋多金属矿产和深海生物基因资源等，加快海底采矿，发展海洋产业，已成为各国的战略重点。

（3）海洋生物多样性保护。对海洋生态系统的关注多集中于珊瑚礁、红树林、海草床等生物多样性丰富和典型的生态系统。根据《2018年世界珊瑚礁现状报告》，全球范围内54%的珊瑚礁处于危机状态，其中15%将在今后10~20年内消失。自1980年以来，每年有110平方千米海草消失，据估算，全球剩余海草面积为17.7万平方千米。建立一个海洋保护区的全球网络是当下海洋治理的一个重点。[2] 国际社会努力进行海洋治理的中心目标是"截止到2020年，要保护全球海洋的10%"。[3] 生物多样性的保护超出了国家管辖权。几十年来，多重行为体一直致力于填补海洋治理的缺口，特别是呼吁联合国海洋法会议执行在超出国家管辖权的区域建立海洋保护区。2004年，联合国大会成立了"不限成员名额的特设工作组"（Ad Hoc Open-ended Informal Working Group），用于研究在超出国家管辖区的区域内进行生物多样性保护及可持续利用的相关问题。

（4）全球环境变化。海洋对全球环境和气候调节有着重要作用。全球气候变化对海洋环境也会产生深刻影响。全球气候变化最主要的特征是温室气体增加，导致全球气候变暖。全球气候变暖导致极地冰川融化、海平面上升速度加快。海平面上升不仅会引起潮滩湿地与其他低地淹没，加剧海岸侵蚀、低洼地洪涝和盐水入侵等海洋灾害，而且还会降低海水盐度、增大海水混浊度、减少溶解氧等，进而影响生物群落，严重威胁海洋生态环境。由于全球海水表面温度上升而造成的大量珊瑚礁白化现象，也引起了国际社会的广泛关注。不断升高的海洋温度可以直接影响海洋生物的新陈代谢、寿命周

---

[1] "Unsustainable Fishing", WWF Global, May 5, 2016, http://wwf.panda.org/about_our_earth/blue_planet/problems/problems_fishing/.

[2] G Noella, "Sea change: exploring the international effort to promote marine protected areas", *Conservation&Society*, Vol. 4, No. 8, 2010, pp. 331 – 338.

[3] "Strategic plan for biodiversity 2011 – 2020 and the Aicbi Biodiversity Targets", CBD, September 12, 2017, https://www.cbd.int/sp.

期和行为方式。① 空气中二氧化碳浓度的增加致使海洋中吸收溶解的二氧化碳也在增加，并导致海水正在逐渐变酸，海洋酸化会使珊瑚和其他含石灰质海洋生物的碳酸钙骨骼部分崩解。

（5）海洋污染。自20世纪70年代以来，海洋污染一直是一个问题。在全球气候变暖的趋势下，海洋污染更加严峻，主要表现在以下几个方面。

第一，海洋垃圾和有毒物质。在公海上航行和捕鱼活动的不断增多，以及向海洋倾倒工业废弃物，加剧了海洋垃圾的堆积。海洋垃圾不仅污染了海洋环境，而且干扰海上航线，威胁海洋鱼类。另外，一些国家近海海洋污染治理不力，以及越来越多的船只进入公海并从事勘探开发等活动，造成重金属和有毒物质进入公海。

第二，石油泄漏事故。海洋石油泄漏事故已经司空见惯，包括油田泄漏、油井井喷、油轮泄漏等。溢油破坏了海洋水生环境，使海上浮游生物大大减少，扩散的油污对鲸鱼、海豚等海洋生物造成严重威胁。

第三，核电站泄漏事故。临海建设的核电站一旦发生核泄漏，就会对海洋环境造成持久的影响。

除了以上几个方面之外，海洋安全治理也是全球海洋治理不可忽视的一个方面。海洋安全治理主要围绕海盗和恐怖主义、海上演习与侦查以及关于海洋界限的争议问题等。公海是海盗最为猖獗的区域，公海海盗和恐怖主义治理刻不容缓。在亚丁湾、索马里海域和马六甲海峡海域，海盗和恐怖主义不断制造事端，劫持油轮、商船，洗劫财物，绑架人质。由于公海不属于任何国家，因此许多国家在公海开展军事演习。自2001年以来，以应对非传统安全名义举行的国家间联合军演占联合军演的80%以上，而假想敌明确的威胁性军事演习虽然频次较少，但演习规模大、实战性强，影响非常大。

4. 南太平洋地区海洋治理

自古以来，海洋是太平洋岛国居民生活重要的一部分。南太平洋为岛国的居民提供了交通、资源、食物以及身份认同感。② 南太平洋地区在全球海

---

① "Marine problems: climate change", WWF Global, May 5, 2016, http://wwf.panda.org/about_our_earth/blue_planet/problems/climate_change/.

② "A Global Representative System of Marine Protected Areas, Marine Region 14: Pacific", World Bank, March 15, 1995, http://documents.worldbank.org/curated/en/936381468780944183/South-Pacific-Northeast-Pacific-Northwest-Pacific-Southeast-Pacific-and-Australia-New-Zealand.

洋治理中扮演着领头羊的角色，主要是因为该地区有着明确的海洋治理主体、客体以及规范。欧盟在《全球海洋治理联合声明》中表达了对于太平洋岛国海洋治理的关切，"许多岛国（包括小岛屿发展中国家）和沿海国家严重依赖海洋资源，人类活动对海洋保护和可持续使用的潜在影响显得比较脆弱"。①

根据前文对全球海洋治理客体的界定，"全球海洋治理的客体就是全球海洋治理的对象，是已经深刻影响或将要影响全球海洋的问题"。南太平洋地区海洋治理的客体主要包括以下几个方面。

（1）栖息地和物种的保护。南太平洋有很多濒临危险的植物和动物物种，其中有些岛国超过80%的都是本地物种。然而，由于人为和自然因素的干扰、外来物种的侵入、人口增长和其他因素的影响，太平洋岛国的生物多样性面临着很大的压力，因此，该地区是动植物物种受威胁最严重的地区。太平洋岛国规模小，相互之间处于孤立的状态，这使得岛国对于这些威胁有很大的脆弱性。在所罗门群岛的很多地方，当地人捕杀海豚和鲸类物种。他们把这些动物集中赶到特定的海湾进行捕杀，以便获得动物的牙齿和肉。不断增加的人口以及新技术（舷外发动机和刺网的使用）严重威胁了一些物种（比如海牛和乌龟），导致了种群的碎片化，甚至局部性的灭绝。世界上超过95%的鸟类灭绝出现在太平洋群岛上。在南太平洋地区，很少有人关注关于环境危机评估的研究，而且居民正在侵犯对当地鸟类寿命和生物多样性有重要影响的原始森林。入侵物种是鸟类最大的威胁。②

（2）海岸带综合管理（Integrated Coastal Management）。海岸线上的水域生态系统和陆地生态系统的交叉使两个不同的、复杂的、相互联系的生态系统集合在一起。不幸的是，人类活动正破坏生态系统，威胁着生态系统长期的可持续性。最严重的问题是生物多样性的丢失、固体和液体废物的治理、资源的过度开发、具有破坏性的耕种方式、外来物种的侵入以及沿岸退化的破坏。一个复杂的问题是该地区的发展受限于岛国的小规模以及远离国

---

① "Joint Communication To The European Parliament, The Council, The European Economic And Social Committee And The Committee Of The Regions", European Commission, November 18, 2015, http://eeas.europa.eu/archives/docs/enp/documents/2015/151118_joint-communication_review-of-the-enp_en.pdf.

② Secretariat of the Pacific Regional Environment Programme, *Pacific Region*, Apia, 2003, pp. 14-15.

际市场。这些问题的解决非常复杂，因为很多制度和利益必须在问题解决的过程中进行考量。缺少合理立法以及执行现存治理战略能力的不足会阻碍太平洋岛国对海洋治理的反应。[1]

（3）渔业资源。目前渔业资源对太平洋岛民的饮食、文化和经济有着重要的影响。太平洋拥有世界海洋中相对完整的渔业资源，但这些渔业资源正日益受到威胁。对许多太平洋岛国来说，由于它们拥有广阔的海洋区域，渔业资源提供了经济发展的最大潜力。当下，太平洋岛国在渔业资源方面面临着巨大的挑战。过度捕捞日益成为一种威胁。如果这种商业捕捞活动得不到控制，预计到2030年，该地区75%的沿岸渔业资源将不能满足当地的饮食需求。[2] 大眼金枪鱼被过度捕捞，黄鳍金枪鱼也存在这种趋势。太平洋岛国未能从其渔业资源中直接受益。但是，近海渔业资源也受到了人口增长和气候变化的威胁。经济价值高的品种濒临灭绝。[3] 很多学者已经意识到了境外捕鱼船的负面影响。比如，大卫·豆尔曼（David J. Doulman）和皮特·泰拉瓦斯（Peter Terawasi）认为，"在南太平洋地区，大片的海域都要遵循沿岸国家管辖权。很多远海捕鱼国的渔船在该地区活动，因此有必要建立一个监督这些渔船的机制，以更好地维护太平洋岛国论坛渔业处（FFA）成员国的对于渔业资源的合法权益"。[4] 罗根瓦尔德·哈内森（Rögnvaldur Hannesson）认为，"传统意义上，太平洋岛国根本未有效利用渔业资源，但海洋专属经济区使它们获得了控制渔业资源的资格。然而，事实上，大部分渔业资源被境外捕鱼船所控制"。[5]

（4）海洋污染。污染是南太平洋地区可持续发展的主要威胁之一。污染源和程度的增加正在破坏太平洋岛国维持健康社会、促进发展和投资以及保证居民有一个可持续未来的努力。南太平洋地区主要的污染形式为航运相关的污染、有毒化学物质和废弃物、固体废弃物。外来海洋物种、船舶残

---

[1] Secretariat of the Pacific Regional Environment Programme, *Pacific Region*, Apia, 2003, p. 15.
[2] "Pacific OceanScape", Conservation International, July 2, 2017, http://www.conservation.org/where/Pages/Pacific-Oceanscape.aspx.
[3] "A Regional Roadmap for Sustainable Pacific Fisheries", Ocean Conference, July 27, 2017, https://oceanconference.un.org/commitments/?id=18778.
[4] David J. Doulman, Peter Terawasi, "The South Pacific Regional Register of Foreign Fishing Vessels", *Marine Policy*, Vol. 14, Issue 4, July 1990, p. 325.
[5] Hannesson, "The exclusive economic zone and economic development in the Pacific island countries", *Marine Policy*, Vol. 32, Issue 6, 2008, p. 886.

骸、海洋事故和船舶废弃物威胁着该地区的沿岸和海洋资源。许多岛国陆地面积较小，缺少关于废物再循环的技术，这导致了塑料、废纸、玻璃、金属和有毒化学物质的扩散。大部分垃圾缓慢分解，并渗透到土壤和饮用水中，而未被分解的垃圾则占用了空间。恶臭的有机废物吸引了携带病毒的害虫，比如蚊子、老鼠和苍蝇。目前，海洋科学家们在南太平洋小岛－亨德森岛上，调查计算出该岛有 3800 万件垃圾，重达 17.6 吨，亨德森岛可能成为世界上人造垃圾碎片覆盖率最高的地方。在全球范围内，亨德森岛是人造垃圾污染海洋环境的典型案例。①

（5）气候变化。许多太平洋岛国对气候变化、气候多样性和海平面上升有着明显的脆弱性，是世界上最早深受气候变化影响的国家，也是最早被迫适应或放弃原来生存环境的国家。由于地理原因，气候变化是近年来太平洋岛国面临的主要问题。它们面临着热带风暴、海平面上升等大陆国家所不曾面对的自然灾害。岛国"气候变化政府间专家小组"（IPCC）的一项评估报告中指出，岛国短期内（2030~2040 年）面临着民生、海岸居所、基础设施和经济稳定的中度风险，而长期内（2080~2100 年）面临着高度风险。气候变化不仅影响海洋，而且还影响着生物多样性以及小岛国的土壤和水资源。如果不能适应气候变化，太平洋岛国将在未来面临较高的社会和经济成本。对于低洼的环礁珊瑚岛来说，经济的破坏是灾难性的，甚至需要居民转移到其他岛礁上居住或移民到其他国家。②

（6）非传统安全：海盗。20 世纪 80 年代以来，全球海盗活动日益猖獗，海盗事件逐年上升。特别是"9·11"事件之后，全球海盗事件急剧增长，对世界海运和国际贸易构成严重威胁。海盗问题在南太平洋地区日益被关注。库克海峡东西宽只有 23~144 千米，狭窄的水道有利于海盗进行袭击。根据国际海事局的报道，南太平洋地区的海盗形势正日益恶化。从 2010 年至 2014 年，太平洋岛国中有四个国家的船只被海盗攻击的次数较多，这四个国家分别是基里巴斯、马绍尔群岛、图瓦卢和瓦努阿图。③ 2016 年 11 月 6 日，持枪

---

① "Island in south Pacific 'has world's worst plastic pollution'", Independent UK, May 16, 2017, http://www.independent.co.uk/environment/plastic-pollution-island-worst-in-world-henderson-south-pacific-university-tasmania-jennifer-lavers-a7737806.html.
② Secretariat of the Pacific Regional Environment Programme, *Pacific Region*, Apia, 2003, pp. 16-17.
③ "Piracy and Armed Robbery Against Ships", International Maritime Bureau, January 12, 2015, http://www.hellenicshippingnews.com/wp-content/uploads/2015/01/2014-Annual-IMB-Piracy-Report-ABRIDGED.pdf.

劫匪在所罗门群岛附近劫持了一艘捕鱼船。① 南太平洋地区的区域安全环境日益复杂和多样化，该地区出现了各种形式的跨国犯罪行动，其中，海盗问题严重威胁着区域安全。由于海盗问题是跨国犯罪活动，仅仅依靠某一个国家很难战胜海盗问题。2002年8月，第33届太平洋岛国论坛会议通过了《关于地区安全的纳索尼尼宣言》（Nasonini Declaration on Regional Security），论坛领导人意识到了通过合作改善区域安全环境的重要性。②

5. 南太平洋地区海洋治理主体

由于太平洋岛国实力弱小，很难依靠自身力量来进行海洋治理，因此它们主要依靠区域组织来克服自身在海洋治理方面的脆弱性，主要的区域组织有太平洋岛国论坛（Pacific Islands Forum, PIF）、太平洋共同体（Pacific Community PC）、南太平洋大学（University of the South Pacific, USP）、太平洋岛国论坛渔业局（The Pacific Islands Forum Fisheries Agency FFA）、太平洋区域环境规划署（South Pacific Regional Environment Programme, SPREP）。③ 太平洋岛国还利用一些国际组织在海洋治理方面的优势，积极与国际组织合作，主要的国际组织有联合国、欧盟、世界银行等。

第一，PIF。太平洋岛国论坛虽然是一个区域政治组织，但由于南太平洋地区特殊的地理环境以及岛国在应对气候环境变化方面具有先天脆弱性，因此，海洋治理是其重要议题。正如论坛在2004年《奥克兰宣言》（The Auckland Declaration）中所确立的一个指导性原则，"争取对保护世界上最大的海洋及其资源的责任达成共识"。④ 论坛年会为采取关于地区环境问题的具体行动，提供了重要的政治平台。论坛发起了地区合作的倡议，以解决南太平洋地区主要的环境问题，比如核试验、可持续渔业治理、有毒废弃物的运输等。

第二，PC。作为可持续发展的重要保证，海洋治理是太平洋共同体的明确目标，这从其理念以及战略方向中可以体现出来。太平洋共同体秉持着

---

① "Piracy: South Pacific", IHS Fairplay, May 28, 2015, http://fairplay.ihs.com/safety-regulation/article/4142856/piracy-south-pacific.
② "Security", Pacific Islands Forum Secretariat, February 12, 2016, http://www.forumsec.org/pages.cfm/political-governance-security/security/.
③ Martin Tsamenyi, "The institutional framework for regional cooperation in ocean and coastal management in the South Pacific", Ocean&Coastal Management, Vol. 42, No. 6, 1999, p. 469.
④ "Mission and Vision", Pacific Islands Forum Secretariat, February 12, 2016, http://www.forumsec.org/pages.cfm/about-us/mission-goals-roles/.

太平洋岛国论坛领导人所认可的理念，"我们太平洋的理念是建设一个和平、和谐、安定、包容及繁荣的地区，以便让我们太平洋的居民可以过一种自由、健康的生活"。① 为了更好地促进南太平洋地区的可持续发展，太平洋共同体制定了《太平洋共同体战略计划 2016～2020》（Pacific Community Strategic Plan 2016-2020），海洋治理是其中的重点。②

第三，UPS。虽然南太平洋大学并不是一个正式的区域组织，但多年以来，它与南太平洋地区的区域组织互动密切，因此扮演着正式区组织的角色。南太平洋大学关于海洋资源和环境治理的培训及研究活动对于该地区机制的发展和能力的建构有重要作用，其中特别重要的是《海洋研究计划》（Marine Studies Programme）。③

第四，FFA。论坛渔业局每年都召开部长会议，商讨地区渔业问题。目前，渔业管理与其他一系列问题和领域相互影响，包括海洋治理、适应和应对气候变化、海洋空间规划和小岛屿发展中国家问题。论坛渔业局过去主要是致力于为太平洋岛国领导人提供关于战略渔业政策的建议。近年来，论坛渔业局部长为太平洋岛国论坛领导人年会提供了年报。④

第五，SPREP。南太平洋地区的政府和行政机构掌握着规划署秘书处，负责地区环境的保护和可持续发展。《战略行动计划 2011～2015》（Strategic Action Plan 2011-2015）指导着该组织，主要包括四个战略重点：气候变化、生物多样性和生态系统的治理、废弃物治理和污染控制、环境监督和治理。⑤ 该组织包括太平洋区域环境规划署会议和秘书处两部分。⑥

除了以上地区组织之外，其他国际组织也是南太平洋地区海洋治理的重要主体。这里主要介绍联合国与欧盟这两个南太平洋地区海洋治理的重要国

---

① Pacific Community, "Pacific Community Strategic Plan 2016-2020", p. 2, http://www.spc.int/wp-content/uploads/2016/11/Strategic-Plan-2016-2020.pdf.
② Pacific Community, "Pacific Community Strategic Plan 2016-2020", p. 2, http://www.spc.int/wp-content/uploads/2016/11/Strategic-Plan-2016-2020.pdf, pp. 5~6.
③ Secretariat of the Pacific Regional Environment Programme, Pacific Region, Apia, 2003, p. 473.
④ Forum Fisheries Agency, Pacific Islands Forum Fisheries Agency Strategic Plan 2014-2020, pp. 3-14, https://www.ffa.int/system/files/FFA%20Strategic%20Plan%202014-2020%20Final.pdf.
⑤ "About Us", Secretariat of the Pacific Regional Environment Programme, February 12, 2016, http://www.sprep.org/about-us.
⑥ "Governance", Secretariat of the Pacific Regional Environment Programme, February 12, 2016, http://www.sprep.org/Legal/agreement-establishing-sprep.

际组织。

从联合国成立以来的趋势看,联合国与区域组织、次区域组织的联系越来越紧密。太平洋岛国论坛被联合国长期邀请作为观察员参加联大会议和工作,与联合国有着密切的联系。1983 年,联合国环境署制定了《南太平洋地区治理自然资源和环境的行动计划》(Action Plan for managing the natural resources and environment of South Pacific Region),其中明确指出"联合国环境署把南太平洋地区视为'焦点区',联合国将与太平洋岛国论坛及南太平洋委员会保持密切的合作关系,以促进《行动计划》在该地区的实施"。[①] 冷战后,欧盟积极推进和深化区域一体化进程,倡导国际社会协同应对全球化的挑战,并不断构建和完善自己的全球治理战略,特别是在全球环境治理、应对气候变化方面走在世界前列。太平洋岛国论坛是欧盟在南太平洋地区最重要的合作伙伴,是欧盟主要的发展伙伴和讨论南太平洋地区问题的主要政治渠道。2008 年,太平洋岛国论坛同欧盟正式签署了《太平洋地区战略研究》和《太平洋地区指导计划》,这是 2008~2013 年欧盟同太平洋岛国合作的纲领性文件,欧盟计划援助 9500 万欧元实施该计划。其中,在《太平洋地区指导计划》的框架下,欧盟通过欧洲发展基金(EDF)来援助该地区的所有项目。EDF 的援助通常是 5 年一个周期。截止到目前,欧盟根据《太平洋地区指导计划》向太平洋岛国援助了大约 3.18 亿欧元,其中大部分用于环境保护领域。[②] 与此同时,欧盟还同其他南太平洋地区的区域组织有着合作关系,主要有太平洋小岛屿发展国家(Pacific Small Island Developmentlng States)、小岛屿国家联盟(Alliance of Small Island States)、美拉尼西亚先锋集团(The Melanesian Spearhead Group)、波利尼西亚领导集团(The Polynesian Leaders Group)、太平洋岛国发展论坛(Pacific Islands Development Forum)。[③]

[①] United Nations Environment Programme, *Action Plan for managing the natural resources and environment of South Pacific Region*, 1983, p.1, https://wedocs.unep.org/bitstream/handle/20.500.11822/22381/Action_plan_natural_resources.pdf?sequence=1&isAllowed=y.

[②] "European Development Fund", Pacific Island Forum Secretariat, June 23, 2015, http://forumsec.org/pages.cfm/strategic-partnerships-coordination/european-development-fund/.

[③] European Parliament, *European Union Development Strategy in the Pacific*, 2014, pp.17-18, https://ec.europa.eu/research/social-sciences/pdf/deve-eu_pacific_study_en_2014-06-30.pdf.

6. 南太平洋地区海洋治理规范

全球海洋治理作为一种机制，本质上就是一种合作。之所以会发生这种合作，是因为各国面临着共同的海洋问题，因此具有共同的利益。由于治理海洋问题需要的不是偶发的合作，而是采取系统的共同行动，因此会在合作过程中形成各种约束海洋治理主体的规范。从某种程度上说，这些约束性的规范就是海洋治理机制。南太平洋地区海洋治理规范具有该地区独特的特点，涉及宏观层面和微观层面。同时，这些规范既包括框架，又包括海洋保护协议，有效地指导着该地区的海洋治理，有助于保护海洋资源、完善海洋治理。[1]

第一，宏观层面的海洋治理规范。海洋具有流动性和跨界性的特点，这就需要有一个宏观的规范来指导海洋治理。南太平洋地区已经意识到制定一个宏观的框架来整合具体领域规范的必要性。[2]《太平洋岛国区域海洋政策和针对联合战略行动的框架》（Pacific Islands Regional Ocean Policy and Framework for Integrated Strategic Action）是一个宏观层面的海洋治理规范，适用于所有太平洋岛国及太平洋岛国领地，太平洋岛国领导人通过太平洋岛国论坛接受了这个规范。它不仅强调了海洋、沿岸资源和环境对太平洋岛国、社区及个人的重要性，而且指导着南太平洋地区在海洋问题上的区域协调、合作及整合，目的是完成保持区域海洋政策、完善海洋治理、确保可持续利用海洋资源的目标。该规范有着很好的前景，并发挥着总领性的作用，因为它是地区努力实现海洋治理努力的结果，基于现有的国际和地区建立地区合作、协调的整体框架，以确保可持续治理和保护地区海洋生态系统。[3] 2010年，太平洋岛国论坛领导人批准了《针对太平洋景观的框架：执行海洋政策的催化剂》（Framework for a Pacific Oceanscape: a catalyst for implementation of ocean policy）。它是一个地区行动和举措的框架，涉及大约3000万平方公里海洋以及陆地生态系统。它通过足够多的关于协调、提供资源以及执行的条款，加强了《太平洋岛国区域海洋政策》，为当下和未来

---

[1] "Key Ocean Policies and Declarations", Pacific Islands Forum Secretariat, January 21, 2015, http://www.forumsec.org/pages.cfm/strategic-partnerships-coordination/pacific-oceanscape/key-ocean-policies-declarations.html.

[2] Secretariat of the Pacific Community, *Regional Ocean Policy and Framework for Integrated Strategic Action*, 2005, p. 3, http://www.sprep.org/att/IRC/eCOPIES/Pacific_Region/99.pdf.

[3] Secretariat of Pacific Community, *Regional Ocean Policy and Framework for Integrated Strategic Action*, 2005, pp. 1 – 24, http://www.sprep.org/att/IRC/eCOPIES/Pacific_Region/99.pdf.

的居民以及全球社会保护、治理和维持海洋的文化和自然完整性。①

与此同时，《太平洋计划》（Pacific Plan）也属于宏观层面的海洋治理规范。为了加强太平洋岛国之间的战略合作和区域一体化，2004 年太平洋岛国论坛会员国一致同意制定《太平洋计划》，该计划的首个有效期是 2005～2014 年初。② 太平洋岛国论坛在 2013 年对太平洋计划进行了更新，被称为《2013 年太平洋计划审阅》（Pacific Plan Review 2013），它确保了区域一体化与合作的动力，更加明确了太平洋岛国在海洋治理方面的战略。③

第二，微观层面的海洋治理规范。南太平洋地区面临着多种多样的海洋环境问题，因此，相应的海洋治理规范比较健全，而且跨度也比较长，有的海洋治理规范从六七十年代就制定了。具体而言，海洋治理规范主要集中在渔业资源、环境保护等领域。

渔业资源领域 太平洋岛国严重依赖海洋和沿岸渔业资源，渔业资源为岛国提供了传统食物，是收入的重要来源。由于太平洋岛国能力不足，主要鱼群不断迁徙，地区合作对太平洋岛国显得尤为重要。南太平洋地区拥有世界上最复杂和先进的合作及治理规范。④ 20 世纪 90 年代，南太平洋地区在渔业资源保护领域最严重的问题是漂网捕鱼，因此论坛渔业局在 1989 年批准了《禁止在南太平洋长网捕鱼公约》（The Convention on the Prohibition of Fishing with Long Drift nets in the South Pacific）。⑤ 1982 年 2 月，密克罗尼西亚、基里巴斯、马绍尔群岛、瑙鲁、帕劳、所罗门群岛以及巴布亚新几内亚签订了《瑙鲁协定》（Nauru Agreement Concerning Cooperation in

---

① "Key Ocean Policies and Declarations", Pacific Islands Forum Secretariat, January 21, 2015, http://www.forumsec.org/pages.cfm/strategic-partnerships-coordination/pacific-oceanscape/key-ocean-policies-declarations.html.

② "The Pacific Plan", Pacific Islands Forum Secretariat, January 21, 2004, http://www.forumsec.org/pages.cfm/strategic-partnerships-coordination/framework-for-pacific-regionalism/pacific-plan-3/.

③ "Pacific Plan Review 2013", Pacific Islands Forum Secretariat, May 15, 2013, http://www.forumsec.org/resources/uploads/attachments/documents/Review%20Rpt%202013%20Vol%201&2l.pdf.

④ Quentin Hanich, Feleti Teo, Martin Tsamenyi, "A collective approach to Pacific islands fisheries management: Moving beyond regional agreements", *Marine Policy*, Vol. 34, Issue 1, 2010, p. 85.

⑤ Martin Tsamenyi, "The institutional framework for regional cooperation in ocean and coastal management in the South Pacific", *Ocea&Coastal Management*, Vol. 42, 1999, p. 447.

the Management of Fisheries of Common Interest）。① 《特定太平洋岛国政府与美国政府之间的渔业协定》（Treaty on Fisheries between the Governments of Certain Pacific Island States and the Government of the United States of America）是美国与太平洋岛国签订的关于金枪鱼的协定，于1988年生效。2013年，双方同意把该协定延长18个月。2014年10月，双方又延长了该协定的有效期。② 《瓦卡协议》（Te Vaka Moana Arrangement）是波利尼西亚地区岛国之间关于渔业可持续发展的合作协议，目的是在渔业资源领域实现共同目标、共享信息、推进合作。③ 2007年，第38届太平洋岛国论坛会议通过了《太平洋渔业资源的瓦瓦乌宣言》（The VAVA'U Declaration On Pacific Fisheries Resources）。④ 2008年5月，为了促进《瓦卡协议》的实施，第四届论坛渔业委员会部长会议通过了《地区金枪鱼管理和发展战略2009～2014》（Regional Tuna Management and Development Strategy 2009 – 2014）。⑤

环境保护领域　环境保护涉及的领域比较多，主要有生物多样性、废弃物处理等。《南太平洋无核区条约》（South Pacific Nuclear Free Zone Treaty Act 1986）在1985年签署，于1986年生效。该条约重申了《不扩散核武器条约》对于防止核武器扩散和促进世界安全的重要性。每个缔约国承诺不通过任何方式在南太平洋无核区内外的任何地方生产或以其他办法获取、拥有或控制任何核爆炸装置，不寻求或接受任何援助以生产或获取核爆炸装置。⑥ 为了禁止向太平洋岛国倾倒有毒的、放射性的废弃物以及控制南太平

---

① "Nauru Agreement Concerning Cooperation in the Management of Fisheries of Common Interest", Pacific Islands Forum Fisheries Agency, September 11, 2016, https://www.ecolex.org/details/treaty/nauru – agreement – concerning – the – cooperation – in – the – management – of – fisheries – of – common – interest – tre – 002025/.

② "Treaty on Fisheries between the Governments of Certain Pacific Island States and the Government of the United States of America" NOAA Fisheries, 2015, www.nmfs.noaa.gov/ia/agreements/LMR%20report/sptt.pdf.

③ "Te Vaka Moana Arrangement", Te Vaka Moana, May 11, 2005, http://www.tevakamoana.org/legal – framework/te – vaka – moana – arrangement.

④ "Key Ocean Policies and Declarations", Pacific Islands Forum Secretariat, January 21, 2015, http://www.forumsec.org/pages.cfm/strategic – partnerships – coordination/pacific – oceanscape/key – ocean – policies – declarations.html.

⑤ Forum Fisheries Agency, *Regional Tuna Management and Development Strategy 2009 – 2014*, 2009, pp. 1 – 20, https://www.ffa.int/system/files/Regional%20Tuna%20Management%20and%20Development%20Strategy.pdf.

⑥ Secretariat of the Pacific Regional Environment Programme, *South Pacific Nuclear Free Zone Treaty Act 1986*, 1985, p. 5, http://www.sprep.org/attachments/legal/SPNFZstatus.pdf.

洋地区有毒废弃物的跨国流动，太平洋岛国论坛成员国于 1995 年签订了《韦盖尼公约》（Waigani Convention），2001 年生效。该公约主要包含有毒的、爆炸性的、腐蚀性的、易燃性的、放射性的、传染性的废弃物。《韦盖尼公约》为防止太平洋岛国成为"垃圾场"，提供了一个有效的预防机制，同时还阻止过往船只向岛国倾倒垃圾。①《阿皮亚公约》（Apia Convention）是一个于 1976 年签订的多层次的环境保护条约，生效于 1990 年，主要目的是采取行动，用于保护、利用、发展南太平洋地区的自然资源。截止到 2006 年，《阿皮亚公约》已经发挥了长达 26 年的作用。②《努美阿公约》（Noumea Convention）签订于 1986 年，生效于 1990 年，是一个全面的"伞形结构"协议，用于保护、治理和发展南太平洋地区的海洋和沿岸环境。③

7. 南太平洋地区海洋治理对全球海洋治理的启示

在全球化不断加深的国际背景下，区域一体化蓬勃发展。同一区域内的国家经常面临共同的难题或危机，因此它们更容易发掘共同利益与目标，通过建构完善的区域治理机制推动成员国实现"共赢"。就全球治理而言，这是新时期全球面临的重大课题。如果说欧盟完整提出了全球海洋治理理论，那么在全球范围内，南太平洋地区则是海洋治理实践的"先行者"，对全球海洋治理有着重要的启示。

第一，加强区域组织之间的协调与合作。在全球海洋治理体系中，从整体上看，区域组织的地位和影响呈上升趋势，在海洋治理体系中扮演着重要的角色。地区海洋问题归属于全球海洋问题，因此，地区海洋治理是全球海洋治理中的重要组成部分，区域组织是全球海洋治理的重要主体。南太平洋地区区域组织的治理比联合国和其他组织更有针对性，效果也更明显。究其原因，南太平洋地区的五大海洋治理主体发挥着重要的作用，而且相互之间的合作关系很密切，形成了一个关于海洋治理的联合网络，这体现了海洋综合管理理论的跨学科的、跨部门的、重复的参与过程。昆汀·哈内赤（Quentin Hanich）和费莱蒂·迪奥（Feleti Teo）指出，"南太平洋地区建立

---

① "Waigani Convention", Secretariat of the Pacific Regional Environment Programme, March 12, 2004, http://www.sprep.org/attachments/Publications/FactSheet/Waigani_ Convention.pdf.
② "Apia Convention", Secretariat of the Pacific Regional Environment Programme, January 12, 2004, http://www.sprep.org/legal/meetings-apia-convention.
③ "The Convention", Secretariat of the Pacific Regional Environment Programme, August 15, 2016, http://www.sprep.org/legal/the-convention.

了世界上最复杂、最高级的合作工具。这些区域组织鼓励联合治理,对保护海洋资源以及向国家政府传达治理理念有着重要的作用。以渔业资源保护为例,在地区层面上,太平洋共同体秘书处和论坛渔业局共同为太平洋岛国服务"。① 与此同时,为了更好地关注和促进太平洋及其资源的可持续发展,保护各方面的利益相关者,太平洋联盟(Pacific Ocean Alliance)搭建了一个基于自愿的开放性共享平台,在太平洋联盟框架之内,南太平洋地区的区域组织可以更好地加强合作,求同存异,促进海洋环境的保护和海洋资源的可持续利用。正如太平洋岛国论坛秘书长图伊洛马·内罗尼·斯莱德(Tuiloma Neroni Slade)所言,"在联合治理太平洋方面,太平洋联盟是很重要的一步。只有平衡各方面的利益和要求,我们才能找到海洋发展和使用的正确路径"。② 有学者高度评价了南太平洋地区的区域合作,比如,塔马锐·图谭嘎塔(Tamari'i Tutangata)和玛丽·鲍尔(Mary Powr)认为,"单独某一个组织不可能解决地区共同的问题以及应对全球气候变化的挑战。太平洋岛国之所以在应对与海洋资源科学可持续利用方面取得了重大的进步,主要是因为区域合作"。③

与全球层面的国际组织相比,在地区主义、区域一体化的推动下,区域组织更多体现了区域国家合作的价值信念、资源选择和进一步深入合作的期望。区域组织有着更强的地缘认同、历史和文化认同,凝聚力更强,更容易在海洋治理问题上达成共识。区域组织成员对组织的认同与服从要强于对联合国的认同与服从,区域组织对成员的制约也强于联合国。目前的全球海洋治理进入了一个新的阶段,很多国家和地区都意识到了海洋治理的重要性与紧迫性。根据南太平洋地区海洋治理的一个经验,地区层面的海洋治理效果更明显。区域组织要形成一个网络,并加强协调与合作,这样能使成员国形成海洋治理的合力,克服国家个体在海洋治理方面的脆弱性。尤其对于不发

---

① Quentin Hanich, Feleti Teo, Martin Tsamenyi, "A collective approach to Pacific islands fisheries management: Moving beyond regional agreement", *Marine Policy*, Vol. 34, Issue 1, 2010, pp. 85 - 91.

② "Pacific Ocean Alliance Launched to Strengthen Collaboration Under the Pacific Oceanscape", Conservation, May 19, 2016, http://www.conservation.org/NewsRoom/pressreleases/Pages/Pacific - Ocean - Alliance - launched - to - strengthen - collaboration - under - the - Pacific - Oceanscape.aspx.

③ Tamari'i Tutangata, Mary Powr, "The regional scale of ocean governance regional cooperation in the Pacific Islands", *Ocean&Coastal Management*, Vol. 45, Issue 11 - 12, 2002, pp. 875 - 876.

达地区而言，比如加勒比地区、非洲地区等，建立区域组织网络以及加强相互之间的合作与协调更具有意义。有学者对区域组织在区域海洋治理方面的作用给予了充分肯定，比如，在德吾德·策尔克看来，"相比较全球层面的国际组织而言，区域海洋治理主体是进行海洋治理的更有效的方式。因为政治体系的多样性和不同的情形影响着不同的海域，所以世界不应该就存在一种单一的海洋治理主体。全球海洋有着不同的问题和资源，沿岸居民最终会对与他们相邻的海域拥有绝对的控制权"。[1]

第二，强化"蓝色太平洋"共识，构建全球海洋治理伙伴关系。一些区域组织和国家在海洋治理方面可能能力不足，这就需要加强与国际组织的合作。太平洋岛国积极参与多边国际组织，将自己纳入全球海洋治理的网络之中，强烈支持国际法、国际规范和国际组织，在国际问题上倡导并采用道德规范的立场。很长一段时间内，政治学者认为"国际组织对较小国家有着特殊的关联性，主要是因为国际组织内的身份平等性、成员国的潜在安全性以及约束大国的功能。"[2] 雷蒙·瓦里南（Raimo Vayrynen）甚至把国际组织视为小国最好的朋友。[3] 国际组织中的成员国身份不仅使得小国享受联合国的服务和其专业化的机构，还使得小国以低成本的方式保持同外部世界的联系，而不是通过双边外交。[4] 借助多边机制、倡导国际规范是小国弥补实力缺陷的基本途径。就海洋治理而言，构建全球海洋治理伙伴关系是太平洋岛国弥补自身实力缺陷的重要路径。近年来，建立"蓝色太平洋"成为南太平洋地区的共识。2017年9月5~7日，第48届太平洋岛国论坛峰会上强调了太平洋岛国的"蓝色太平洋"身份。太平洋岛国论坛领导人一致

---

[1] Jon M. Dyke, "International Governance and Stewardship of the High Seas and Its resources", in Jon M. Dyke, Durwood Zaelke, Grant Hewison, ed., *Freedom for the Seas in the 21st Century*, Washington D. C.: Island Press, 1993, pp. 18 – 19.

[2] Robert O. Keohane, "Lilliputians' Dilemmas: Small States in International Politics", *International Organization*, Vol. 23, No. 2, 1969, p. 294; Robert L. Rothstein, *Alliances and Small Powers*, London: Columbia University Press, 1968, p. 39.

[3] Raimo Vayrynen, Small States: Persisting Despite Doubts, in Efraim Inbar and Gabriel Sheffer, eds., *The National Security of Small States in a Changing World*, London: Routledge, 1997, pp. 41 – 76.

[4] Oliver Hasenkamp, "The Pacific Island Countries and International Organizations: Issues, Power and Strategies", in Andreas Holtz, Matthias Kowasch and Oliver Kasenkamp, ed., *A Region in Transition: Politics and Power in the Pacific Island Countries*, Saarland: Saarland University Press, 2016, p. 228.

赞成"蓝色太平洋"身份是太平洋地区主义框架（Framework for Pacific Regionalism）下推动论坛领导人集体行动观念的核心驱动力。考虑到国际环境和地区环境范式的转变，论坛领导人承认"蓝色太平洋"身份在发掘共同管理太平洋和加强太平洋岛国互联互通方面所带来的机会。进一步说，"蓝色太平洋"是太平洋地区主义深度一体化的催化剂。[1] 2017年，太平洋岛国论坛领导人在联合国大会上强调了"蓝色太平洋"的重点，主要有执行《巴黎协定》、有效治理和保护海洋、实现可持续发展目标、维护和平与稳定等。[2] 太平洋共同体在《战略计划2016~2020》中明确指出，"太平洋共同体不仅将拓展伙伴关系，以促进在海洋治理领域的合作，而且还将强化现有的合作伙伴关系，包括太平洋地区组织理事会（Council of Regional Organizations of the Pacific），构建新型关系"。[3] 为了更好地治理海洋，南太平洋地区的区域组织与联合国、欧盟、世界银行等进行合作。[4] 2017年9月21日，"中国—小岛屿国家海洋部长圆桌会议"通过了《平潭宣言》，《平潭宣言》提出了中国与太平洋岛国需要共同构建蓝色伙伴关系，"各方在推动海洋治理进程中平等地表达关切，分享国际合作红利，共同建立国际合作机制，制定行动计划，实施海上务实合作项目。合作领域包括但不限于发展蓝色经济、保护生态环境、应对气候变化、海洋防灾减灾、打击IUU捕捞、管理与减少海洋垃圾特别是微塑料等"。[5]

---

[1] Pacific Islands Forum Secretariat, "Forty-Eight Pacific Islands Forum Communique", 2017, p. 3, http://www.forumsec.org/resources/uploads/embeds/file/Final_48%20PIF%20Communique_2017_14Sep17.pdf.

[2] "Pacific Islands Forum Chair highlights priorities for the Blue Pacific at the United Nations", Pacific Islands Forum Secretariat, November 12, 2017, http://forumsec.org/pages.cfm/newsroom/press-statements/2017-media-releases/pacific-islands-forum-chair-highlights-priorities-for-blue-pacific-at-united-nations.html.

[3] Pacific Community, "Strategic Plan 2016-2020", 2015, p. 7, https://spccfpstore1.blob.core.windows.net/digitallibrary-docs/files/c5/c596dcfc7cbe6fcb05dae3b6fd5e45bf.pdf?sv=2015-12-11&sr=b&sig=jwbl%2FuQbEC7AjD3P9JAVqkPkWjOGJU18kBJx1mV8F%2BA%3D&se=2018-08-24T01%3A26%3A41Z&sp=r&rscc=public%2C%20max-age%3D864000%2C%20max-stale%3D86400&rsct=application%2Fpdf&rscd=inline%3B%20filename%3D%22SPC_Strategic_Plan_2016_2020.pdf%22.

[4] "Partnering International Ocean Instruments and Organizations", Pacific Islands Forum Secretariat, July 23, 2013, http://www.forumsec.org/pages.cfm/strategic-partnerships-coordination/pacific-oceanscape/partnering-international-ocean-instruments-organisations.html.

[5] "平潭宣言"，国家海洋局，2017年9月21日，http://www.soa.gov.cn/xw/hyyw_90/201709/t20170921_58027.html。

很多国际组织就构建全球海洋治理伙伴关系，达成了共识。联合国致力于同各种行为体建立广泛的伙伴关系，这是与其他国际组织最大的不同。1998年，联合国成立了"伙伴关系"办公室，为促进千年发展目标而推动新的合作和联盟，并为秘书长的新举措提供支持。联合国试图建立最广泛的全球治理伙伴关系，动员、协调及整合不同的行为体参与全球治理的机制和经验。2017年4月，欧盟部长强调了欧盟及成员国努力保护海洋的迫切需要。欧盟海洋事务和渔业专员卡门努·韦拉（Karmenu Vella）表示，"欧盟及其成员国在强化全球海洋治理领域，扮演着领头羊的角色。发表联合声明有助于我们保护和更好地利用珍贵的海洋资源"。[①] 欧盟在《国际海洋治理：我们海洋的未来议程》（International ocean governance: an agenda for the future of our oceans）中强调了构建全球海洋治理伙伴关系的重要性。"欧盟应当促成完善与海洋有关国际组织之间的合作，同时支持多边合作机制。欧盟委员会致力于与包括澳大利亚、加拿大、中国、日本、新西兰、美国在内的主要海洋治理主体进行双边对话。在未来五年内，欧盟将逐步升级现有的'海洋伙伴关系'，加强在主要的海洋治理领域的合作。"[②] 除了联合国与欧盟之外，作为非政府组织，世界银行在全球海洋治理领域也扮演着重要的角色。世界银行制定了"全球海洋伙伴关系"（Global Partnership for Oceans），目标是整合全球行动，评估及战胜与海洋健康有关的威胁。"全球海洋伙伴关系"的援助领域有可持续渔业资源、减少贫困、生物多样性及减少污染，由140多个政府、国际组织、公民社会团体及私人部门组织构成。南太平洋地区参与的区域组织有太平洋岛国论坛秘书处、太平洋共同体、论坛渔业局及南太平洋区域环境署。[③]

第三，地区海洋治理理念与全球海洋治理理念的有效对接。作为全球海洋治理的重要组成部分，地区海洋治理应该有效对接全球海洋治理的理念，

[①] "EU and Member States agree to step up efforts to protect oceans", EU Maritime Affairs, March 4, 2017, https://ec.europa.eu/maritimeaffairs/content/eu-and-member-states-agree-step-efforts-protect-oceans_en.

[②] "Joint Communication To The European Parliament, The Council, The European Economic And Social Committee And The Committee Of The Regions", European Commission, November 18, 2015, http://eeas.europa.eu/archives/docs/enp/documents/2015/151118_joint-communication-review-of-the-enp_en.pdf.

[③] "Partnering International Ocean Instruments and Organizations", Pacific Islands Forum Secretariat, April 12, 2015, http://www.forumsec.org/pages.cfm/strategic-partnerships-coordination/pacific-oceanscape/partnering-international-ocean-instruments-organisations.html.

有效融入全球海洋治理体系。《联合国海洋法公约》是海洋治理的国际法基础，对内水、临海、专属经济区、大陆架、公海等概念进行了界定，并对领海主权争端、污染处理等具有指导作用。太平洋岛国论坛在1971年召开的第一次会议上就讨论了《联合国海洋法公约》，具有重要的意义。在《联合国海洋法公约》的基础上，《南太平洋区域海洋政策》不仅提出了海洋治理的框架，即可持续发展、治理和保护太平洋地区的海洋资源，还提出了五个指导性原则。① SDG 14提出了海洋治理的理念，即"保护和可持续利用海洋和海洋资源"。SDG 14为太平洋岛国和沿岸居民带来了新的机会，有助于南太平洋地区更好地进行海洋治理，这体现了海洋综合管理理论的可持续发展原则。《战略计划2016~2020》的制定基于SDG的海洋治理理念。"《战略计划2016~2020》的执行考虑了全球环境的作用。2015年，太平洋共同体通过了SDG的承诺。SDG体现了太平洋共同体很多成员国的发展重点，为《战略计划2016~2020》提供了全球和地区框架及多边协议。"② 《太平洋岛国区域海洋政策和针对联合战略行动的计划》的基础则是《联合国海洋法公约》，"南太平洋区域海洋政策致力于推动太平洋地区海洋环境的保护和治理，并支持该地区的可持续发展。它的指导原则是《联合国海洋法公约》和其他国际及地区协议"。③ 南太平洋区域环境署在2017年通过了《战略计划2017~2026》，其中指出"提高成员国参与气候变化谈判的能力，承担国际责任，尤其是《联合国气候变化框架公约》所规定的责任，具有重要的意义"。④ 南太平洋地区除了宏观层面的海洋治理规范与全球海洋治理理念保持对接之外，微观层面的海洋治理规范也积极与全球海洋治理理念

---

① "Key Ocean Policies and Declarations", Pacific Islands Forum Secretariat, January 21, 2015, http://www.forumsec.org/pages.cfm/strategic-partnerships-coordination/pacific-oceanscape/key-ocean-policies-declarations.html.
② Pacific Community, "Strategic Plan 2016-2020", 2015, p. 3, https://spccfpstore1.blob.core.windows.net/digitallibrary-docs/files/c5/c596dcfc7cbe6fcb05dae3b6fd5e45bf.pdf?sv=2015-12-11&sr=b&sig=jwbl%2FuQbEC7AjD3P9JAVqkPkWjOGJU18kBJx1mV8F%2BA%3D&se=2018-08-24T01%3A26%3A41Z&sp=r&rscc=public%2C%20max-age%3D864000%2C%20max-stale%3D86400&rsct=application%2Fpdf&rscd=inline%3B%20filename%3D%22SPC_Strategic_Plan_2016_2020.pdf%22.
③ Secretariat of Pacific Community, *Regional Ocean Policy and Framework for Integrated Strategic Action*, 2005, p. 3, http://www.sprep.org/att/IRC/eCOPIES/Pacific_Region/99.pdf.
④ Secretariat of the Pacific Regional Environment Programme, *Strategic Plan 2017-2026*, 2017, p. 16, https://www.sprep.org/attachments/Publications/Corporate_Documents/strategic-plan-2017-2026.pdf.

保持对接。比如，关于渔业资源的《瑙鲁协议》指出，"《瑙鲁协议》将充分考虑联合国第三次海洋法会议，加强成员国之间的合作"。[1] 太平洋岛国论坛意识到了联合国及其有关全球海洋治理的规范在南太平洋海洋治理中的重要角色。2017 年 9 月 8 日，太平洋岛国论坛第 48 届峰会通过的第 48 届太平洋岛国的《论坛公报》（Forty-Eighth Pacific Islands Forum Communique）指出，"论坛领导人承认《联合国气候变化框架公约》为太平洋地区提供了独特的机会"。[2] 2016 年 9 月 10 日，太平洋岛国论坛第 47 届论坛峰会通过的第 47 届太平洋岛国的《论坛公报》指出，"论坛领导人同意太平洋通过小岛屿发展中国家快速发展模式在海洋中体现强有力的领导，并在海洋治理中保证独立的 SDG。联合国海洋大会将为太平洋提供引领全球海洋治理的机会，并展现出在可持续发展、太平洋及其资源的治理与保护方面的共同利益"。[3]

地区海洋治理与全球海洋治理的有效对接是大势所趋。除了南太平洋地区以外，欧盟也积极与全球海洋治理进行对接。在过去的十几年，欧盟做了大量关于对接全球海洋治理的努力。第一，针对所有的海洋及海洋问题，采用一种整体的方法，即《欧盟联合海洋政策》；第二，制定欧盟层面的战略，以促进可持续的、包容性的"蓝色增长"（Blue Growth）；第三，落实强调共同挑战与机会的区域战略（Regional Strategy），加强与非欧盟国家及来自民间团体和私人部门的利益相关者的合作；第四，每年拨款大约 3.5 亿欧元用于海洋研究，提高合作与信息分享水平；第五，通过《欧盟安全战略》，以阻止和应对安全挑战。[4] 对于小国而言，积极对接全球海洋治理理念、融入全球海洋治理体系的进程不仅可以克服自身脆弱性、减少治理成本，还可以利用全球海洋治理体系所带来的各种便利，搭乘"便车"。

---

[1] Forum Fisheries Agency, *Nauru Agreement Concerning Cooperation in the Management of Fisheries of Common Interest*, 1982, p. 1, http://extwprlegs1.fao.org/docs/pdf/mul5181.pdf.

[2] Pacific Islands Forum Secretariat, *Forty-Eighth Pacific Islands Forum Communique*, 2017, p. 5, http://www.forumsec.org/resources/uploads/embeds/file/Final_48%20PIF%20Communique_2017_14Sep17.pdf.

[3] Pacific Islands Forum Secretariat, "*Forty-Seventh Pacific Islands Forum Communique*", 2016, p. 5, http://www.forumsec.org/resources/uploads/embeds/file/2016_Forum_Communique_11sept.pdf.

[4] "International ocean governance: an agenda for the future of our oceans", EU Maritime Affairs, November 10, 2016, https://ec.europa.eu/maritimeaffairs/policy/ocean-governance_en.

小　结

在新的全球语境下，太平洋岛国海洋大型发展中国家的身份已经不断获得国际社会的认同。然而，未来它们在建构身份的过程中仍然面临着一些阻力，这些阻力既有自身因素，又有外部因素。如何克服这些阻力是太平洋岛国未来面临的一个重要议题。总体而言，国际社会对太平洋岛国海洋大型发展中国家的认同有助于建构新型海洋秩序。太平洋岛国代表着第三世界，是典型的发展中国家。与传统海洋强国相比，太平洋岛国在国际海洋事务中的积极作用有助于维护第三世界的利益。

随着全球政治经济格局的不断变化以及海洋事务的日益发展，人类对海洋的认识将不断提高。太平洋岛国所秉持的"人海合一"的海洋理念将使得人类对海洋重新认识，从而更好地建构新型海洋秩序。这有别于西方国家的海洋观念，对海洋的深度认识是建构新型海洋秩序的基本要素。西方国家认为人类是海洋的"管家"，而太平洋岛国则认为人类与海洋之间是亲属关系。在当下很多环保用语中，"管家"很大程度上被使用。"管家"意味着人类把保护海洋的责任视为保护他们的领地、森林以及王国。这表明人类掌控着海洋，凌驾于海洋之上。太平洋岛国则认为人类是海洋的一部分，与海洋有着亲属关系。西方把海洋视为水生的陆地，而太平洋岛国则认为海洋不同于陆地，有着自身的特点。海洋象征着生命的流动，以及世界不断变化的特性，这与陆地的特性有着很大的不同，陆地则象征着稳定。海洋是国家与人类之间巨大的连接器，以及人类共同拥有的羊水。一位来自帕劳的太平洋岛人将太平洋岛人描述为一只脚站在陆地上，另一只脚则站在海洋上。这两者都对太平洋岛国居民的幸福和健康有重要意义。除此之外，西方国家认为人类缺乏资源，所有的资源都应当被获取，并组成经济模式的基础。太平洋岛国则认为人类有着丰富的资源。然而，资源丰富需要承担尊重、满足以及供给食物需求的责任以及建立所有事物之间联系性的责任。这并不意味着浪费或无礼。[1]

---

[1] Poka Laenui, "An Introduction to Some Hawaiian Perspectives on the Ocean", in Jon M. Dyke, Durwood Zaelke, Grant Hewison, *Freedom for the Seas in the 21st Century*, Washington D. C.: Island Press, 1993, pp. 92–94.

作为海洋大型发展中国家，太平洋岛国明确呼吁国际社会应该充分认识到这一点。比如，基里巴斯总统汤安诺（Anote Tong）把他的国家视为海洋大型国家，并强调了海洋对国家的可持续发展、联合国前年计划实现以及全球共同体幸福的重要作用。同时，汤安诺强调了海洋生态系统对人类健康的关键作用。人们通过利用海洋资源，可以使太平洋岛国从依赖援助中解放出来。"我们是一个海洋大型岛屿国家。我们相信通过利用广阔的 EEZ，可以实现可持续发展。我们相信通过利用海洋，可以降低对发展援助的依赖……"[1] 同时，从长远来看，随着全球海洋治理理论的不断完善以及应用的日益广泛，全球海洋治理将会成为全球治理的一个重要领域。南太平洋海洋治理有助于国际社会深化对海洋治理的认识，更好地维护海洋环境、利用海洋资源等，促进人类与海洋的和谐共存。南太平洋海洋治理为全球海洋治理提供了一个很好的方案，也是一个海洋治理成功的案例。

---

[1] Quirk, G. & Hanich, Q. , "Ocean Diplomacy: The Pacific Island Countries' Campaign to the UN for an Ocean Sustainable Development Goal", *Asia-Pacific Journal of Ocean Law and Policy*, Vol. 1, No. 1, 2016, pp. 81 – 82.

第二章　德国重返南太平洋

1884年，在俾斯麦的领导下，德意志帝国把统治权扩张到它已经通商的地区。就在这一年，德国吞并了后来成为新几内亚托管领土的大部分地方，包括新几内亚岛东北岸和俾斯麦群岛。1885年，德国又吞并马绍尔群岛。1888年，德国合并瑙鲁。1889年，西萨摩亚成为德国的殖民地。[1] 一战后，德国的势力退出了南太平洋地区。德国在南太平洋地区的殖民历史并不长，但它在南太平洋地区几十年的殖民对当下的太平洋岛国仍然具有多方面的影响，比如以德国命名的地名、与德语有关的词语、教育中的基本原则、宗教中持续的社会承诺等。[2] 近年来，德国重返南太平洋地区的意图日益明显。在美国、中国、印度、法国、俄罗斯、澳大利亚等国不断重视与太平洋岛国关系的背景下，相比较以往，进入21世纪的德国对太平洋岛国的政策有哪些新动向，这些新动向的战略考量是什么以及对南太平洋地区的战略环境会产生哪些变化，这是本章主要回答的问题。

一　德国对太平洋岛国政策的新动向

作为南太地区历史上的传统殖民国家，德国虽然在一战后退出了该地区，但对该地区仍有着重要影响力。伴随着对太平洋岛国援助的不断增加，

---

[1] 〔美〕约翰·亨德森、〔美〕海伦·巴特著《大洋洲地区手册》，福建师范大学外语系译，商务印书馆，1978，第34~40页。
[2] Andreas Holtz, Matthias KowaschOliver, Kasen Kamp, *A Region in Transition: Politics and Power in the Pacific Island Countries*, Saarbruecken: Saarland University Press, 2016, p. 3.

近年来，德国对太平洋岛国的外交政策呈现出新动向，其重返南太平洋地区的战略意图日益明显。

（一）强化对太平洋岛国的援助实践

作为重要的西方发达国家，德国历来重视对外援助，它在这方面提出了许多独特的政策和主张，并力图借此促进实现其提高国际地位、发挥大国作用的战略目标。冷战期间，联邦德国是重要的西方经济大国，在发展援助方面，它是经合组织发展援助委员会5个最大的援助国之一。然而，1990年两德统一后德国背上了沉重的财政包袱，官方发展援助不断减少，距离其承诺的占国内生产总值0.7%的指标愈来愈远。对德国而言，发展援助政策已经成为其长期外交政策的一个重要组成部分，是其外交行为的一部分和延伸，这在全球化的大背景下有其必然性。目前，欧盟各国在其对外政策和发展援助政策方面的协调越来越紧密。德国政府对在欧盟层面上协调各成员国的发展援助政策持比较积极的态度，其发展援助政策已经部分地纳入欧盟共同政策的框架之中，包括签约的《洛美协定》即《科托努协定》。[①] 德国对太平洋岛国的援助有着几十年的历史，援助方式包括双边援助和在欧盟框架内进行的援助。德国对太平洋岛国的援助主要表现在以下几个方面。

第一，增加对太平洋岛国气候领域的援助。在德国的对外援助中，气候变化一直占很大的比重。德国一直将气候变化视为是帮助发展中国家实现可持续发展转型的主要挑战，2003~2012年累计提供了180多亿美元的气候援助，是欧盟所有成员国里最多的。特别是自2007年以后，德国的气候援助规模总体上增加（见图2-1）。而太平洋岛国对气候变化的负面作用表现出特别的脆弱性。许多岛国因为极端气候而遭受到了严重的损失。气候变化是全世界所共同面对的问题，因此德国愿意提供资金、技术和实际援助来帮助伙伴国处理气候问题。自2008年起，德国国际气候行动（International Climate Initiative）在小岛屿发展中国家支持了价值1.61亿美元的35个项目。[②]

2014年4月，德国通过联邦经济合作与发展合作部（以下简称"联邦

[①] 周弘：《对外援助与国际关系》，中国社会科学出版社，2002，第309~344页。
[②] "German Strategic Cooperation with SIDS on Climate Change Adaption and Disaster Risk Management", United Nations, 2016-07-8, http://www.sids2014.org/index.php?page=view&type=1006&nr=2711&menu=1507.

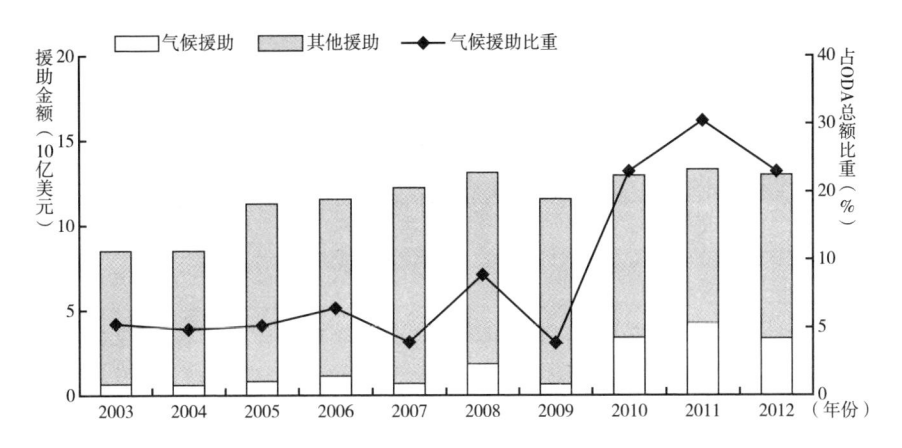

图 2-1 2003~2012 年德国气候援助及其占 ODA 总额的比重

资料来源：此图转引自秦海波、王毅：《美国、德国、日本气候援助比较研究及其对中国南南气候合作的借鉴》，载《中国软科学》2015 年第 2 期，第 22~34 页。

经合部")扩大了对太平洋岛国在气候变化领域援助的承诺,追加1000万欧元的援助以支持"太平洋岛屿地区气候变化适应性"的项目。自2009年1月起,联邦经合部支持气候变化适应性技术合作的区域项目,该项目由德国技术合作公司与南太平洋委员会共同执行。[①] 2014年,德国与小岛屿发展中国家签署了在气候适应性和灾难风险管理方面的战略合作协议。参与合作的太平洋岛国主要有斐济、密克罗尼西亚、基里巴斯、瑙鲁、帕劳、巴布亚新几内亚、马绍尔群岛、萨摩亚、所罗门群岛、汤加、图瓦卢和瓦努阿图。

第二,在援助过程中,加大与区域组织的合作。德国在对太平洋岛国援助的过程中,十分注重同国际组织的合作,这有利于增强援助的有效性和透明度。自1975年开始,联邦经合部一直以双边或多边的形式对太平洋岛国论坛成员国提供援助。[②] 德国政府意识到,德国一个国家的力量毕竟有限,与国际组织的合作有利于发挥整体力量。与德国合作的南太地区的国际组织主要有南太平洋委员会、太平洋岛国论坛和太平洋区域环境项目委员会。

[①] "German regional technical cooperation program", German Embassy Wellington, 2016 - 10 - 2, http://www.wellington.diplo.de/contentblob/2686296/Daten/761922/BMZ_ClimateChange_Info_DDatei.pdf.

[②] "Germany promises climate change help", Lanuola Tupufia, 2016 - 11 - 2, http://www.samoaobserver.ws/en/23_10_2016/local/13061/Germany-promises-climate-change-help.htm.

2016年9月，在第47届太平洋岛国论坛峰会上，大会批准了德国参加论坛会后对话会（Post Forum Dialogue）的资格。① 在《2015特别气候变化基金工作项目》中，德国认为对太平洋岛国气候变化的援助应该扩大来源，充分发挥区域组织的作用，强有力的区域支持在协调多种项目方面是必要的，南太平洋委员会、太平洋岛国论坛秘书处的角色很重要。与此同时，德国对太平洋岛国论坛在增强气候适应性和加强贫困地区发展方面的目标给予了高度重视。②

第三，充分发挥国内政治机构的作用。在欧盟国家中，绝大部分成员国与太平洋岛国的发展合作是依靠欧盟完成的，在欧盟的联合框架内向岛国提供援助，这主要是因为大部分国家援助机构的力量很有限，但是联邦经合部是一个例外，它在南太地区有着广泛网络和项目（见表2-1）。截止到2014年，在欧盟对太平洋岛国的援助中，德国和法国的援助排在前两位。③ 法国的援助更多是基于其在南太地区的海外领地，包括新喀里多尼亚、瓦利斯与富图纳以及法属波利尼西亚。它的援助方式大部分在欧盟的框架之内进行。与法国不同，德国对岛国的援助更多依靠联邦经合部的高效推动。冷战后不久，由于国际形势发生很大的变化以及人们对发展援助的成效产生怀疑，德国国内一度提出"发展援助政策终结了""发展援助政策是冷战的残余物"等论点。为了逐步克服德国国内的"发展援助厌倦症"，使发展援助尽可能获得广泛的民众支持，德国政府及联邦经合部对全民开展了各种宣传教育活动，扩大公众对发展中国家状况的关注和对发展援助工作的重视。④ 自1977年开始，联邦经合部开始在太平洋地区正式运转。考虑到太平洋岛国所面临的特殊的气候环境变化及其危害，目前联邦经合部在15个岛国有援助项目，包括东帝汶以及一些区域组织。⑤ 联邦经合部与南太平洋委员

---

① "47th Pacific Island Forum held in the capital of FSM, Palikir, Pohnpei", Federated States of Micronesia Public Information Office, 2016-10-10, http://www.fsmpio.fm/RELEASES/2016/sept_16/09_06_16.html.

② Global Environment Facility, "Complication of Comments Submitted by Council Members on the June 2015 SCCF Work Program", http://www.thegef.org/sites/default/files/work-program-documents/SCCF_WP_Compilation_of_Council_Comments_JUNE_2015_0.pdf, 访问日期：2016-09-10。

③ European Parliament, "European Union Development Strategy in the Pacific", Strasbourg, 2014-04-28, p.9.

④ 周弘：《对外援助与国际关系》，中国社会科学出版社，2002，第324~327页。

⑤ GIZ, "Pacific Region", https://www.giz.de/en/worldwide/363.html, 访问日期：2016-08-12。

会、太平洋岛国论坛、太平洋区域环境项目委员会有着密切的联系，其在南太地区有很多援助项目。联邦经合部支配的资金占德国官方发展援助资金的70%左右。虽然联邦德国发展援助的主要决策及实施机构是联邦经合部，但其他几个部门、各州政府以及若干大中城市也参与其中。

表2-1 联邦经合部在南太地区的援助项目

项目	时间	合作国家或组织	主要内容
解决太平洋岛国的气候变化问题项目（CCCPIR）	2009年	南太平洋委员会	1. 加强区域报告和管理能力；2. 使气候适应战略回归主流；3. 执行气候适应和减缓措施；4. 发展可持续的旅游业；5. 增强能源管理能力；6. 加强关于气候变化的教育
南太地区的森林保护项目（REDD+Ⅱ）	2010年	南太平洋委员会、斐济、巴布亚新几内亚、所罗门群岛、瓦努阿图	建立森林二氧化碳监测系统
南太地区海洋和海岸生物多样性管理项目（MACBIO）	2013年	南太平洋区域环境署、国际自然保护联盟、斐济、基里巴斯、所罗门群岛、汤加、瓦努阿图	加强机制和个体的能力、保护海洋与海岸生态系统的多样性、支持太平洋岛国经济的可持续发展
太平洋-德国关于适应气候变化和可持续能源项目（ACSE）	2014年	南太平洋委员会、南太平洋大学、欧盟	南太平洋委员会、南太平洋大学以及欧盟三方共同发展在职业教育领域的认证，特别是在气候适应变化和可持续能源领域

资料来源：南太平洋委员会，http://www.spc.int/；德国驻惠灵顿大使馆，http://www.wellington.diplo.de/Vertretung/wellington/en/02_20South_20Pacific_20Islands/DevelopmentCooperation/_C3_9CS__Development__Cooperation.html；联邦经合部，https://www.giz.de/en/worldwide/363.html；南太平洋委员会陆地资源部，http://lrd.spc.int/；太平洋岛国海洋和海岸多样性管理处，http://macbio-pacific.info/，访问日期：2016-08-12。

（二）加强与萨摩亚的外交联系

历史上，德国对萨摩亚的政治和经济具有重要影响。从1889年到1899年，萨摩亚群岛系由英国、德国和美国共同管理。1899年，三国达成协议，改变原来的安排，西萨摩亚成为德国的殖民地。从1900年到1914年，在德国的统治下，萨摩亚人与欧洲经济的联系主要是椰子干。萨摩亚的经济也在这十几年中获得了飞速发展。群岛种植园经济发展迅猛。1900年，从萨摩亚首都阿皮亚出口的椰仁就达 8500 吨,创造关税收入 3.1 万美元。同年,德国还向萨摩亚提供了 5.2 万马克的援助。自 1900~1910 年德国在萨摩亚的行政当局首脑,以威廉·索尔夫为首,他削弱了土著人政治机构的权力,使萨摩亚获得高度发展,并超越了大洋洲其他各地。[①] 在 1899 年 10 月 11 日的备忘录中,德国海军大臣蒂尔皮茨曾大加赞赏萨摩亚作为海军基地和世界海底电缆登陆站的作用。然而,南太地区的商业未能像德国最初预想的那样取得飞跃发展,自然也就无法提高萨摩亚航运中继站的地位。因而,柏林方面逐渐将萨摩亚排除在政策考虑之外,不愿再对它做更多投入,甚至将原有的防卫力量也撤出大半。1914 年一战爆发后,新西兰攻占德属萨摩亚。德国在一战后失去了对萨摩亚的控制,其在南太地区的地位被日本所取代。1920 年,国际联盟将西萨摩亚作为委任统治地交托新西兰管理。二战后,联合国又把它作为新西兰的"托管地"处理。1962 年 1 月 1 日,西萨摩亚独立。1970 年,西萨摩亚加入了英联邦。[②]

由于萨摩亚深受殖民主义的影响,德国对萨摩亚的影响力超过了其他任何太平洋岛国。在历史脉络的牵引下,德国与萨摩亚的外交联系日益密切。1972 年 5 月 18 日,德国与萨摩亚建立了外交关系。[③] 此后,双方之间的关系飞速发展。2009 年,萨摩亚总理图伊拉埃帕访问了柏林。2014 年 1 月 28 日,德国总统接见了萨摩亚国家元首。2016 年 10 月,德国驻萨摩亚新任大使格哈德·蒂德曼(Gerhard Thiedemann)表示对德国与萨摩亚外交关系的前景非常乐观。在他看来,19 世纪的很多人见证了德国与萨摩亚之间的良性互动,双方在农业发展、贸易、社区建设以及教育方面的共同努力为新时期的双边合作奠定了坚实的基础。目前,萨摩亚大约有 30 个德国公民,不包括数千个与德国有血缘关系的萨摩亚人。[④]

在发展援助方面,德国对萨摩亚的发展援助始于 1977 年,主要集中在林业部门。萨摩亚是德国主要的合作伙伴。德国是南太地区的第四大援助国

---

① 约翰·亨德森、海伦·巴特著《大洋洲地区手册》,福建师范大学外语系译,商务印书馆,1978,第 35~41 页。
② 王华:《萨摩亚争端与大国外交:1871~1900》,中国社会科学出版社,2008,第 304 页。
③ "Samoa", Federal Foreign Office, 2016-10-12, http://www.auswaertiges-amt.de/EN/Aussenpolitik/Laender/Laenderinfos/01-Nodes/Samoa_node.html.
④ Lanuola Tupufia, "Germany promises climate change help", 2016-11-2, http://www.samoaobserver.ws/en/23_10_2016/local/13061/Germany-promises-climate-change-help.htm.

(前三位依次是澳大利亚、日本、新西兰)。目前德国经合部正与萨摩亚政府和当地的社团在"适应气候变化项目"上开展合作,该项目涉及萨摩亚的12个乡镇,目标是增加日益减少的鱼类种群。① 该项目的总援助额为4000多万欧元,整个工期持续到2018年。德国将继续履行对萨摩亚的双边承诺,主要是推动建设有利于学校和当地政府的微型项目。在人道主义援助方面,2009年9月的海啸使得149名萨摩亚人失去了生命,德国立即拨付了10万欧元的人道主义援助。该援助通过非政府组织新西兰乐施会来完成,主要用于恢复被飓风毁掉的村镇供水系统。在文化合作方面,德国正与新西兰国家档案局、萨摩亚共同建设一个三方合作项目,用于帮助萨摩亚国家档案局提高保存历史资料的能力。2012年,在德国外交部的资助下,萨摩亚举办了一次从殖民时期到当下的关于德国—太平洋关系的展览。另外,德国与萨摩亚的经贸联系日益密切,2014年萨摩亚向德国出口额为20万美元,从德国进口额为50万美元。②

(三) 获得参加论坛会后对话会的资格,加强与区域组织的联系

太平洋岛国论坛是南太地区重要的区域性组织,在推进区域一体化、促进岛国经济发展等方面起着重要的作用。作为地区合作的主导力量,论坛自成立以来,就致力于区域自由贸易区建设。早在论坛建立之初就设立了贸易局以协调区域内各国的活动。随后论坛建立了南太平洋经济合作局以主导区域内各国经济事务活动。③ 从1989年起,论坛决定邀请中、美、英、法、日和加拿大等国出席论坛首脑会议后的对话会议。1991~2007年,论坛先后接纳欧盟、韩国、马来西亚、菲律宾等国为对话伙伴。2013年,接纳古巴为对话伙伴。2014年,接纳土耳其、西班牙为对话伙伴。很多区域外国家利用论坛在南太地区的影响力,建立了双边的对话机制。比如,日本与太平洋岛国论坛首脑峰会(PALM)每三年举行一次,从1997年开始,已经举办了七次,每次都取得了很好的效果;法国与太平洋岛国论坛的沟通平台

---

① "Farewell Visit to Samoa", German Embassy Wellington, 2016 – 07 – 12, http://www.wellington.diplo.de/Vertretung/wellington/en/02_ 20South_ 20Pacific_ 20Islands/Samoa/2016/Seite_ _2016 – 05 – 25 – Abschiedsbesuch – Schleich – en.html.
② "Samoa", Federal Foreign Office, 2016 – 10 – 12, http://www.auswaertiges – amt.de/EN/Aussenpolitik/Laender/Laenderinfos/01 – Nodes/Samoa_ node.html.
③ 梁甲瑞:《日本南太地区战略调整及对中国的影响》,载《国际关系研究》2015年第5期,第110页。

是"法国—大洋洲峰会",截止到 2016 年,"法国—大洋洲峰会"已经举办了四届,这已经成为双方进行沟通与交流的平台;印度与论坛的沟通平台是"印度—太平洋岛国论坛",迄今为止,已经举办了两届。为了加强与太平洋岛国的关系,很多区域外的国家或组织都成为了论坛会后对话伙伴。论坛会后对话会方便了域外国家或组织与太平洋岛国的联系,为双方的沟通建立了便利的平台。德国获得参加论坛会后对话会的资格,有助于其建立与论坛之间的沟通平台。目前,德国与许多论坛成员国建立了发展援助合作关系,而且向论坛秘书处提供援助。在多种国际多边场合,德国非常支持太平洋岛国论坛,尤其是在全球气候会议中。这表明德国与论坛有着共同的利益诉求以及广阔的合作前景。

(四) 主动建构同斐济的战略合作关系

德国非常重视发展与斐济的战略合作关系。斐济是太平洋岛国中比较活跃的国家,经济实力较强,发展较快。斐济非常重视与太平洋岛国的合作,同时也与包括德国在内的域外国家保持着密切的联系。尽管斐济的国内政治环境一直不是很稳定,但斐济致力于发展对外关系,积极参与各类国际和地区组织。2014 年,斐济举行了 2006 年军事政变后的首次选举,共有 200 多名候选人参加了选举,斐济优先党、社会民主自由党等 7 个政党参选。为了保证选举的公平和透明,并向国际社会展示斐济的民主化进程,斐济政府邀请了澳大利亚、印度、印尼、欧盟等十多个国家和国际组织派出观察团,监督整个选举过程。[①] 与此同时,斐济具有重要的地缘战略价值,其位于南太平洋的中心,交通便利。斐济的苏瓦港是南太平洋的重要海港和空中转运中心。相比较以前,斐济的国内政治生态环境得到了很大的改善,有助于其与区域外国家的交往。德国与斐济在 1973 年 8 月建立外交关系,双边经贸关系一直很稳定。根据德国统计局的数据,2012 年德国从斐济的进口总额为 190 万美元,向斐济出口总额为 870 万美元。德国主要从斐济进口蔬菜产品,主要出口产品为机械设备。斐济是德国在南太地区发展援助项目的运行基地。自 2009 年起,联邦经合部与南太平洋委员会共同致力于解决太平洋岛国的气候变化问题项目。联邦经合部首先支持三个计划的国家,其中就包

---

① 梁甲瑞、张金金:《太平洋岛国论坛为何恢复斐济的成员国资格》,载《战略决策研究》2016 年第 1 期,第 56 页。

括斐济。德国同样支持斐济的基础设施、学校以及医疗的建设，每年都会援助一些价值11000欧元的微型工程，包括保证小学饮水供给和为村镇提供卫生设施。① 2011年5月，联邦经合部的官员会见了斐济工业、贸易及旅游部常任秘书长沙欣·阿里（Shaheen Ali），双方商讨在解决气候变化问题上的合作。同时，沙欣·阿里表达了斐济想与德国建立友好合作关系的愿望。② 由于斐济在南太地区较强的经济实力、特殊的地缘战略价值以及对国际体系的积极参与，区域外的大国对斐济抱有强烈的战略兴趣，包括印度、俄罗斯、中国等，都积极发展与斐济的战略伙伴关系。如果德国能够同斐济建立战略合作关系，那么其在南太地区便有了战略支点国家，有助于其在南太地区践行外交战略。

（五）主打气候外交牌

"气候外交"可从两方面定义：狭义上讲，气候外交是指参与《联合国气候变化框架公约》谈判进程与相关活动；广义而言，气候外交常被称为"气候对外政策"，即把气候变化与对外战略、对外行为相结合，不仅包括多边和多边场合下通过政治、外交手段与一些国家进行气候领域内的对话与谈判，也包括对外援助、合作发展。③ 气候变化是21世纪外交和全球治理面临的最大挑战之一。作为国际上支持气候变化行动的主要国家，德国是继英国之后第二个制定了气候外交战略的国家，并积极推进欧盟在气候行动方面的领导地位，同时，德国也是主要的气候援助国。除了国内努力执行的新能源政策之外，德国开始把气候外交置于国家整体外交框架之内。④ 德国在2007年前后提出了气候外交战略，目标是提升气候变化问题在国际政治议程中的重要性，促进并补充《联合国气候变化框架公约》的谈判进程。同时，树立和加强同其他国家的信任，建立伙伴关系，并为经济和发展领域的合作创造更多的机会。这一新的外交政策由德国外交部和环

---

① "Fiji", Federal Foreign Office, 2016 - 10 - 12, http：//www. auswaertiges - amt. de/EN/Aussenpolitik/Laender/Laenderinfos/01 - Laender/Fiji. html？nnm = 479780.
② "Fiji and Germany Discusses Climate Change Project", Ministry of Foreign Affairs, 2016 - 10 - 12, http：//www. foreignaffairs. gov. fj/media - resources/media - release/381 - fiji - and - germany - discuss - climate - change - projects.
③ 李莉娜：《气候外交的中德比较》，载《公共外交季刊》2016年第1期，第61页。
④ Lina Li, *Soft Power for Solar Power：German's New Climate Foreign Policy*, Bonn：Germanwatch e. V. , 2016, p. 8.

境部主导，并得到德国联邦经济与能源部、经合部的支持。德国的气候外交在国际社会中得到了很高的评价，不仅得益于其先进的技术与发达的经济，还得益于德国是主要的国际援助出资国，非常注重传统的多边合作，善于运用软实力。基于气候外交的定义，德国在南太地区对太平洋岛国的援助属于气候外交的广义范畴，其在南太地区的气候外交不仅是德国整体国家外交政策的需要，还是其与太平洋岛国发展外交关系的主要手段。南太地区是世界上环境最脆弱的地方，气候变化所带来的灾难时刻困扰着国家发展和人民的生计。基于生存条件的脆弱性，小岛国往往具有更强烈的环保意识。岛国是气候变化的最大受害者，但是应对这些复杂的环境挑战，国家治理远远不够，还必须依靠国际治理。如前所述，德国对外援助主要依靠国内部门，即联邦经合部。联邦经合部不仅与南太平洋委员会一道在岛国开展解决气候变化问题项目的建设，并与多个太平洋岛国在气候变化领域建立了战略合作关系。

二 德国外交政策变化背后的战略考量

德国对太平洋岛国外交政策呈现新动向是既有主观因素，又有客观因素，无论是哪种因素，其都符合德国的战略考量。

（一）争取联合国"入常"

作为全球的经济大国和主要联合国会费缴纳国，德国一直认为它应当获得联合国安理会常任理事国的地位。联合国自2013年使用新的常规预算分摊比例后，预算分摊排名最高的国家依次为美国、日本、德国、法国、英国和中国。1993年第48届联大上，德国外长金克尔表示，"德国准备承担作为安理会常任理事国的责任"。在第50届联大专题发言中，德国代表指出，"有能力并愿意在全球范围内对维持和平与安全做出贡献以及已经在国际发展和联合国活动方面承担艰巨责任的国家，应在安理会享有常任理事国地位。德国就是这种国家之一，联合国应该依靠德国"。[①] 2015年9月，德国总理默克尔指出，"有必要改革联合国安理会，以反映21世纪真实的全球

---

① 肖刚：《国家认同：德国与日本的联合国外交比较》，载《德国研究》2001年第3期，第15页。

权力分配，德国应成为安理会常任理事国"。① 正因为如此，太平洋岛国稳定的联合国投票权以及在联合国特殊的国际地位对德国有着较大的吸引力，因此德国不遗余力地通过对外援助来发展同岛国的外交关系。在联合国各类议题的决议中，由于存在共同的利益，这些岛国往往能抱团一致投票。"一国一票"的联合国运行机制不仅有益于岛国，而且给予岛国巨大的激励，在这个过程中，岛国的主权属性和俱乐部成员资格得以象征性地显示。② 这些庞大的票源往往成为各大国争取的对象。除了稳定的票源之外，太平洋岛国在国际多边机制中往往能形成合力，发挥独特的作用。在联合国的主要机构中，太平洋岛国也能发挥一定的作用。太平洋岛国是联合国非常任理事国的组成部分，担任联合国非常任理事国在增加了太平洋岛国外交负担的同时，也增加了太平洋岛国的外部能见度。同时，它们在联合国安理会中所获得的知识和经验会被应用于长期的对外政策行为、外交活动等。对于岛国而言，这是提升国际声望的好机会。③ 2016 年 10 月，德国驻萨摩亚新任大使格哈德·蒂德曼在萨摩亚指出，"目前德国正竞选 2019～2020 年联合国安理会非常任理事国的地位，欲寻求太平洋岛国在联合国投票权方面的帮助。与此同时，德国提高在安理会中的地位也符合太平洋岛国的利益"。④

（二）进行海洋科考

海洋作为全球资源，在气候变化中发挥着重要作用。随着人类对海洋开发利用的不断增长，德国把对海洋的探索作为社会公共利益中不可或缺的组成部分，并在现代的海洋科学研究领域做出了重大贡献，在国际上被视为海洋研究的一支重要力量。德国在国际海洋科学研究中发挥了重要作用，其根本原因在于，德国过去和现在对于各研究机构、科研人员以及科研设施比较重视。技术进步将使德国海洋科学研究在国际上继续保持高水准。当前，德

---

① 孔庆玲：《德总理促安理会改革，称德国应成为安理会常任理事国》，中新网，2016 年 11 月 2 日，http://www.chinanews.com/gj/201。
② Anddrew F. Cooper, Timothy M. Shaw, *The Diplomacies of Small States: Between Vulnerability and Resilience*, New York: Palgrave Macmillan, 2009, p. 10.
③ Milan Jazbec, *The Diplomacies of New Small States: the case of Slovenia with some comparison form the Baltics*, England: Ashgate Publishing Limited, 2002, pp. 67 – 68.
④ Lanuola Tupufia, "Germany promises climate change help", 2016 – 11 – 2, http://www.samoaobserver.ws/en/23_10_2016/local/13061/Germany – promises – climate – change – help.htm.

国拥有包含所有现代元素、涵盖所有海洋领域及研究课题和学科的科考船。近年来，随着海洋科学和海洋战略的重要性日益提升，各国将科考船的建设视为海洋战略与科学发展的重要举措。目前，德国三艘投入使用的全球性科考船 Polarstern 号、Meteor 号和 Sonne 号应属于世界范围内最高规格的科考船。德国科考船到达最多的海域是北大西洋海域，其次是波罗的海及北海海域，然后是太平洋海域。从 2005~2010 年，德国科考船在太平洋使用的天数为 1171 天。[1] 在德国对太平洋的科考中，德国的科考船也深入到了南太地区。[2] 2016 年 3 月，德国科考船的旗舰 RV SONNE 号[3]巡航了南太平洋，全体船员在惠灵顿卸下了新的海洋钻井设备，这种大型设备将在巡航期间首次使用。[4] 太平洋岛国拥有的专属经济区总和接近于地表面积的 8% 和海洋面积的 10%，海洋对太平洋岛国有着重要的影响。太平洋岛国主要从海岸带和海洋资源中获取食物和营养，以及出口创汇。南太平洋的海洋资源丰富，尤其以金枪鱼为代表。太平洋岛国地区海域的金枪鱼捕捞量占太平洋西部和中部海域总捕捞量的 50%。此外，海底矿产资源也比较丰富。库克群岛、基里巴斯和马绍尔群岛的海域内多金属硫化物中含有高品位的黄金，斐济海域拥有储量丰富的油气资源，巴布亚新几内亚、汤加等国海域拥有锰结核，因此，南太平洋的海底矿产开采拥有巨大的潜力。对于海洋科考技术发达的德国来说，南太平洋是德国未来海洋科考不可忽略的一个重要海域。

（三）确保南太平洋地区海上战略通道的安全

维护海上贸易和运输航线的安全是近年来德国安全与防务政策的重要内容。由于德国的原材料进口和商品出口严重依赖自由安全的洲际海运贸易路

---

[1] 陈学恩、刘岳、郝虹：《德国科学考察船编队：未来十年战略需求》，中国海洋大学出版社，2011，第 1 页。
[2] "EU relations with the Pacific Island—A strategy for a strengthened partnership", EUROPA, 2016 - 11 - 13, http://eur - lex.europa.eu/legal - content/EN/ALL/? uri = CELEX%3A52006DC0248.
[3] 科考船 SONNE 号被作为商业性"尾部拖网渔船"而设计，其造船所使用基本材质能够使用 38 年，该船经过两次改造后仍属于急需更新的船只之列。SONNE 号主要工作区域为印度洋 - 太平洋海域。根据新签署的一项协议，SONNE 号自 2004 年起每年由联邦教育与研究部包租 250 天。更多关于 RV SONNE 号的内容参见 http://www.wellington.diplo.de/contentblob/4768216/Daten/6391021/Download_ LDFFlyer_ RVSONNE_ en.pdf.
[4] German Embassy in Wellington, "RV SONNE in New Zealand", 2016 - 11 - 15, http://www.wellington.diplo.de/Vertretung/wellington/en/04_ _ NZL - GER - Relations/NZ - GER - Science - Relations/NZL - GER - WISS_ _ 2016/Seite_ _ RV - SONNE - in - NZL_ _ eng.html.

线。因此，在未来几年，德国的安全战略将更侧重于确保能源运输和安全保障。早在2006年《安全政策白皮书》中，德国已经明确表示，"保护自由航运和海上贸易航线安全对本国的经济安全至关重要"。[1] 德国2011年《防务政策指针》对其安全利益进行了明确界定，其中包括"促进自由、无限制的贸易，以及获得进入公海的自由通道"。[2] 对德国来说，控制海上战略通道可以有效地拓展国家利益。当前，德国处于相对稳定的状态，对海外资源和市场有着很高的依赖。国家的需求是获取发展所必需的资源、市场和贸易通道，国家利益将随着拥有资源的多少、市场的大小和贸易通道是否顺畅而发生变化。海洋蕴藏着巨大的资源，向海洋要财富已经成为当今时代的一种趋势。人类通过先进的科技手段开发海洋，并通过海上通道将海洋工业成果转化为国家发展的重要资本。海洋浪潮的兴起将极大提高海上战略通道的地位。[3] 随着国际地缘政治的发展，南太地区海上战略通道的地位越来越高。从地理位置看，南太地区连接印度洋和太平洋，扼守美洲至亚洲的太平洋运输线，占据北半球通往南半球乃至南极的国际海运航线，是世界东西、南北两大战略通道的交汇处，因而成为大国极为重视的战略要地。南太地区还有很多战略岛屿，不少岛屿多港湾，补给能力强，军事利用价值大。与此同时，这里还有三大群岛：密克罗尼西亚、美拉尼西亚和波利尼西亚。因而，这里虽然没有发达地区那样的洲际海峡，但在新的国际地缘政治下，海上战略通道的角色越来越明显。[4] 2016年新版《安全政策白皮书》明确了联邦国防军的使命，其中之一就是与盟友及合作伙伴一道应对海洋安全威胁，以保证自由、安全的世界贸易和能源运输路线。[5] 德国是自然资源比较匮乏的国家，在原料供应和能源方面大量依赖进口，约2/3的初级能源需要

---

[1] 肖洋：《德国参与北极事务的路径构建：顶层设计与引领因素》，载《德国研究》2015年第1期，第14页。

[2] "Defense Policy Guidelines 2011", Federal Ministry of Defense, 2016 - 11 - 15, https://www.bmvg.de/portal/a/bmvg/! ut/p/c4/LYsxEoAgDATf4gdIb － cv1MYBzcQbMDgQ8ftSONtss UsrddQ3iDdk9Ylm WnaM4XXhauIq9pPLybB65wRDdF6FQzZ2R47PxdqtcTHGAXlU_ q72byv9tgQFK 91xGj6tRgx1/.

[3] 梁芳：《海上战略通道论》，时事出版社，2011，第172页。

[4] 梁甲瑞：《海上战略通道视角下中国南太地区的海洋战略》，载《世界经济与政治论坛》2016年第3期，第47~60页。

[5] "2016 White Paper", Federal Ministry of Defense, 2016 - 11 - 15, https://www.bmvg.de/resource/resource/MzEzNTM4MmUzMzMyMmUzMTM1MzMyZTM2MzIzMDMwMzAzMDMwMzAzMDY5 NzE3MzM1MzEzOTMyNmUyMDIwMjAyMDIw/2016%20White%20Paper.pdf.

进口。石油作为一种战略资源，以及现代工业社会的"血液"，其安全供应关系着德国的国计民生和国家安全。德国除了发展新能源技术以外，为了维持现有的石油需要，必须从国外进口石油，是世界第五大石油消耗国。随着海底石油开采技术的不断成熟，南太平洋的海底石油将成为全球新的能源热点，而南太平洋航线在德国全球海上通道中的战略地位将随之提高。

三 德国外交政策变化对南太平洋地区战略环境的影响

目前，南太平洋地区的战略环境处于一种"软平衡"的态势。包括美国、英国、法国、印度、日本、中国在内的南太平洋地区的域外大国中，只有美国在南太地区拥有占绝对优势的军事力量。其他国家虽与美国军事力量差距悬殊，但美国也不会对其他大国的地位构成严重的挑战。同时，其他国家在南太平洋地区有各自不同的战略利益，并不会对美国进行直接的挑战，因此这构成了"软平衡"的重要前提。对太平洋岛国来说，由于国小民少，经济、政治和环境面临着很大的脆弱性，是名副其实的小国，对区域外大国的援助有着很强的依赖性，因此岛国没必要挑战域外大国的地位而放弃这些大国提供的公共物品，这构成了太平洋岛国与域外大国之间的"软平衡"博弈态势。然而，这种博弈态势仅限于南太地区，这是由于南太平洋地区特殊的区位特点、新的国际地缘政治变迁以及各国之间巨大的军力差别造成的，而"软平衡"却不一定适合于其他地区，比如在西太平洋以及北印度洋地区，由于地缘政治复杂，而且适合战略布局，包括美国在内的所有力量均无法完全控制这两大区域，加之很多沿岸国家处于近海，某种程度上不仅弥补了自己远程兵力投送不足的劣势，还抵消了美国的远海作战优势，因此"软平衡"态势不适合这两大区域。

由于历史原因，德国目前在南太平洋地区不存在军事力量，对太平洋岛国的战略手段具有非军事性质。作为南太平洋地区一支新兴的博弈力量，德国的介入在某种程度上会强化该地区"软平衡"的战略环境，而不会直接挑战美国、澳大利亚等传统势力的地位。澳大利亚是南太地区的传统强国，在该地区扮演着领头羊的角色，因此域外国家不可能抛开澳大利亚而单独发展同太平洋岛国的外交关系。为了更好地渗透到南太平洋地区，德国努力发展同澳大利亚的外交关系。虽然澳大利亚发展双边关系的重点在亚太地区，但德国是其发展双边关系的重要对象。澳大利亚不仅意识到它的血统在欧洲，而且利益和价值观决定了它是西方国家的一员，这意味着在欧盟具有重要地位的德国是澳大利亚的重要伙伴。2012年，双方举行了建交60周年的庆祝仪式。2013年，澳大利亚外交部长罗伯特·卡尔访问德国，双方签订了《关于建立战略合作伙伴关系的柏林—堪培拉宣言》。德国是澳大利亚在欧洲的第二大贸易伙伴，2015年的双边贸易额超过100亿欧元。[1] 除了澳大利亚之外，德国与美国、中国、法国、日本、印度等国在南太地区都没有战略利益冲突，相反德国与这些国家存在很大的合作空间，尤其是在联合国"入常"方面，日本、印度、德国有着共同的利益诉求，因此这三个国家在对发展同岛国的关系方面有着共同的战略目标。而在海洋科考方面和维护海上战略通道安全方面，德国与区域外国家也有着共同的利益。从这个角度看，德国发展同太平洋岛国的关系并不会威胁区域外国家的利益。

对太平洋岛国而言，它们是德国参与南太地区的最大受益者。在"软平衡"的博弈态势下，岛国的战略价值相应提高，可以获得更多的援助和发展机会。区域外国家之间的合作或竞争提高了岛国的地位。为了寻求岛国的支持，区域外国家往往需要给予岛国更多的承诺。比如，德国在气候变化方面的援助可以帮助岛国有效克服自身的脆弱性，更好地实现"太平洋计划"所设定的目标。除此之外，新的地区战略环境为岛国经济发展和国内治理创造了重要的外部环境。域外国家之间合作竞争而非对抗的"软平衡"博弈态势，使得岛国可以不必在排斥性的两强或多强之间做出选择，这种战略环境赋予了岛国更多的对外战略行动自由和空间，因而"均衡战略"成为岛国常用的战略。"均衡战略"使得岛国不仅获得了安全和经济利益，而且从域外国家的竞争中获得了大量的"实惠"。不管对区域外国家而言，还是对太平岛国而言，德国发展同太平洋岛国的外交关系可以进一步巩固南太地区"软平衡"的博弈态势。

---

[1] "Australia", Federal Foreign Office, 2016 – 11 – 15, http：//www.auswaertiges – amt.de/EN/Aussenpolitik/Laender/Laenderinfos/01 – Laender/Australien.html？nnm = 479780.

小　结

　　进入 21 世纪，德国对太平洋岛国的外交政策发生了新的变化，主要体现在以下几个方面。第一，强化对太平洋岛国的援助实践；第二，加强与萨摩亚的外交联系；第三，获得参加太平洋岛国论坛会后对话会的资格，加强与区域组织的联系；第四，主动建构同斐济的战略合作关系；第五，主打气候外交牌。德国对太平洋岛国外交政策的变化基于一系列的战略考量。第一，争取联合国"入常"；第二，进行海洋科考；第三，确保南太平洋地区海上战略通道的安全。作为南太平洋地区一支新兴的博弈力量，德国的介入某种程度上会强化"软平衡"的战略环境，而不会直接挑战美国、澳大利亚等传统势力的地位。与此同时，在"软平衡"的博弈态势下，太平洋岛国的战略价值相应提高，可以获得更多的援助和发展机会。随着南太地区在国际政治中战略地位的进一步提高，德国将进一步发展与太平洋岛国的关系，加速重返南太地区。

　　虽然德国在南太平洋地区的力量同美国、中国、法国等仍有差距，但是其在南太平洋地区有着传统的历史联系，这是一种很多域外国家不具备的先天优势，因此其在南太平洋地区的后发冲力不可忽视。目前，德国在太平洋岛国的外交实践已经表明其将南太平洋地区作为国际战略切入点的趋势。

第三章　英国维持南太平洋海权

作为西北欧的一个岛国，英国严重依赖海外贸易。作为国际贸易的主要航道，海洋对英国的国家利益至关重要。新航路开辟以后，英国凭借海上优势，成为世界贸易的中心，并积极拓展在亚、非、拉美的殖民地。海洋在英国的崛起中扮演了重要的角色。在1945年之后的30年内，英国几乎丢掉了几个世纪以来征服的所有殖民地。随着军力的下降，英国对世界主要海上战略通道的控制力大为下降。作为南太地区殖民历史悠久的国家，南太平洋曾经是英国所重点控制的海上战略通道。在南太平洋地区域外国家中，英国是对太平洋岛国殖民历史相对较长的国家，有着先天的优势。然而，目前学术界对于英国在南太平洋地区活动的关注不够，相关研究很少，大部分研究集中在德国、法国、美国、日本、中国在南太平洋地区的活动，研究维度主要有对外援助、战略评析、地区主义等。本章主要解决的问题是评析英国在南太平洋地区的战略，并尝试探析英国在该地区的前景。需要指出的是，本章将从海上战略通道的角度切入，研究英国为何未曾放弃太平洋岛国及所采取的战略手段。

一　英国参与南太平洋地区的动因：南太平洋海上战略通道的价值

作为传统的海上霸权国家，英国早在17世纪初便以新兴海洋强国的姿态加入殖民掠夺的行列，整个19世纪，英国成了世界上的海洋霸主，侵占了比其本土大150多倍的海外殖民地，建立了所谓的"日不落帝国"。尽管

20世纪初,随着美国、日本等新兴大国的崛起,日不落帝国开始衰落,但是海洋强国的意识始终伴随着英国。① 英国国土狭窄,资源有限。海洋一直是英国对外扩张、对外贸易、参与国际交往并称霸世界的重要通道。自古以来,英国遭到其他民族的入侵,从斗争的实践中,英国逐步意识到,大海,特别是英吉利海峡不仅是阻止入侵的屏障,也是入侵的必经通道。欲拒敌于国门之外,必须控制海上通道。对英国来说,海洋是一种扩大了的疆界,它通过海洋掠夺殖民地,使大英帝国繁荣起来。② 进入21世纪之后,虽然英国的海军实力大不如从前,但是对海上战略通道的重视未曾改变。2010年,英国在《战略防务与安全评估报告》中规定了以保持海基核威慑能力、保卫英国本土及南大西洋海外领土安全为基本内容的皇家海军国防战略,进而保证海上通道的安全。与此同时,2014年5月,英国在《国家海洋安全战略》中对海洋安全的目标进行了阐释,国家海洋安全的目标是既要保护公民及经济,也要推动建立一个安全的国际海洋领域,以使得国家受益。除此之外,要在国际和地区范围内,保护海洋贸易和能源运输通道的安全。对英国而言,重要的海上战略通道主要有多佛海峡、朋特兰湾(Pentland Firth)、苏伊士运河、亚丁湾、波斯湾、马六甲海峡等。英国的海洋区和世界海洋超级高速公路是资源的供给关键和贸易通道。英国依赖开放的贸易和稳定的世界市场,以获得重要的能源供给、原材料、食物和成品。如果海上的战略咽喉遭到破坏,那么英国的贸易通道将受到很大的影响。为了保护海上战略通道不受威胁,英国采取了外交、军事以及法律层面的手段,并呼吁加强国际社会的合作。比如,英国可以独立部署海军或作为国际部队的一部分,保证贸易通道的安全和维护航行自由,包括在大西洋、印度洋和波斯湾的永久前沿存在。③ 从根本上说,英国把海洋安全看成是国家利益的保护和提升。因此,维护海上战略通道的安全被提升到了国家安全战略的层面上,这某种程度上也反映了英国历年来海上战略通道的思想和实践。

随着国际地缘政治的发展,从地理位置看,南太地区连接太平洋和印度洋,扼守美洲至亚洲的太平洋运输路线,占据北半球通往南半球乃至南极的

---

① 李双建:《主要沿海国家的海洋战略研究》,海军出版社,2014,第145页。
② 梁芳:《海上战略通道论》,时事出版社,2011,第119~122页。
③ "The UK National Strategy for Maritime Security", HM Government, https://www.gov.uk/government/uploads/system/uploads/attachment_data/file/310323/National_Strategy_for_Maritime_Security_2014.pdf, May 2014, pp. 18 – 33.

国际海运航线，是世界东西、南北两大战略通道的交汇处，因而成为大国极为重视的战略要地。从能源运输来看，随着国际能源中心转移到亚太地区，中国、印度、日本等亚太国家将会消耗中东、南美石油的"富余"，南太平洋航线将会承担越来越多的石油运输任务。从海峡群的数量看，南太地区主要有托雷斯海峡、库克海峡和巴斯海峡。此外，该地区还有很多战略岛屿，不少岛屿多港湾，补给能力强，军事利用价值大。① 因此，南太平洋地区海上战略通道的价值越来越大。历史上，英国曾是太平洋岛国的殖民国，在该地区有着战略利益，同时也拥有重要的影响力。目前，全球范围内，英国总共有14个海外领地，它在南太地区也拥有一个海外领地——皮特凯恩群岛。英国《2014年国家安全战略》中明确表示，"要保护海外领地的资源和人口免受非法、危险的活动，包括有组织的犯罪和恐怖活动。英国对于14个海外领地海洋安全和可持续发展的权利和责任在《联合国海洋法公约》中已经得到明确的界定"。② 作为英国在南太平洋地区的最后一块海外领地，它不仅为英国提供了周围广阔的海洋专属经济区，而且扮演着战略岛屿的角色，可以为英国的军舰提供停靠和战略补给。因此，维护南太平洋海上战略通道的安全是英国海洋安全的题中应有之义。

二　英国在南太平洋地区的战略手段

二战后的大部分时间内，南太平洋被认为是"澳新美内湖"。英国在该地区海外领地的存在增加了澳大利亚和新西兰的影响力。因为缺少外部力量的干预，西方国家可以继续控制大部分的太平洋岛国。除此之外，岛国社会的宗教、政治保护主义以及与宗主国的传统联系被认为是其他域外国家参与到南太地区的障碍。③ 然而，进入21世纪之后，随着南太平洋海上战略通道价值的日益提高，域外国家逐渐参与到南太地区。即便如此，英国在该地

---

① 梁甲瑞：《海上战略通道视角下中国南太地区的海洋战略》，载《世界经济与政治论坛》2016年第3期，第47~51页。
② "The UK National Strategy for Maritime Security", HM Government, https://www.gov.uk/government/uploads/system/uploads/attachment_data/file/310323/National_Strategy_for_Maritime_Security_2014.pdf, May 2014, p. 18.
③ I. J. Fairbairn, Charles E. Morrison, Richard W. Baker and Sheree A. Groves, *The Pacific Islands: Politics, Economics and International Relations*, Honolulu: University of Hawaii Press, 1991, p. 88.

区的影响力仍不容忽视，对太平洋岛国的重视有增无减。英国与巴布亚新几内亚、图瓦卢、所鲁门群岛、澳大利亚、新西兰共同拥有同一国家元首——女皇陛下。① 由此可以看出，英国对岛国的影响至今仍然存在。除了澳大利亚和新西兰之外，南太平洋主要由太平洋岛国组成，具体是具有主权的 14 个太平洋岛国论坛成员国，这些国家拥有广阔的海洋面积，扼守着南太平洋海上战略通道。只有发展与太平洋岛国的关系，才能有效控制海上战略通道。具体而言，英国与太平洋岛国的互动主要基于以下路径。

第一，加强经贸往来。英国与太平洋岛国的贸易往来日益密切。它每年从岛国进口种类不同的产品，而岛国主要从英国进口成品，包括机电、机械、交通工具和石油产品。由于岛国享受欧盟的特惠贸易协定，岛国的食糖（斐济占了94%）可以免税出口到英国。鱼类制品同样可以免税，其中所罗门群岛占了英国市场的61%。在《临时经济伙伴协议》的框架下，巴布亚新几内亚的产品可以进入英国市场。② 如表 3-1 显示，2014 年，英国与所罗门群岛、巴新以及斐济的进出口总额较多。

表 3-1 2014 年英国同 14 个太平洋岛国的贸易往来

单位：千美元

国名	瓦努阿图	汤加	图瓦卢	所罗门群岛	萨摩亚	巴新	帕劳
英国进口	637	52	8	27790	927	213547	2
英国出口	913	292	0	2498	134	25745	136
国名	纽埃	瑙鲁	马绍尔群岛	基里巴斯	密克罗尼西亚	斐济	库克群岛
英国进口	0	63	302	1	0	99006	51
英国出口	26	194	11420	52	0	16063	25

资料来源：Pacific Islands Forum Secretariat, http：//www.forumsec.org/pages.cfm/strategic-partnerships-coordination/post-forum-dialogue/united-kingdom.html.

《英国太平洋岛国地区商业机会》中指出，考虑到英国在南太地区悠久的历史，其在南太地区已经有了可见的足迹，而且英国在该地区的商业利益不断增加。英国在南太平洋地区可合作的机会越来越多，大部分是但不限于

---

① "United Kingdom: Post-Forum Dialogue Partner Reassessment Report 2015", Pacific Islands Forum Secretariat, http：//www.forumsec.org/pages.cfm/strategic-partnerships-coordination/post-forum-dialogue/united-kingdom.html.

② "United Kingdom", Pacific Islands Forum Secretariat, http：//www.forumsec.org/pages.cfm/strategic-partnerships-coordination/post-forum-dialogue/united-kingdom.html.

服务业和自然资源的发展。对英国来说，南太地区有着适合商业发展的自然环境。大部分太平洋岛国自然资源丰富，主要是矿产、石油和天然气资源，很多资源具有商业开发的价值。农业及农业综合企业经历了高速增长。太平洋岛国海洋区域的海床矿物储量使得太平洋成为投资的热点地区。该产业内的开拓发展为之前未触及的水下资源打开了通道。2013年，巴布亚新几内亚成为世界上第一个海床资源投产的国家。同时，南太地区有着世界上最好的渔业资源。太平洋岛国与欧盟的双边贸易协定将为其打开出口市场。一旦获得批准，《经济伙伴关系协定》（EPA）将使得太平洋岛国的产品以免税、不限额的形式进入欧盟市场。太平洋"非加太集团"中有14个太平洋岛国，这些国家（除巴布亚新几内亚之外）的陆地面积狭小，但是海洋面积广阔。大部分岛国与欧盟之间的经贸往来有限，这些国家只占欧盟对外贸易的0.05%。考虑到2007年12月31日的《科托努协定》条款，只有斐济和巴布亚新几内亚同意与欧盟在2007年签订临时的《经济伙伴关系协定》。2011年5月，欧盟批准了900万欧元，以支持太平洋岛国贸易有效性。[1]

第二，强化人文交流。由于太平洋岛国与英国具有共同的历史渊源，因此英国对岛国有着很深的文化认同感。很多太平洋岛国是英联邦成员国，因此这更加深了岛国对英国的文化认同感。除了斐济之外，英国对来自太平洋岛国论坛成员国的短期旅客提供免签的待遇。凭借着优美的自然环境，英国去太平洋岛国旅游的人数也在不断增加。以斐济为例，2015年，英国去斐济的旅游人数为16436人。2016年，旅游人数则增加到了16875人，增幅为2.7%。[2] 同时，英国与许多太平洋岛国还有密切的文体交流。通过音乐、舞蹈、喜剧等领域的常规交流，英国为太平洋岛国提供了文化和艺术交流的机会。

第三，增加对外援助。目前，太平洋岛国正面临由传统经济向现代经济的艰难转型期。二战后，随着自治进程的加快，各岛依托实际环境，无不制定了各具特色的发展方案，但是农业仍然是各岛屿生产的主要产业，

---

[1] "Business Opportunities in the Pacific Islands Region", British High Commission Port Moresby, 2012, https://www.gov.uk/government/uploads/system/uploads/attachment_data/file/244551/Overview.pdf.

[2] "Provisional Visitor Arrivals-November 2016", Fiji Bureau of Statistics, http://www.statsfiji.gov.fj/latest-releases/tourism-and-migration/visitor-arrivals.

而且在取得民族独立后，这种基础地位并没有改变。① 由于资金和技术的匮乏，农业生产也相当落后。在这种情况下，大多数岛国经济困难，严重依赖援助。英国主要是通过双边、地区和多边项目的形式，对太平洋岛国提供官方发展援助。英国在南太地区通过欧盟、绿色气候基金、全球环境基金、最不发达国家基金、全球减灾与恢复基金提供了大约 1.04 亿美元的援助。在 G8 成员国之中，英国是唯一一个实现国民总收入的 0.7% 用于官方发展援助目标的国家。② 2008 年，太平洋岛国论坛同欧盟正式签署了《太平洋地区战略研究》和《太平洋地区指导计划》，这是 2008～2013 年间欧盟同太平洋岛国合作的纲领性文件，欧盟计划援助 9500 万欧元实施该计划。其中，在《太平洋地区指导计划》的框架下，欧盟通过欧洲发展基金会（EDF）来援助该地区的所有项目。EDF 的援助通常是 5 年一个周期。截止到目前，欧盟根据《地区指导计划》向太平洋岛国援助了大约 3.18 亿欧元。这些援助覆盖到很多领域，其中 42% 用于自然资源和环境领域，18% 用于通讯和旅游部门，13% 用于发展人力资源，12% 用于旅游活动，7% 用于贸易活动，8% 用于其他领域等。③ 需要指出的是，英国的援助占了 EDF 的 16%，其中，在第十期援助中贡献了 1.07 亿欧元，在第十一期援助中贡献了 2700 万欧元。

由于地理原因，气候变化是近年来太平洋岛国面临的主要问题。因为具有共同的地理特征，对气候变化所带来的环境影响，岛国具有明显的脆弱性。它们面临着热带风暴、海平面上升等大陆国家所不曾面对的自然灾害。岛国"政府间气候变化专门委员会"（IPCC）的一项评估报告中指出，岛国短期内（2030～2040 年）面临着民生、海岸居所、基础设施和经济稳定的中度风险，而长期内（2080～2100 年）面临着高度风险。④ 欧盟全球气候变化联盟（GCCA）通过南太平洋委员会和南太平洋地区环境

---

① 汪诗明、王艳芬：《太平洋英联邦国家：处在现代化的边缘》，四川人民出版社，2005，第 255 页。
② "United Kingdom", Pacific Islands Forum Secretariat, http：//www.forumsec.org/pages.cfm/strategic - partnerships - coordination/post - forum - dialogue/united - kingdom.html.
③ "European Development Fund", Pacific Island Forum Secretariat, http：//forumsec.org/pages.cfm/strategic - partnerships - coordination/european - development - fund/.
④ J. Scott Hauger, "Climate Challenges to Security in the Pacific Island Regions and Opportunity for Cooperation to Manage the Threat", in Rouben Azizian and Carleton Cramer, eds, *Regionalism, Security and Cooperation in the Oceania*, 2015, Honolulu：Asia-Pacific Center for Security Studies, pp. 147 - 160.

计划（SPREP）对九个岛国提供了气候变化应对项目援助。① 2011 年 11 月底，《联合国气候变化框架公约》第 17 次缔约方大会在南非通过了《德班一揽子决议》，启动绿色气候基金，承诺 2020 年发达国家每年向发展中国家提供至少 1000 亿美元，帮助其适应气候变化。从 2009～2013 年，英国在气候变化领域对太平洋岛国的援助为 6000 万英镑。与此同时，英国给予了"绿色气候基金"7.2 亿欧元的资助，用于南太地区。除了气候援助之外，英国也对太平洋岛国进行人道主义援助。在 2014 年所罗门群岛大洪水之后，英国提供了 30 万英镑给予人道主义支持。2015 年 3 月，飓风席卷了南太平洋，英国通过联合国和国际援助机构提供了 200 万英镑的援助。英国皇家空军派遣了 C-17 运输机携带救援物资抵达瓦努阿图，以加强救援的协调工作。②

第四，推动外交联系。作为太平洋岛国的前宗主国，英国的传统影响力使得其很容易融入南太地区，其身份认同主要体现为太平岛国论坛会后对话国和南太平洋委员会成员国资格。为了加强与太平洋岛国的关系，很多区域外的国家或组织都成为了太平洋岛国论坛会后对话伙伴。论坛会后对话会方便了区域外的国家或组织与太平洋岛国的联系，为双方的沟通建立了便利的平台。太平洋岛国论坛是南太地区重要的区域性组织，在推进区域一体化、促进岛国经济发展等方面起着重要的作用。从 1989 年起，论坛决定邀请中、美、英、法、日和加拿大等国出席论坛首脑会议后的对话会议。1989 年，英国获得论坛会后对话国的资格。与此同时，1947 年，为了保护殖民利益，英国、美国、法国、荷兰、澳大利亚和新西兰成立了南太平洋委员会。很大程度上讲，澳大利亚与新西兰在该组织中扮演了重要的角色。该组织不仅受到《大西洋宪章》原则的影响，还考虑到了英国在东南亚和太平洋日益下降的影响力。③ 2012 年 9 月，英国成为南太

---

① Global Climate Change Alliance, "Secretariat of the Pacific Community – Global Climate Change Alliance: Pacific Small Island States", http://www.gcca.eu/regional – programmes/gcca – pacific – small – island – states.

② "United Kingdom: Post-Forum Dialogue Partner Reassessment Report 2015", Pacific Islands Forum Secretariat, http://www.forumsec.org/pages.cfm/strategic – partnerships – coordination/post – forum – dialogue/united – kingdom.htm.

③ I. J. Fairbairn, Charles E. Morrison, Richard W. Baker and Sheree A. Groves, *The Pacific Islands: Politics, Economics and International Relations*, Honolulu: University of Hawaii Press, 1991, pp. 69 – 70.

洋区域环境署的成员。除了与区域组织的联系之外，英国在南太地区有一个外交使团网络，即在惠灵顿、堪培拉、苏瓦、莫尔兹比港和霍尼亚拉有驻地代表。

第五，组织海洋科考。太平洋岛国拥有的专属经济区总和接近于地表面积的8%和海洋面积的10%，海洋对太平洋岛国有着重要的影响。岛国主要从海岸带和海洋资源中获取食物和营养，以及出口创汇。南太平洋的海洋资源丰富，尤其以金枪鱼为代表。太平洋岛国地区海域的金枪鱼捕捞量占太平洋西部和中部海域总捕捞量的50%。[1] 此外，海底矿产资源也比较丰富。库克群岛、基里巴斯和马绍尔群岛的海域内多金属硫化物中含有高品位的黄金，斐济海域拥有储量丰富的油气资源，巴布亚新几内亚、汤加等国海域拥有锰结核。因此，南太平洋的海底矿产开采拥有巨大的潜力。对于海洋科考技术发达的英国来说，南太平洋是英国海洋科考不可忽略的一个重要海域。同时，了解了南太平洋的水文条件可以有效维护海上战略通道的安全。2004年，英国地质调查中心成为欧洲大洋钻探联盟的协调人，执行综合大洋钻探计划和国际海洋发现计划。在该计划的框架下，英国地质调查中心在塔希提暗礁附近成功进行了国际勘探工程。[2] 2016年8月30日，英国环境、渔业和水产科学中心（CEFAS）与南太平洋大学签订了谅解备忘录，该协议将在海洋科学的不同领域发现不同的合作机会，这标志着英国与南太平洋的海洋科技合作进入了一个新阶段。近年来，太平洋岛国意识到了提高对于南太平洋海洋环境变化认知的需要，以及为子孙后代保护海洋环境的需要。英国环境渔业和水产科学中心首席科学家米歇尔·德夫林（Michelle Devlin）博士指出，"该备忘录将为环境渔业和水产科学中心提供实验室设施和一些本地的科学家，当在其他国家传播海洋科学时，这将是一个巨大的帮助。这同样使得南太平洋大学和环境渔业和水产科学中心的科学家一起合作，共同致力于南太平洋的海洋科学科考。"[3]

---

[1] Robbert Gillett, *Fisheries of the Pacific Islands*, Bangkok: FAO Regional Office for Asia and the Pacific 2011, p.6.

[2] "Ocean Research Drilling", British Geological Survey, http://www.bgs.ac.uk/research/marine/oceanResearchDrilling.html.

[3] "New South Pacific-UK marine science partnership to promote environmental research and collaboration", Cefas, http://www.cefas.co.uk/news/new-south-pacific-uk-marine-science-partnership-to-promote-environmental-research-and-collaboration/.

三 英国对南太平洋地区的影响

基于维护海上战略通道安全的需要，英国近年来不断加大对南太地区的参与力度。作为英国在南太地区的唯一领地，皮特凯恩群岛目前不适合驻军和生存。在过去六年里，英国平均对每个居住在该岛上的岛民援助了42.6万英镑。自2011年之后，超过170万英镑的英国纳税人的钱被用于皮特凯恩群岛的教育、医疗、空运服务等。即便如此，只有46人生活在该岛上。由于皮特凯恩群岛的基础设施较差，生活环境恶劣，很多岛民都离开了这里。[1] 英国军事力量的下降导致了很难在南太地区部署军事力量。由于经济危机导致英国经济多年不景气，直接或间接影响了英国海军的发展。2010年10月，英国公布了庞大的节支计划，大力削减国防预算，皇家海军"至少十年内不再拥有服役的航空母舰"，"皇家方舟"号航空母舰也将提前退役。因此，在很长一段时间内，英国很难在皮特凯恩群岛驻军或移民。与美国相比，英国对太平洋岛国的战略手段主要是非军事方式，不会以硬平衡的方式挑战美国在南太地区的主导地位。恰恰相反，作为美国的盟友，英国一直在国际多边和双边场合配合美国的行动。作为南太地区一种传统的博弈力量，英国的介入某种程度上会强化"软平衡"的战略环境，而不会直接挑战美国、澳大利亚等传统势力的地位。除了美国之外，印度、中国、法国、日本、德国在南太地区都有了各自的影响力。在整个地区平衡的态势之下，英国为了海上战略通道的利益，不会直接与这些国家发生冲突。

对英国来说，为了维护海上通道的安全，加强区域合作是最好的选择。海上战略通道的安全是南太地区一个非常敏感的问题，成为区域外大国重要的战略考量。单独某一个国家并不能确保该地区海上通道及运输航线的安全，这就需要一个系统的国际合作机制。从某种意义上说，国际机制可以被视为不同国家协调利益的工具。"从理论的角度讲，国际机制可以被看作是世界政治的基本特征（例如国际权力配置和国家与非国家行为者的行为）

---

[1] "Tiny Pacific Island with just 42 people gets 18million pounds in UK Foreign Aid", EXPRESS, http://www.express.co.uk/news/world/754846/Pitcairn-Islands-Pacific-42-people-18million-UK-Foreign-Aid.

中间的调节性因素，或者是'干扰性变量'。机制中的规范和规则能够对行为施加一种影响，即使它们并不体现共同的理想，但是它们被那些关心自身利益的国家和公司不断用于相互的政策调整过程中。"[1] 当前，海上战略通道面临着一些突发事件以及恐怖主义之类的非传统安全，这就决定了世界各国只有加强合作，才能共同应对这些问题。根据海事组织的报告，目前全球主要有五大海上恐怖活动多发区，包括索马里半岛、西非和孟加拉湾沿岸、马来西亚与印尼之间的马六甲海峡，以及红海与亚丁湾之间。这些地方都有居民生活贫困、治安不好以及航道狭窄、海盗易于下手的共同特点。随着全球化和贸易活动的扩大，海上恐怖事件的频发已经引起国际社会的高度关注，海事安全的范畴扩大，恐怖威胁凸显。[2] 除此之外，许多海上通道是能源运输的生命线，对全球经济影响很大。全球每日都必须消耗大概 8500 万桶原油，这些原油对很多国家的经济又是不可或缺的，当这个能源具有毁灭性且有机会影响石油价格的特点被恐怖主义分子所掌握，国家的经济命脉就非常容易被恐怖主义控制。石油地位重要，却无法全部由陆地运输，世界上每日所需石油大多通过海上运输。海上能源通道的油轮，一旦触碰到海盗和恐怖主义的快艇，可以说是无处可逃。除了船只容易受到袭击外，船上的货物还可能成为海盗和恐怖分子的武器。海上能源通道油轮反恐的脆弱性使得恐怖分子屡获成功，这又进一步刺激恐怖主义者继续在海上通道上从事恐怖活动，从而达到自己的目的。[3] 目前南太平洋地区跨国犯罪现象日益严重，主要有洗钱、毒品走私、军火走私、恐怖主义、贪污、贩卖人口等。就洗钱而言，国际商会的金融调查局（Financial Investigation Bureau）发出警告，"在瑙鲁注册的被列入黑名单的银行还在运营。2002 年，美国财政部担心太平洋岛国成为洗钱的地方。自此以后，美国财政部冻结了与瑙鲁银行之间的金融交易"。[4] 2002 年 2 月，国际海事局发出警告："恐怖分子有可能变成海盗，抢劫船只进行恐怖活动，特别是大型运输船作为他们自杀性恐怖活动的工具，企图撞击主要海港或枢纽。"在这种情况下，南太地区的恐怖分子极

---

[1] 〔美〕罗伯特·基欧汉著《霸权之后：世界政治经济中的合作与纷争》，苏长河、信强、何曜译，上海人民出版社，2012，第 63 页。
[2] 中国现代国际关系研究院海上通道安全课题组：《海上通道安全与国际合作》，时事出版社，2005，第 399～406 页。
[3] 杨泽伟：《中国海上能源通道安全的法律保障》，武汉大学出版社，2011，第 31～32 页。
[4] "Blak-listed Nauru Banks re-emerging", ICC, https://icc-ccs.org/news/418-black-listed-nauru-banks-re-emerging.

易变成海盗,威胁海港或运输通道的安全。① 从现在海上战略通道上的恐怖活动的特点来看,海盗与海上恐怖主义在许多情况下是交织在一起的。海盗与海上恐怖主义都是人类共同的敌人,是反人类的行为。海盗出没的区域往往会涉及多个沿海国家,而海盗作案的集团化、组织化和国际化也使得更多的国家被牵连其中。要解决此类问题,必须依靠国家之间的合作,这样才能有效打击海盗。南太地区存在许多海洋边界划分,许多存在海洋边界纠纷的国家对于国家间打击海盗的积极性不高,这客观上滋生了南太平洋地区海盗问题的蔓延。一旦海盗遇见一国警察的追捕,只要进入他国海域就能逃避追捕。因此,海盗问题远非一国所能解决,因此为了维护南太平洋地区海上战略通道的安全,英国应同美国、法国、印度、澳大利亚、新西兰、欧盟等一道建立反海盗机制,只有各国协同配合,才能减少海盗活动。

对太平洋岛国来说,它们是英国参与南太平洋地区的最大受益者。在"软平衡"的博弈态势下,岛国的战略价值相应提高,可以获得更多的援助和发展机会。区域外国家之间的合作或竞争提高了岛国的地位。为了寻求岛国的支持,区域外国家往往需要给予岛国更多的承诺。比如,英国在气候变化方面的援助可以帮助岛国有效克服自身的脆弱性,更好地实现"太平洋计划"所设定的目标。除此之外,新的地区战略环境为岛国经济发展和国内治理创造了重要的外部环境。区域外国家之间合作竞争而非对抗的"软平衡"博弈态势,使得岛国可以不必在排斥性的两强或多强之间做出选择,这种战略环境赋予了岛国更多的对外战略行动自由和空间。因而"均衡战略"成为岛国常用的战略。均衡战略使得岛国不仅获得了安全和经济利益,而且从区域外国家的竞争中获得了大量的"实惠"。因此,不管对区域外国家而言,还是对太平洋岛国来说,英国发展同岛国的外交关系可以进一步巩固南太地区"软平衡"的博弈态势。

小　结

海上战略通道是实施国家利益的一个重要途径,不掌握海上战略通道的国家,很难掌控国家的命运。历史一再证明,海上战略通道对于一个国家,

---

① 梁甲瑞:《海上战略通道视角下中国在南太地区的海洋战略》,载《世界经济与政治论坛》2016年第3期,第51页。

特别是海洋大国，具有重要的战略意义。英国在 19 世纪时就认为，海洋是国家与外界通商、扩大势力和发挥影响的重要途径。英国对海上战略通道的认知不断深化，主要体现在两个方面：一是利用海上交通运输线输入生产所必需的原料，并输出成品；二是利用海洋的联结和海上通道的咽喉作用，扩大势力范围，捍卫殖民利益。正是拥有海上通道的控制权，才使得英国不断推动全球的贸易和交通。而英国的衰落也是从失去海上战略通道的控制开始的。[①] 进入 21 世纪之后，南太平洋海上战略通道的价值越来越大，逐渐被域外国家，尤其是海洋国家所重视。英国在《国家海洋安全战略》中指出，要在国际和地区范围内，保护海洋贸易和能源运输通道的安全。除此之外，皮特凯恩群岛是英国在南太地区的唯一一个海外领地，扮演着战略岛屿的角色。因此，作为南太地区的传统殖民强国和海洋强国，英国控制南太平洋海上战略通道既是国家海洋战略的应有之义，又是其重视海上战略通道历史传统的延续。为了控制海上战略通道，英国加强了与太平洋岛国的互动，主要的战略手段有：加强经贸往来、增加对外援助、强化人文交流、推动外交联系以及组织海洋科考。目前，南太地区的战略环境处于一种"软平衡"的态势。对英国来说，为了维护海上通道的安全，加强区域合作是最好的选择。作为南太地区一种传统的博弈力量，英国的介入某种程度上会强化"软平衡"的战略环境，而不会直接挑战美国、澳大利亚等传统势力的地位。

---

① 梁芳：《海上战略通道论》，时事出版社，2011，第 161 页。

第四章 美国维护世界霸主地位

19世纪末20世纪初，美国开始走出美洲，向外扩张，从大陆扩张主义转向海洋扩张主义。美国利用西班牙殖民地人民争取独立的斗争来实现其太平洋扩张战略。19世纪70年代，古巴和菲律宾先后爆发了反抗西班牙殖民统治的独立战争。美国密切注视古巴和菲律宾的事态发展。1898年美国对西班牙采取战争讹诈，公然派"缅因"号装甲巡洋舰进驻古巴哈瓦那，同年25日美国向西班牙正式宣战。[1] 美西战争结束后，古巴成为美国的保护国，波多黎各是割让的领地，菲律宾则是美国最远的殖民地，在关岛至旧金山的半途，还有夏威夷。

马汉认为，美国人应关注太平洋，是因为太平洋才刚刚进入各国利益关系的视野。[2] 美西战争结束后，美国又于1899年占领太平洋的"中间站"威克岛，并独占北太平洋与南太平洋的咽喉要道东萨摩亚。从此，美国在太平洋扩张战略的部署基本完成，这也意味着美国的势力开始触及南太平洋地区。在美国对太平洋岛国的外交战略中，马汉的"海权论"扮演着重要角色。

一 马汉的"海权论"

阿尔弗雷德·赛耶·马汉（Alfred Thayer Mahan）生于西点，其父丹尼斯·哈特·马汉（Dennis Hart Mahan）为西点军校的著名教授，内战期间南

---

[1] 王生荣：《海权论对大国兴衰的历史影响》，海潮出版社，2009。
[2] 〔美〕马汉著《海权论》，欧阳瑾译，中国言实出版社，1997，第289~230页。

北双方的将领有很多都出自其门下。他也是使约米尼的思想流入美国的主要介绍者。在哥伦比亚就读两年后,马汉违背其父亲的忠告,转入美国海军官校三年级就读。1884 年经过美国海军部的同意,下令建立一所海军战争学院。1886 年,马汉进入海军战争学院任教。在 1889~1892 年,海军战争学院被停办,马汉的第一本巨著《海权对历史的影响,1660~1783》(The Influence of Sea Power upon History, 1660 - 1783) 于 1890 年获得出版。两年之后,又出版了其姊妹篇《海权对法国革命及帝国的影响》(The Influence of Sea Power upon the French Revolution and Empire)。从此马汉成为影响历史的人物。①

(一) 马汉"海权论"产生的背景

任何思想都是一定时空下的产物,任何思想家的思维都反映了特定时期的特点。对于马汉来说,海权论的诞生同样反映了特定的时代背景。在钮先钟看来,马汉所处的时代背景可以分为五点。第一,1890 年的世界以欧洲为中心并受欧洲支配,美国只处于边缘的地位。第二,内战之后,美国人眼光向内,以西部开发为焦点,而忽视其外交关系和海外利益。第三,到 19 世纪末期,工业革命第一阶段已经趋于结束,新的阶段正要开始,蒸汽和电力正在使陆海交通转型。第四,自然科学和社会科学都取得了很大的进步,尤其是达尔文主义成为国际竞争的精神基础。第五,欧洲列强都采取扩张政策,纷纷向海外寻求殖民地,帝国主义一时成为风气。②

当然,我们不能忽视海权论产生的一个直接思想动因就是试图摆脱"孤立主义"。到 19 世纪末期的时候,美国的经济总量已经超过了老牌资本主义国家,因此它对海外市场有着更大的需求和欲望。然而,在美国立国后的相当长一段时间内,美国的外交政策奉行的是由华盛顿所确立的"孤立主义"原则,所以寻求海外市场的需要与"孤立主义"原则发生了碰撞。在孤立主义者看来,海洋是美国的护城河,靠着海洋的保护,美国就可以安全地生存下去,世界上其他地方发生了什么,尽可不闻不问。③ 思想上的孤立主义反映在外交和军事方面就是对发展海军事业的冷淡和忽视。1870 年

---

① 钮先钟:《西方战略思想史》,广西师范大学出版社,2003,第 313~316 页。
② 钮先钟:《西方战略思想史》,广西师范大学出版社,2003,第 317 页。
③ 张炜、郑宏:《影响历史的海权论》,军事科学出版社,2000。

底，美国只有 52 艘舰船在服役，在当时仅排第 12 位。① 如此薄弱的海军力量根本不能支撑美国的海外扩张，所以摆脱"孤立主义"成为马汉"海权论"产生的直接动因。

还有一个现实背景是在资本主义的垄断背景下，各国的政治经济发展水平存在较大的差异，新崛起的国家要求重新瓜分殖民地。在弱肉强食的时代，谁的力量大，谁就有能力占领更多的市场，所以增强国力成为各国的首要选择，而增强海军实力成为提高国力、抢夺海外殖民地的重要保证。在这样的现实背景下，马汉的"海权论"呼之欲出。

新的时代产生新的需要，而新的需要呼唤新的理论。马汉的"海权论"符合美国对外扩张的需要，同时也反映了当时的国际关系的现实，是美国走向强国之路的重要保证。

（二）"海权论"的思想

在西方的历史长河中，海洋扮演着重要的角色。若对希腊的战争史做一整体观察，即可发现有一基本战略观念始终穿插于其中，那就是所谓的"海权"。据罗新斯基所云，此名词为修昔底德所首创。其意义为"海之权"，凡是知道如何征服及利用海洋的人，海洋就会把此种权力赐给他②。概括言之，在波斯战争和伯罗奔尼撒战争中，雅典和斯巴达作为两个最强大的国家，一个在路上称雄，另一个在海上称霸。但是其最后胜负的关键都是海权。尤其是伯罗奔尼撒战争更明白显示路权不可能击败海权，但路权若能建立一支有效的海军，则又可以达到这种目的，雅典终于还是败在海上。③

钮先钟认为，西方文明本是海洋文明，西方战略思想也始终包括海权因素在内，尤其是大战略往往与海洋战略有密切的关系。④ 就大战略而言，利德尔·哈特在 1929 年提出了大战略的概念，在他看来，战略是一种分配和运用军事工具以达到政治目的艺术，而所谓大战略，其任务就在于调节和指导一个国家或几个国家的一切资源以达到战争的政治目的。⑤

---

① 张炜、郑宏：《影响历史的海权论》，军事科学出版社，2000，第 20 页。
② Herbert Rosinski, *The Development of Naval Thought*, Newport: U. S. Naval War College Press, 1977, p. 26.
③ 更多关于伯罗奔尼撒战争中海上势力重要性的内容参见〔古希腊〕修昔底德著《伯罗奔尼撒战争史》，谢德风译，商务印书馆，2013，第 2~21 页。
④ 钮先钟：《西方战略思想史》，广西师范大学出版社，2003，第 33 页。
⑤ 〔英〕利德尔·哈特著《战略论》，钮先钟译，上海人民出版社，2010。

曾参与制定二战中美国战略计划的阿·魏德迈将军指出，大战略就是运用国家力量，以实现国家政策规定的目标的艺术和科学。[1] 胡克（R. D. Hooker, Jr.）认为，简单来讲，所谓大战略就是使用力量来保证国家的安全。[2] 此外，许多国家军方的条例文件正式采用了大战略的概念，如英军野战条例提出，大战略是最积极地运用国家全部力量的艺术。它包括运用外交、经济压力、与盟国缔结有利的条约、动员国家工业和分配现有的人力资源以及使用陆海空三军使之协调行动。[3] 因此，在大战略中，海洋战略是不可忽视的一部分。而提到海洋战略，马汉的"海权论"无疑是海洋战略的鼻祖。

马汉是19世纪末期和20世纪初期美国最著名的海权宿命论、海军扩张及舰队扩建的倡导者。他的观点最早源于他对第二次布匿战争历史的阅读所受的启发。在这次战争中，罗马由于控制了西地中海而赢得了战争，因此马汉认为，在最早的海战中就体现了对海洋控制的重要性。从这个角度出发，马汉搜集、梳理历史上发生的数次海战，来阐释海权的观点。[4] 马汉认为，海洋之所以成为社会历史中最重要的因素，是因为它可以充分利用海上的航线。具体说来，海洋是人们借以通向四面八方的公有地和必由之路。尽管海上风险不断，但相对于陆路来说，海洋还是比较安全和方便的。[5] 所以，海洋的巨大交通作用是"海权论"中心思想的前提和立论基础。以英国海权的建立为例证，马汉阐述了建立强大海权需要两大前提：一是建立广泛、健康、有活力的对外贸易体系；二是拥有一支强大的海军。[6] 而影响各国海权建立的因素主要包括地理位置、自然结构及其相关的物产和气候、领土范围、人口、民族特点及政府特性。虽然马汉的原意只是解释已有的事实，而并非提供建议，但也暗示任何国家若同样的拥有这些特性，则也不难有机会变成伟大的海权国家。

---

[1] 转引自吴春秋《广义大战略》，时事出版社，1995，第29页。
[2] R. D. Hooker, Jr, *The Grand Strategy of the United States*, Washington: National Defence University Press, p. 1.
[3] 康绍邦、宫力等：《国际战略新论》，解放军出版社，2006，第5页。
[4] 刘娟：《美国海权战略的演进——兼论海权在美国大国战略中的实践和作用》，武汉大学博士学位论文，2010，第47页。
[5] Alfred T. Mahan, *The influence of Sea Power upon History 1660 - 1783*, Boston: Little Brown and Company, 1898, p. 25.
[6] Alfred T. Mahan, *The influence of Sea Power upon History 1660 - 1783*, Boston: Little Brown and Company, 1898, p. 539.

上述六者只是促成海权发展的基本条件，而凭借它们所发展出来的海权，又含有三个必要的常数：生产、航业和殖民地。其中，生产是交换产物的需要；航业是交换产物的工具，包括保护此种交易的军舰在内；殖民地便利和扩大了航业的运作，并又有增加安全点以保护航业的趋势，而后者也就是海外殖民地。① 合理地使用和控制海洋，只是积累财富的商品交换中的一环，但却是中心环节，因为谁拥有海权，就可强迫其他国家向它付特别税。②

在马汉看来，广义上说，海权的历史涉及了一个民族依靠海洋或利用海洋强大起来的所有事情，但主要是一部军事史。③ 由于海上交通存在大量的风险，而殖民时代贸易的激烈竞争和国家的对外扩张使得冲突成为必然现象。为了保证海上交通线的安全，需要足够的海军力量。只有通过军事力量控制海洋，通过贸易战略对贸易中心的长期控制，才能有效地破坏敌人的贸易和运输能力，从而瓦解其海权体系。④ 马汉认为没有强大的海军就没有制海权，没有制海权国家的商业活动就会受到威胁，所以海军力量是确保国家商业活动、获得制海权的重要条件。通过上面简单的分析，我们可以发现马汉的海权思想很复杂，有其理论的一面也有实际的一面，有其历史的一面也有政策的一面。尤其是他的各种观念散布在其著作中，缺乏有效的整合，所以更令人难有全面的了解。⑤

二 海权论在美国南太平洋海洋战略历史中的演变

19 世纪末 20 世纪初，美国开始走出美洲，向外扩张，从大陆扩张主义转向海洋扩张主义。1893 年 3 月，马汉在《纽约论坛》3 月号上发表《夏威夷与我们未来的海权》一文，回顾了美国的扩张历程，公开呼吁美国在

---

① Alfred T. Mahan, *The influence of Sea Power upon History 1660 – 1783*, Boston: Little Brown and Company, 1898, p. 28.
② Alfred T. Mahan, *The influence of Sea Power upon History 1660 – 1783*, Boston: Little Brown and Company, 1898, p. 226.
③ Alfred T. Mahan, *The influence of Sea Power upon History 1660 – 1783*, Boston: Little Brown and Company, 1898, p. 1.
④ Alfred T. Mahan, *The influence of Sea Power upon History 1660 – 1783*, Boston: Little Brown and Company, 1898, pp. 539 – 540.
⑤ 钮先钟：《西方战略思想史》，广西师范大学出版社，2003，第 323 页。

太平洋地区进行侵略和扩张。① 1902 年 2 月，马汉在《我们民族感情的发展》一文中，总结了美国向太平洋扩张的战略意义。② 美国海军成就了历史上无与伦比的舰队，成为世界的海洋霸主，而使美国海军驶向世界海洋的真正掌舵人就是马汉。具体来说，成就美国在南太地区海洋霸主的就是马汉的"海权论"。

两次世界大战的经历使得美国的战略策划者确信，完全地控制密克罗尼西亚和运用太平洋地区的影响力可以保证美国未来在南太地区的安全。最重要的是，美国关于战后太平洋地区战略安全忧虑的帝国主义式的解决方案显示了一种官僚主义的共识，这种共识就是要把太平洋地区变成一个美国的"内湖"。③

两次世界大战期间，文官和武官对于华盛顿条约体系的战略效能存在分歧。不同于这样的情形，1945 年不同政府机构的官员对于把太平洋地区看作美国专有的战略保护区，存在共识。部门间对于战略的分歧伴随着政府之内关于战略目标的官僚主义舆论，但是太平洋战争是一个被广为接受的战略教训，美国战略安全的解决方案是把太平洋地区看作是一个"战略混合体"，而且把机动部队同永久基地联合起来，以控制整个岛链。④

---

① 〔美〕马汉著《海权论·美国的利益》，萧伟中、梅然译，中国言实出版社，1997，第 311 页。
② Livezey: *Mahan on Sea Power*, Oklahoma: Oklahoma Press, 1980, p. 205.
③ 对于美国 1945 年对于太平洋地区的展望，see Enclosure Draft of "Memorandum For the Secretary of War and the Secretary of the Navy," part of "Type of Government to Be Established on Various Pacific Islands," JCS 1524/2, November 15, 1945, file 8 – 21 – 45 sec. 1, JCS Geographic Files, 1942 – 1945, CCS 014 Pacific Ocean Area, RG 218, NA. 美国海军准将罗伯特·薛飞尔（Robert Shufeldt）在 1870 年首次阐释了"美国内湖"的概念，这个术语是参考了他通过在特旺特佩克地峡（Isthmus of Tehuantepec）建造运河以使美国实现对墨西哥湾进行战略控制的观念。陆军将领道格拉斯·麦克阿瑟（Douglas MacArthur）在 1945 年再次使用了这个术语，当然，还有至少一个美国－东亚关系的学者也在同一时间内使用了这个术语。See Frederic Drake, *The Empire of the Seas*: *A Biography of Rear Admiral Robert Shufeldt*, Honolulu: University of Hawaii Press, 1984, p. 143. John Dower, "Occupied Japan and the American Lake, 1945 – 1950", in Edward Friedman and Mark Selden, eds., *America's Asia*: *Dissenting Essays on Asian-American Relations*, New York: Vintage Books, 1971, pp. 146 – 206. Eleanor Lattimore, "Pacific Ocean or American Lake?", *Far Eastern Survey*, 1945, pp. 313 – 316.
④ 对于海军和国务院在两次大战期间关于太平洋政策的争议，See William Braisted, *The United States Navy in the Pacific*, *1909 – 1922*, Texas: University of Texas Press, 1971, pp. 580 – 688. Roger Dingman, *Power in the Pacific*: *The Origins of Naval Arms Limitation*, *1914 – 1922*, Chicago: University of Chicago Press, 1976.

事实上，战前马汉主义的重点是把机动部队作为太平洋防御的关键，这甚至被海军部门以外的官员所认同。珍珠港和越岛作战的经历再次断言了马汉主义的观念，它们不同程度地强调了岛屿基地为机动部队提供基础设施方面所扮演的角色。马汉同样重视机动舰队和穿越太平洋的一连串岛屿，认为其可以作为一个支撑体系，以保证舰队的安全。二战后的决策者和策划者较多地强调了机动部队对太平洋防御的重要性，[1]他们同样认为一些岛屿可以继续被用作补给基地，而且可以控制一些未开发的岛屿，以免这些岛屿被别的国家所控制。从某种程度上说，这已经超越了马汉的"海权论"。

（一）二战后美国对南太平洋的海洋控制

考虑到战前的观念、战时的经历以及战后的计划，美国想在二战后垄断太平洋地区的战略影响力，这一点也不奇怪。计划的文档诠释了在美国战略策划者观念中的幽灵，这些幽灵包括两次世界大战之间、珍珠港以及1941～1942年冬季很难在他们的战略观念中退却。在日本发动攻击之前，美国在太平洋地区缺乏相应的准备，这使得政策制定者和策划者表现得很敏感。在1945年之后，美国在南太平洋地区的战略思维方面发生了很大的变化。许多官员，无论文官还是武官，都完全同意南太平洋地区应该成为美国的内湖。顺着这个观念得出的结论就是整个岛链，无论它们是否被发展成为机动部队的补给基地，至少应该被美国所控制，以防止它们被其他国家所掌握，这样美国的内湖效果就会成为现实。[2] 换句话说，"战略混合体"就是在南太地区拒绝把岛屿让其他国家控制。即便美国在1945年之后缺少资源把每一个太平洋岛屿和珊瑚岛发展成为要塞，即便这些基地在服务机动部队方面继续扮演着次等的角色，许多美国海军和非海军的官员希望控制整个的岛链，以免重蹈两次世界大战期间的覆辙。[3]

有一个很重要的原因使得政策制定者和策划者辩称太平洋是一个实体，这也就意味着美国在战后应该把太平洋置于自己的控制之下。太平洋战争早

---

[1] Hal M. Friedman, *Create an American Lake: United States Imperialism and Strategic Security in the Pacific Basin, 1945–1947*, Westport: Greenwood Press, 2001, p. 2.

[2] Hal M. Friedman, *Create an American Lake: United States Imperialism and Strategic Security in the Pacific Basin, 1945–1947*, Westport: Greenwood Press, 2001, p. 9.

[3] Hal M. Friedman, *Create an American Lake: United States Imperialism and Strategic Security in the Pacific Basin, 1945–1947*, Westport: Greenwood Press, 2001, p. 10.

期的历史证明欧洲列强联合防卫太平洋的无力。比如，一名已经退役的海军上将哈瑞·雅娜尔（Harry Yarnell）明确指出，美国在南太平洋的战略利益应该遍及欧洲列强势力衰退的任何区域。他把美国在1941～1942年的失败归咎于欧洲在太平洋地区军事力量的薄弱，而不是美国缺乏准备或是日本力量的强大。[1]

总之，由于美国战时的经历、战略思维的变化以及战后的计划，美国在战后加强了对南太平洋地区的海洋控制，主要表现就是控制重要的岛屿和航道。

（二）冷战期间美国对南太平洋的海洋控制

实际上，二战后美国的历任政府管理层对南太地区的态度是一种"善意的忽略"。与此同时，美国对南太平洋的这种态度的背后不仅仅是把更多的安全顾虑放在西北太平洋和东南亚。二战后，美国把王牌海军留在了南太平洋，在外交层面上，则是与西方通过"澳新美同盟"对南太平洋进行控制。[2] 但是冷战使得南太平洋的形势发生了很大的变化，美国在该地区的海权受到了苏联的挑战。

20世纪70年代以来，苏联向世界海洋全面扩张的战略使美国已处于潜在的敌性海洋环境之中。[3] 伴随着苏联的海外扩张战略，其势力逐渐深入南太地区。苏联的捕鱼船、巡洋舰和海洋科考船开始在南太地区活跃起来，但是其扩张速度并不快，直到1985年才跟基里巴斯签署了第一个捕鱼协议。根据这个协议，苏联可以在基里巴斯的专属经济区内进行捕鱼，但不能使用陆上的补给系统。苏联又在1985年同瓦努阿图签署了价值150万美元的捕鱼协议。苏联同太平洋岛国签署捕鱼协议的背后是想增加自己在南太地区的海军力量。[4] 虽然苏联的海面舰艇一直没有部署在该地区，但是在20世纪

---

[1] See Towers to MacArthur, 23 August, 1946; MacArthur to Towers, 26 August 1946; and Whitehead to Hull, 29 August 1946; all in 168.6008 - 3, Whitehead Collection, Officer Correspondence, October 1942 - July, 1951, AFSHRC. See also "Notes on Air Defense Conference," October 10 - 15, 1946, 720.151 - 2, ibid.

[2] Thomas-Durell Young, "U. S. Policy and the South and South Pacific", *Asian Survey*, Vol. 28, No. 7, 1988, p. 775.

[3] 王生荣：《海权论对大国兴衰的历史影响》，海潮出版社，2009，第270～271页。

[4] Thomas-Durell Young, "U. S. Policy and the South and South Pacific", *Asian Survey*, Vol. 28, No. 7, 1988, p. 780.

80年代早期，苏联的潜艇在南太地区就很活跃了。

20世纪80年代，是美国"拨正航向，重建海洋战略的时代"。1981年初，莱曼作为海军部长，一上台便提出美国必须拥有马汉所坚持的作为海洋国家生存所必不可少的海权。冷战时期，莱曼对马汉"海权论"思想的复兴，是在戈尔什科夫领导的苏联海军"向远洋进攻"战略刺激下的对策性产物。根据美国称霸世界海洋的需要，莱曼以马汉的"海权论"思想为基础，将马汉的"海权战略"思想发展成为"海洋战略"思想。马汉在奠定美国海军向世界海洋扩张的战略时指出："海洋战略就是为了自身目的，无论平时还是战时，都要建立、维护和不断发展本国的海权。"① 莱曼根据"海洋战略"思想确立了确保美国"海上优势"的"八大原则"。②

美国为了实现自己的海洋战略，一个明显的表现就是设立遍及全球海洋的基地网体系。这些体系的主要结构是本土—后方基地与海外—前方基地两大体系。由于美国一直把南太平洋地区作为自己的"内湖"，所以在该地区设立了大量的海外 - 前方基地体系。前方基地是美国海军在战区部署、战备、训练和作战的重要依托，为一线作战部队提供阵地、补给、支援和各种勤务保障。

美国南太平洋基地网中萨摩亚海军基地群主要的海军基地有：萨摩亚群岛的帕果帕果港，为萨摩亚基地群的核心基地；斐济岛的苏瓦港，为美国海军战略驻泊点，连通新西兰和澳大利亚的美国海军基地；新西兰北岛的奥克兰，为美国海军航空站和重要驻泊点；澳大利亚的悉尼港，为美国海军在南太的战略驻泊点；澳大利亚西北的达尔文港，为美国海军在西南太平洋的战略驻泊点，可与东南亚基地群形成战略呼应。美国南太平洋基地网中密克罗尼西亚基地群主要海军基地有：马里亚纳群岛南部的塞班岛，为太平洋舰队的战略驻泊点；马里亚纳群岛南端关岛的阿普腊港，为太平洋舰队的战略潜艇基地，海洋海军航空基地，密克罗尼西亚基地群的核心基地；加罗林群岛

---

① 〔美〕马汉著《海权对历史的影响》，安常容等译，解放军出版社，1998，第22页。
② 八大原则分别是：第一，海洋战略来源于而且从属于国家安全的总战略；第二，国家战略规定海军的基本任务；第三，海军基本任务的完成需要确立海上优势；第四，确保海上优势要重新确立一个严谨的海洋战略；第五，制定海洋战略必须以对威胁的现实估计作为基础；第六，海洋战略必须是一种全球理论；第七，海洋战略必须把美国海军及其军事盟国的海军兵力结合成一个整体；第八，海洋战略必须是前沿部署战略。更多内容参见王生荣《海权论对大国兴衰的历史影响》，海潮出版社，2009，第272~277页。

的雅浦，为太平洋舰队的战略驻泊点。密克罗尼西亚基地群，为太平洋舰队支援东北亚基地群和东南亚基地群的前进预备基地。①

（三）冷战后美国对南太平洋的海洋控制

冷战结束后，随着太平洋岛国纷纷独立走上民族国家的道路，美国在南太平洋地区的安全利益发生了很大的变化。如果说冷战时，美国的安全顾虑主要是苏联，那么冷战后，美国的安全顾虑主要是世界上其他大国对该地区事务的积极参与。但是一直以来，美国是把南太平洋地区当作自己的"内湖"，所以对该地区的海洋控制从来没有变过。

在南太平洋地区，自由联系邦（Freely Associated States）②、关岛和北马里亚纳群岛一起构成了美国的安全边界。自由联系邦除了距离位于马绍尔群岛的夸贾林环礁里根导弹试验场很近之外，它还位于夏威夷和关岛之间，战略位置非常重要。一些军事专家认为，自由联系邦为关岛提供了广阔的缓冲区，这是美国在从韩国到日本的亚太安全弧发起行动的"前沿桥头堡"。③自由联系邦在冷战时期就成为美国在太平洋的战略支轴。它是美国在南太平洋推行海洋战略的支点。冷战后，美国主要是通过《自由联盟协定》来实现对自由联系邦的经济和安全承诺。自美国实行"重返亚太"战略以来，南太平洋地区凭借特殊的地缘优势，成为美国全球海洋战略的重要部分。该地区位于太平洋中央，靠近东南亚、澳大利亚和关岛。进入21世纪，中、印、日等大国纷纷加大了对南太平洋地区的参与。美国为了推行自己的海洋战略，扩大了海洋保护范围。奥巴马在2014年宣布要把美国的"太平洋偏远岛屿海洋国家保护区"（Pacific Remote Islands Marine National Monument）面积从8.7万平方海里扩大到大约78.2万平方海里。新扩大的区域跟美国控制的岛屿和环礁相邻，包括从这些岛屿向外延伸的200海里水域。按此计划美国将禁止在保护区、包括一些偏远无人居住的岛屿进行捕鱼、能源勘探和其他活动。④

---

① 王生荣：《海权论对大国兴衰的历史影响》，海潮出版社，2009，第286~287页。
② 自由联系邦主要有马绍尔群岛、密克罗尼西亚和帕劳。
③ See "The Southwest Pacific: U. S. Interests and China's Growing Influence", CRS Report for Congress, 2007.
④ 《美国欲扩大太平洋区海洋保护范围》，环球网，2014年6月，http://world.huanqiu.com/article/2014-06/5024728.html。

三 美国对太平洋岛国的外交战略

自奥巴马政府提出"重返亚太"战略以来,南太平洋地区成为美国战略调整的重要地区。美国不断增加对该地区事务的参与力度,以保持在该地区的影响力,服务其国家大战略。具体而言,美国在南太平洋地区的战略体现了其大战略的样式,即新自由国际主义与务实主义相结合的大战略模式。同时美国的南太平洋地区战略是在其"亚太再平衡"背景下践行的。

(一) 美国在南太平洋地区的战略目标

21世纪美国的大战略选择更像是一种多元思想、多样理论、多种方案的耦合,美国决策层也只会以一种"菜单点选"的方式对大战略论争的成果加以利用。奥巴马政府的国家安全战略和对外政策具有鲜明的新自由国际主义取向,同时也吸收了选择性介入和离岸制衡大战略主张的若干思想成分。2007年美国总统大选期间,奥巴马在《外交》杂志上撰文阐述其外交战略,"自由如果与战争、酷刑和政权更迭联系在一起,那是非常可悲的,美国不能仅以关于民主的说教与恐怖主义相抗争。美国既不能退出世界,也不能试图威逼世界归顺自己,对多边机制的改革也不能通过胁迫别国来实现。当我们在自卫情况以外的情况下使用武力时,应竭尽全力获取其他国家的支持和参与"。[①] 由于美国缺乏单一的威胁,加之目前复杂的国际政治形势,单一的大战略样式并不能适应现在的国际形势。大战略的目标应当是让潜在的威胁不要成为现实威胁并消除这种潜在的威胁。奥巴马时期的美国大战略表现出了一种新自由国际主义和务实主义的取向。在这种大战略的框架下,美国的地区战略也表现出了不同的样式。在2015年美国国家安全战略报告中,美国在亚太地区是继续"再平衡"战略;在欧洲地区加强盟友关系;在中东和北非则是继续寻求和平与稳定;在美洲继续加深经济和安全合作;在非洲继续以投资来维护安全。[②]

在"亚太再平衡"的战略框架中,南太平洋地区的价值被重新定位。

[①] Barack Obama, "Renewing American Leadership", *Foreign Affairs*, July/August, 2007.
[②] "National Security Strategy", White House, February 2015, http://www.whitehouse.gov/sites/default/files/docs/2015_national_security_strategy.pdf.

南太平洋地区对美国有着重要的地缘战略利益和海上战略通道利益。凭借南太地区特殊的区位优势，太平洋岛国已经成为美国布局太平洋安全战略的坚固后方。在美国大战略模式的牵引下，同时伴随着美国重构南太平洋地区的战略环境，因此相比之前对南太平洋地区一种"善意的忽略"的态度，美国对该地区的战略发生了很大的变化，具体主要体现在外交、经济、军事、文化等方面，这些战略手段客观上也体现了美国大战略的新自由国际主义和务实主义取向，同时也是遏制战略、选择性介入战略以及离岸制衡战略的综合作用的产物。美国与太平洋岛国关系的新发展是美国"亚太再平衡"战略在南太地区的具体实践，这有力支撑了美国重返亚太的战略部署。[1]

（二）奥巴马时期美国对太平洋岛国的战略手段

外交上，巩固同盟及伙伴网络。卡布兰认为，在不久的将来，中国将崛起成为世界强国，成为美国在经济和军事上的首要对手，比前苏联更难对付，美国将再次卷入类似"冷战"一样的对峙。因此，美国军队需要将其重点从中东移到太平洋，并且要做好准备，构建与日本、澳大利亚、印度等国家的新型同盟关系，以制衡中国的强大。[2] 前国务卿希拉里·克林顿曾指出，美国强化亚太同盟体系应遵循的目标和原则是美国与其亚太联盟在核心目标上保持政治共识，并确保美国的联盟具有灵活性和适应能力，以便成功应对新的挑战和把握新的机遇。[3] 具体包括以下几个方面。

第一，强化美澳同盟关系。澳大利亚是美国在亚太地区最亲密的盟友，曾在霍华德政府时期就成为布什反恐战争的坚定支持者。[4] 澳大利亚不仅是地区稳定的"战略依托"，而且在维护全球安全上发挥着令人难以置信的重要作用。[5] 澳大利亚是南太地区的大国和强国，对太平洋岛国有着重要的影响力。在赢得 2013 年大选后，托尼·阿博特在一次讲话中谈到，澳大利亚

---

[1] 宋秀琚、叶圣萱：《浅析"亚太再平衡"战略下美国与南太岛国关系的新发展》，载《太平洋学报》2016 年第 1 期，第 54 页。
[2] 仇华飞：《国际秩序演变中的中国周边外交与中美关系》，人民出版社，2015，第 273 页。
[3] Hillary Rodham Clinton, "America's Pacific Century", http://www.state.gov/secretary/rm/2011/10/175215.htm.
[4] Thomas Lum and Bruce Vaughn, "The Southwest Pacific: U.S. Interests and China's Growing Influence", CRS Report for Congress, July 6, 2007, p. 20.
[5] Kurt M. Campbell, "Testimony Before the House Committee on Foreign Affairs Subcommittee on Asia and the Pacific", http://iipdigital.usembassy.gov/st/english/texttrans/2011/04/20110401105304suO.7041371.htm#axzz2ikiA8r1Q.

的政策将"更多专注雅加达,更少围绕日内瓦"。① 2014 年,在亚太地区国际盛会接踵而至、阿博特新政府上台执政的客观背景下,美澳两国高频率、深层次的政治互动是其同盟关系进展的重头戏。强化后的美澳同盟有助于堪培拉提升其在南太地区的地位,在地区事务上澳大利亚也获得了更大的话语权。

第二,巩固美日澳三边同盟关系。美日澳三边战略对话机制创始于 2002 年,开始为事务级对话,2006 年提升为外长级对话,至 2008 年布什政府第二任期最后一年,该对话共举行了三次,主要议题是人道主义救援、反恐、援助太平洋岛国等内容,非传统安全合作的色彩很浓。2009 年奥巴马政府上任后,该对话机制得以保留。美日澳提升三边合作战略含义的途径还包括启动三国国防部长之间的对话。2012 年 6 月,美国国防部部长帕内塔、澳大利亚国防部部长史密斯、日本防卫副大臣渡边利用香格里拉对话会的间隙举行了首次美日澳国防部长三边对话。2013 年 6 月,美国国防部部长哈格尔、日本防务大臣小野诗五典、澳大利亚国防部部长史密斯同样利用香格里拉对话间隙举行了第二次三边对话。②

第三,拓展伙伴关系。奥巴马政府致力于在南太地区构建与新西兰、印度之间的伙伴关系,试图形成辅助其同盟体系的伙伴关系网络。就新西兰而言,时任美国国务卿助理格林·戴维斯(Glyn Davies)把新西兰描述为在太平洋的一个主要合作者,于 2007 年 3 月演讲时指出,"我们正寻求同新西兰在很多其能提供重要贡献的领域进行合作,包括不扩散、反恐、维和等"。虽然新西兰只是一个只有大约 400 万人口的小国,但是它是南太地区的一个主要国家。新西兰与托克劳、纽埃、库克群岛、萨摩亚以及汤加有着特殊的联系。印度在南太地区的优势以及日益增加的影响力是美国所不能忽视的内容。美国前国务卿希拉里曾鼓励印度不仅要"向东看",更重要的是要"向东走",意图将印度纳入美国主导的亚太新秩序,借助印度来制衡中国。

经济上,加强对外援助,分享经济成果。奥巴马政府对美国在亚太经济利益的认知集中体现为亚太经济崛起的地缘经济影响、美国对亚太经济体的依赖性增强以及塑造亚太区域经济机制走向上的话语权和规则制定权。在美

---

① Michael Wesley, "In Australia It's Now Less About Geneva, More About Jakarta", http://eastasiaforum.org/2013/09/10/in-australia-its-now-less-about-geneva-more-about-jakarta/.
② 阮宗泽:《美国亚太再平衡战略与中国对策》,时事出版社,2015,第 22~23 页。

国"亚太再平衡"战略框架中,太平洋岛国扮演着重要的角色,美国将与岛国在经济上保持着深入的接触。2012 年 8 月 31 日,希拉里出席了在库克群岛拉罗汤加岛举行的第 24 届太平洋岛国论坛峰会,她表示:"太平洋岛国在亚太地区的安全战略和经济发展中发挥着极其特殊的作用,而且这种作用变得越来越重要"。在太平洋地区,美国有着长期的保护海上商业的历史,坚持与太平洋岛民保持长期的伙伴关系。[1]

第一,加强对外援助。在"亚太再平衡"战略框架之下,美国加强了对太平洋岛国的援助。美国对太平洋岛屿地区的大多数援助,主要基于《自由联系条约》《南太平洋金枪鱼条约》等长期承诺和协定,同时执行和平队、美国海岸警卫队和美国海军等人道主义任务。除了对个别国家提供援助外,美国也对该地区的一些主要国际组织提供支持,包括太平洋地区环境项目秘书处、太平洋共同体秘书处等。美国国际开发署(USAID)负责统一管理和协调包括对太平洋岛国在内的对外援助工作。2011 年,美国在驻莫尔兹比港大使馆内设立了美国国际开发总署太平洋岛屿办公室,负责协调美国国际开发总署与各太平洋岛国政府官员、援助机构和私营部门之间的联系。在新时期内,根据美国全球、亚太战略部署以及太平洋岛国自身发展的需要,美国对太平洋岛国地区的援助,既包括一些传统项目,如减少贫困、提高居民的生活水平,也包括一些美国及西方国家标榜的民主和善治。同时,还包含了一些由于全球化和气候变化带来的新问题,诸如公共卫生、气候环境变化等领域。[2]

第二,加强经济联系。奥巴马于 2011 年 11 月在澳大利亚议会演说时提出了经济增长的四个原则:公平增长、广泛增长、可持续增长以及良治。2013 年伴随奥巴马政府第二任期开始,"再平衡"战略的发展更加突出。国务卿克里在东京工业大学发表演说时提出了共同塑造亚太未来的"太平洋梦想"以及实现梦想应当遵循的四原则:强劲增长、公平增长、明智增长以及公正增长。[3] 与美国对自身经济增长的认知相对应的是太平洋岛国对于经济增长的认知,双方存在某种契合。太平洋岛国论坛秘书处制定的《太

---

[1] Hillary Clinton, "Remarks at the Pacific Islands Forum Post-Forum Dialogue", http://state.gov/secretary/20092013clinton/rm/2012/08/197266.htm.

[2] 喻常森:《试析 21 世纪初美国对太平洋岛国的援助》,载《亚太经济》2014 年第 5 期,第 65~66 页。

[3] 阮宗泽:《美国亚太再平衡战略与中国对策》,时事出版社,2015,第 35 页。

平洋计划》明确指出了南太地区的重点是经济增长、可持续发展以及良治。所谓经济增长，就是发展地区大量采购战略、加强进口商品的存储及批发，比如药品。所谓可持续发展，就是挖掘地区科技及职业教育的潜力，提高区域培训水平，并使其标准化，同时要保护知识产权。所谓良治就是建立独立的宏观和微观经济科技支持经济体系，加强融资功能和提供经济分析。① 因此，在美国对自身经济增长认知的前提下，其与太平洋岛国的经济联系存在着深度合作的潜力及现实可能性。截止到 2012 年，美国向太平洋岛国的出口总额达到了 170 亿美元。除了两个岛国之外，美国享受着与其他全部岛国的贸易顺差。

军事上，巩固优势地位。美国国会研究部的报告指出"军事领域是政府宣称的'再平衡'战略最为高调和最具实质性内容的部分。"② 由于安全事务是美国推动"重返"和实施亚太"再平衡"的重要抓手，因此"军事重返"和"军事再平衡"在美国"重返"和亚太"再平衡"战略中占有非常显著和突出的地位。③

第一，加强"第二岛链"的军事存在。加强以澳大利亚和关岛为中心的"第二岛链"的军事存在是美国"军事再平衡"最具象征意义的动作。2011 年 11 月，奥巴马访问澳大利亚期间，两国宣布了新的军力部署计划，内容是自 2012 年起，美国将向澳大利亚达尔文港和澳大利亚北部地区首批派驻 250 名海军陆战队员进行轮换驻防，轮驻规模将扩大到 2500 人；双方还同意将澳大利亚位于印度洋沿岸的港口和基地在很大程度上对美国海、空军开放。2012 年 11 月，美澳又达成太空合作协议，美国将把部署在西印度群岛的一部 C 波段雷达和位于美国本土新墨西哥州的太空望远镜迁往澳大利亚西部，用于监测亚洲地区的卫星、导弹发射和近地轨道卫星的运行。2013 年 6 月，两军达成协议，将由澳大利亚派出一艘战舰参加美国在太平洋的一个航母编队。④ 近日，美国和澳大利亚签署了一份备受瞩目的军事协

---

① "The Pacific Plan for Strengthening Regional Cooperation and Integration", Pacific Islands Forum Secretariat, http://www.adb.org/sites/default/files/linked-documents/robp-pac-2010-2013-oth01.pdf.
② Mark E. Manyin and Susan V. Lawrence, "Pivot to the Pacific? The Obama Administration's 'Rebalancing' Toward Asia", CRS Report for Congress, March 28, 2012, http://www.fas.org/sgp/crs/natsec/R42448.pdf.
③ 阮宗泽：《美国亚太再平衡战略与中国对策》，时事出版社，2015，第 42 页。
④ 阮宗泽：《美国亚太再平衡战略与中国对策》，时事出版社，2015，第 46~47 页。

议。根据该协议,到 2017 年,驻达尔文基地的美军人数增加一倍多,轮驻规模达到 2500 名海军陆战队队员。[1]

第二,推进美澳的军事安全合作。2014 年 2 月,美国海军部长雷·马布思(Ray Mabus)访澳,称"美澳有着历史性的、广泛的联系,它始终是亚太地区和平与稳定的支柱。从环太平洋和护身符军刀等演习到海上和陆上人员交流,两国为加强全球和地区性安全共同行动,深化共同经验并增进伙伴关系"。[2] 2014 年 3 月,美国国防部发布《四年防务评估报告》,重申继续致力于"亚太再平衡"战略,拟于 2020 年底前在太平洋地区部署美国海军六成兵力。4 月,澳方完成迄今为止最大的一笔军购案,花费 120 亿美元购买 58 架 F35 战机,并开支 16 亿美元扩建威廉机场,还计划再购置可装备一个中队的先进战机,以最终替换现有的 F/A-18"超级大黄蜂"。[3] 2016 年 2 月 25 日,澳大利亚发布《2016 国防白皮书》,其中指出未来美国将继续保持其卓越的全球军事大国地位,并仍将是澳大利亚最为重要的战略伙伴。

希拉里·克林顿曾在《美国的太平洋世纪》中宣称,与硬实力相比,美国所拥有的最具影响力的资产是其价值观的巨大威力,特别是美国对民主与人权的坚定不移的支持,体现了美国人"最纯粹的民族性格",是美国"外交政策包括向亚太地区战略转移的核心"。[4] 美国通过传播美式民主培养了文化和社会认同感。一个多世纪以来,美国与太平洋岛国维持着持续与稳定的友好关系,美式民主价值观的传播发挥了重要的作用。太平洋岛国论坛成员国中的超过 7500 名会员是来自美国政府资助的交流项目的毕业生。社区参与和人际关系的增强对于美国与岛国的文化外交起了重要的作用。

第一,学术交流。其一是富布莱特奖学金(Fulbright Scholarship)项目。2015 年,美国政府资助了 4 批来自太平洋岛国的富布莱特毕业生,其中有 11 人来自澳大利亚、30 人来自新西兰,他们在美国学习和从事研究。在富布莱特奖学金项目的支持下,美国有 9 人在澳大利亚、8 人在新西兰用

---

[1] 梁甲瑞:《马汉的"海权论"与美国在南太地区的海洋战略》,《聊城大学学报》2016 年第 2 期,第 79 页。
[2] "Navy Secretary Visits Australia to Reinforce Alliance",U. S. Department of State,http://iipdigital. useembassy. gov/st/english/article/2014/02/20140206292395. html#axzz3RPdBpdXg.
[3] 喻常森:《大洋洲发展报告(2014~2015)》,社会科学文献出版社,2015,第 121 页。
[4] Hillary Rodham Clinton,"America's Pacific Century",http://www. state. gov/secretary/rm/2011/10/175215. htm.

于交换生的学习。一名美国学生在秋季首先去了斐济进行环境领域的研究。富布莱特-克林顿奖学金支持两个美国年轻教授在萨摩亚政府部门担任助理。另外，在富布莱特学者奖学金的资助下，20位来自澳大利亚以及7位来自新西兰的学者将在美国进行教学或研究；其二是汉弗莱奖学金（Humphry Scholarship）项目。该项目将会吸引年轻和中期的专业人员到美国与同行进行独立的可持续合作、领导力发展等的学习。其中1名参与者来自斐济，2名来自巴布亚新几内亚；其三是美国-南太平洋奖学金项目。该项目通过美国东西方中心来管理，支持来自南太平洋大学生和研究生在美国进行学位学习，主要学习对区域发展有帮助的领域，4名来自基里巴斯、巴布亚新几内亚、所罗门群岛和瓦努阿图的学生在秋季将会开始在美国的学习。[1]

第二，文化和体育交流。美国海外音乐项目在2015年4月把不同类型的世界音乐在巴布亚新几内亚进行巡回演出。2014年美国国务院通过大使文化保护基金奖励了新的用以资助保护密克罗尼西亚、马绍尔群岛以及巴布亚新几内亚的文化项目。自2001年开始，美国国务院就设置了78万美元的奖励用以支持8个太平洋岛国的文化遗产保护。美国体育项目委派了4名篮球教练到澳大利亚进行青年篮球的练习，并带了18个澳大利亚年轻人到美国参与运动训练以提高个人发展。美国国务院已经完成了一些田径项目，从5月1日到12日，19名来自太平洋岛国（斐济、密克罗尼西亚、萨摩亚）的运动员和教练员参加了快速田径交流项目，此次项目的特别之处在于它是美国首次与失聪运动员的体育外交访问。[2]

第三，免签证入境。自由联系邦（马绍尔群岛、密克罗尼西亚、帕劳）的公民可以免签证在美国生活和工作。在北马里亚纳群岛关岛自由邦免签证的计划之内，澳大利亚、瑙鲁、新西兰和巴布亚新几内亚的国民只要达到入境的条件，就可以免签进入关岛或CNMI。澳大利亚和新西兰都是美国大陆免签计划的成员国。

第四，离散社群（Diaspora Communities）。根据2010年美国的人口普查，120万人被确认为是夏威夷土著和其他太平洋岛民。在过去的十几年，

---

[1] "United States of America", Pacific Islands Forum Secretariat, http://www.forumsec.org/pages.cfm/strategic-partnerships-coordination/post-forum-dialogue/united-states.html.

[2] "Pacific Island Track and Field Delegation Experience the Universal Language of Sports", Bureau of Educational and Cultural Affairs, https://eca.state.gov/gallery/pacific-islands-track-and-field-delegation-experience-universal-language-sports.

太平洋岛民的人口在所有 50 多个州都有所增长，增速是美国总人口增速的三倍多。大约有 12.7 万太平洋岛国移民居住在美国，其中移民人口最多的斐济（40370 人），其次是马绍尔群岛（22400 人）、汤加（20800 人）。大约 50% 的太平洋岛民居住在夏威夷和加利福尼亚，第二大太平洋岛民居住地分别是华盛顿、德克萨斯和佛罗里达。虽然很多太平洋岛民已经迁移到夏威夷、关岛和北马里亚纳群岛，但仍有很多选择居住在美国大陆。比如，移民至美国大陆马绍尔人口从 2000 年的 6700 人增加到 2010 年的 22400 人。[1]

太平洋是世界上受欧洲与美国帝国主义影响的最后一个区域，也是二战后经历去殖民化痛苦过程的最后一个区域。这发生在 1962 年，西萨摩亚获得独立，而且在 20 世纪七八十年代一直延续着去殖民化的进程。二战后，太平洋岛民开始大量迁出，这主要是受这些岛国的殖民历史的影响。美国和新西兰向与它们有殖民关系的岛民打开了移民的大门，而太平洋地区的其他殖民国家，比如英国、德国、澳大利亚则没有敞开移民的大门。某种程度上说，波利尼西亚地区和密克罗尼西亚地区主导了移民的浪潮，而西太平洋的美拉尼西亚地区对移民浪潮的影响很小。在太平洋岛国之中，汤加是个例外。它是一个未受过殖民统治的国家。在太平洋岛国的殖民时期，英国在 1900～1970 年充当了汤加保护国的角色，但并没有给汤加提供鼓励移民的优惠条件。虽然汤加的移民没有被殖民的历史，但自 20 世纪 60 年代末以后，汤加的移民开始大量迁往美国、新西兰和澳大利亚。目前，居住在海外的汤加人多于居住在本国的人。[2]

第一个迁往美国的汤加人于 1924 年到达犹他州，目的是接受教育。这位汤加人与一位摩门教徒一起到达美国。这位传教士返回汤加后，又与另外一位汤加人在 1936 年到达犹他州。第一个迁往美国的汤加家庭发生在 1956 年。自此，汤加人、塔希提人、斐济人开始小规模地迁往美国。汤加迁往美国的潮流发生在 20 世纪五六十年代。到了 20 世纪 70 年代，来美国的汤加人开始增多。而到了 80 年代，迁往美国的汤加人达到了顶峰。[3]

---

[1] "United States of America", Pacific Islands Forum Secretariat, http：//www.forumsec.org/pages.cfm/strategic-partnerships-coordination/post-forum-dialogue/united-states.html.

[2] Helen Lee, Steve Tupai Francis, *Migration and Transnationalism: Pacific Perspectives*, Australia: ANU Press, 2009, p.8.

[3] Liz Swain, "Pacific Islander Americans", http：//www.everyculture.com/multi/Le-Pa/Pacific-Islander-Americans.html.

如表 4-1 所示，20 世纪 50~80 年代，太平洋岛国迁往美国的人数处于递增状态，其中增幅最大的是斐济人和汤加人。在 50 年代，这三个岛国处于人口迁移的开始阶段，而到了 70 年代，岛民迁移达到了相当大的规模。对斐济而言，虽然它在 20 世纪 60 年代中期才开始向美国迁移，但只有很少的斐济土著参与了迁移。直到 20 世纪末，由于斐济的政治和经济问题，斐济土著和印度斐济人开始向美国迁移。在 1987 年、2000 年、2006 年军事政变之后，斐济向美国的移民开始增加。然而，斐济的移民并不只是因为政治危机，还跟甘蔗业和服装业低迷引发的经济问题有关。莫汉蒂（Mohanty）提供了关于斐济移民历史的有效的角度，把斐济 20 世纪 80 年代、90 年代以及 2000 年 5 月之后的人力资源的外流描述为"海浪"。[1]

表 4-1 20 世纪 50~80 年代太平洋岛民迁往美国的数量

	50 年代	60 年代	70 年代	80 年代
斐济人	71	368	1000	1205
法属波利尼西亚人	14	49	47	59
汤加人	14	119	809	1800

资料来源：Liz Swain, Pacific Islander Americans, http：//www.everyculture.com/multi/Le-Pa/Pacific-Islander-Americans.html.

岛国与美国的殖民联系与政治同盟是太平洋岛民迁往美国的一个重要原因。美国从 1900 年开始控制美属萨摩亚。自 1951 年起，这些岛屿成为美国领地不可分割的一部分，并赋予了萨摩亚人美国国民以及免签证进入美国的地位，但比美国正式公民的权利要少一些。美国同样给予密克罗尼西亚、马绍尔群岛和帕劳的公民自由进入美国的权利，这几个岛国被称为美国的"自由联系邦"。除此之外，作为自 1988 年后美国一直以来的领地，关岛的居民在 1950 年批准的《关岛组织法》（Organic Act of Guam）的框架下享有美国公民的待遇。其他岛民，比如汤加人和萨摩亚人，则以各种名义迁往美国，比如通过美属萨摩亚和夏威夷的"阶段移民"。也有一部分是通过摩门教成员迁往美国，他们在夏威夷和犹他州的摩门教中心定居。[2]

---

[1] Mohanty, "Globalisation, new labour migration and development in Fiji", in Firth, *Globalisation and governance in the Pacific Islands*, Canberra：ANU Press, 2006, p.111.
[2] Helen Lee, Steve Tupai Francis, *Migration and Transnationalism：Pacific Perspectives*, Australia：ANU Press, 2009, p.12.

（三）特朗普时期美国对太平洋岛国的外交战略

2017年12月18日，特朗普发布了他上台后的首份《国家安全战略报告》。报告中称地缘政治已经重返，印太地区进入了以竞争为主题的时代。同时，报告特别指出了强化与澳大利亚、新西兰的外交关系，目的是减少太平洋岛国地区的经济脆弱性和自然灾害。[①] 由此可见，特朗普欲通过澳大利亚与新西兰拉拢太平洋岛国。然而，特朗普不按常理行事的外交风格又使得其对太平洋岛国的外交政策充满了不确定性。可以确定的是，特朗普将对太平洋岛国的外交政策非常重视，主要是基于南太平洋重要的地缘战略价值以及特朗普外交思想中的汉密尔顿主义流派。

1. 特朗普外交思想的汉密尔顿主义流派：重视海上战略通道

每个国家的外交政策，基点都在于国内政治、经济、文化背景；每个国家领导人处理对外关系的方式，都来源于其国内历史经验，都受到其文化传统的熏陶。沃尔特·拉塞尔·米德在研究了美国的外交历史记录以后，提出了四个主要的思想流派，并分别为其找出了一个代表人物——汉密尔顿、杰斐逊、杰克逊和威尔逊。商人出身的特朗普，无限追求利益，这是其利益观最核心的内容。[②] 同时，特朗普在美国外交援助中，也展现出了"商业路径"。[③] 由此可见，特朗普的外交政策中将具有汉密尔顿主义的影子。

许多人看到了汉密尔顿主义治国传统具有商业倾向，都没有看到其对人性弱点的错误认识。贸易的重要性决定着汉密尔顿主义者如何给国家安全利益下定义。汉密尔顿主义思想家和政治家在所谓的美国现实主义思想基础上，逐渐形成了不同的美国国家利益定义和确保这些利益的最佳战略。独立之前美国殖民者脑海中的利益可以被称为海上自由。所有海域、大洋和海峡都不应该对美国船只封闭，必须压制海盗行为，在战时对待中立船只方面，外国必须遵守国际法。汉密尔顿主义者认为，海上自由与第二大国家利益紧密相关。船只和货物享有国际水域通行权是不够的，美国的货船在目的地港

---

① "National Security Strategy of the United States of America", The White House, https：//www.whitehouse.gov/wp‐content/uploads/2017/12/NSS‐Final‐12‐18‐2017‐0905.pdf, December 2017, pp. 45‐46.
② 尹继武、郑建君、李宏洲：《特朗普的政治人格特质及其政策偏好分析》，载《现代国际关系》2017年第2期，第18页。
③ "Trump's Business Approach to Foreign Aid Diplomacy", BESA, https：//besacenter.org/perspectives‐papers/trump‐foreign‐aid‐diplomacy/.

口必须拥有其他国家货船一样的权利和特权。对美国货物开放门户与对美国船只开放水域一样重要。[①]

海上贸易航线和战略通道在国家安全中具有重要的地位，维护海上航行自由符合美国的利益。"维护美国在全球海上通道上的地位，将始终具有关键意义"。[②] 特朗普在《国家安全战略报告》同样指出，"我们必须共同努力，确保商贸持续流通。我们还必须防止一些国家在海洋、天空和太空中实施'反进入'或开展其他敌对活动，这包括保持重要海峡和水道的航行自由，提高海事威胁的早期发现和探测能力。比如，作为维护海洋安全的一项关键措施，我们将推动批准《联合国海洋法公约》"。[③] 2016 年，特朗普指出为了保证海洋安全以及国际和平，美国需要增加海洋军事力量，具体是扩大海军和海岸警卫队的规模。[④] 可以看出，在特朗普的外交战略中，维护海上战略通道的安全是重要组成部分。这不仅契合了美国重视海上战略通道的传统，而且符合汉密尔顿主义的内涵。

2. 特朗普对太平洋岛国政策的不确定性

特朗普对太平洋岛国的外交政策有确定性的一面，同时也有不确定的一面，比如特朗普退出《巴黎协定》，忽略了气候变化对太平洋岛国的影响。这种不确定性一方面基于他过多地将精力集中于国内政治，对太平洋岛国投入的精力将非常有限；另一方面同他在南太平洋地区过分依赖澳大利亚与新西兰有关。

2017 年 6 月，特朗普决定让美国退出《巴黎协定》。他在白宫的一次新闻发布会上指出，"美国将停止履行非约束力的条款，同时停止执行《巴黎协定》强加给美国的苛刻财政和金融负担"。特朗普的决定使美国停留在《巴黎协定》之外，这损害了工业化国家帮助弱小国家缓解气候变化、提高气候变化适应能力财政支持的承诺。特朗普的退出破坏了国际社会在气候变化领域的合作。如果美国拒绝对发展中国家的气候减缓和适应进行财政支

---

① 〔美〕沃尔特·拉塞尔·米德著《美国外交政策及其如何影响了世界》，曹化银译，中信出版社，2003，第 107~114 页。
② "Mission and History", U. S. Navy, www. navy. com/about/mission. html.
③ "National Security Strategy of the United States of America", The White House, https://www. whitehouse. gov/wp-content/uploads/2017/12/NSS-Final-12-18-2017-0905. pdf, December 2017, p. 41.
④ "What Trump's Team Has Said About Marine Security", USNI News, https://news. usni. org/2016/11/10/trump_ maritime_ security_ 22457.

持，发达国家将在履行自 2000 年开始每年提供 1000 亿美元的财政支持承诺方面，举步维艰。一个真实的风险是，发展中国家在全球气候问题上，将不再信任工业化国家。① 特朗普撕毁的承诺也将破坏未来的气候谈判。除此之外，发达国家无法提供足够的气候财政支持同样会损害《巴黎协定》框架下的气候承诺。许多发展中国家政府已经承诺一旦气候财政支持具备了条件，将会采取雄心勃勃的措施。如果美国的不合作使这些资金不到位，那么发展中国家的有条件承诺所不再具备价值。②

对太平洋岛国而言，气候变化将成为其现在以及未来面临的主要挑战。因此，太平洋岛国对《巴黎协定》充满了期待，希望通过《巴黎协定》来提升自身减缓气候变化的能力。2017 年 9 月，第 48 届太平洋岛国论坛发表的《论坛公报》指出，"论坛领导人强调了他们对于'太平洋弹性发展框架'（Framework for Resilient Development in the Pacific，FRDP）的呼吁，以体现《巴黎协定》的成果。同时，论坛领导人在 2016 年 11 月的第 22 届缔约国大会（COP 22）上，渴望关于气候变化的《巴黎协定》尽快生效，并重申了太平洋岛国论坛将继续与其他国家一道履行《巴黎协定》规定的责任。考虑到太平洋岛国在气候变化方面的巨大脆弱性，论坛领导人呼吁国际社会采取紧急行动，重视太平洋岛国的气候变化问题，其中包括 2018 年之前定稿《巴黎协定指导方针》（Paris Agreement Guidelines）"。③ 对太平洋岛民的生活、安全和健康而言，太平洋岛国论坛领导人不断重申气候变化是他们面临的最大威胁。他们同样重申了对于国际财政支持的迫切需求。④

特朗普退出《巴黎协定》将会影响发达国家对于发展中国家气候财政的支持，从而间接损害了太平洋岛国减缓气候变化负面影响的努力。在特朗普

---

① "Trump's withdraw from the Paris agreement means other countries will spend less to fight climate change", The Washington Post, https: //www.washingtonpost.com/news/monkey-cage/wp/2017/11/21/trumps-noncooperation-threatens-climate-finance-under-the-paris-agreement/? utm_term = .6d8c18642fef.

② "U. S. withdraw from Paris Agreement: Trump", New China, http: //www.xinhuanet.com/english/2017-06/02/c_136332782.htm.

③ "Forty-Eight Pacific Islands Forum Communique", Pacific Islands Forum, Samoa: Apia, 2017, p. 5, http: //www.forumsec.org/wp-content/uploads/2018/02/Final_48-PIF-Communique_2017_14Sep17.pdf.

④ "Climate finance: Strengthening capacity in the Pacific", The Pacific Islands Forum Secretariat, http: //www.forumsec.org/resources/uploads/attachments/documents/Climate_Finance_Strengthening_Capacity.pdf.

退出《巴黎协定》以后，太平洋岛国指责了美国放弃脆弱性国家，并表达了对美国的失望。图瓦卢总理埃内莱·索彼阿加（Enele Sopoaga）表示，"美国不考虑二战时候的盟友关系，美国人拒绝帮助图瓦卢。我们曾经为美国提供了避风港，助其实现目标，现在我们正面临着这个时代最大的困难，美国却在抛弃我们"。斐济总理弗兰克·姆拜尼马拉马（Frank Bainimarama）也表达了类似的观点，"这是一个放弃类似图瓦卢这样小岛屿国家的典型案例。"作为南太平洋的一个群岛，马绍尔群岛面临着由气候变化所引起的海平面上升的风险，是第一个全球气候条约的签字国。马绍尔群岛总统希尔达·凯茜·海涅（Hilda Cathy Heine）同样表达了对美国的不满和指责。[①] 由于美国在缓解全球气候变化方面具有关键的作用，太平洋岛国对美国给予了重望。早在2016年11月，太平洋岛国领导人就发出了对未来美国总统的请求——不要放弃面临海平面上升的太平洋岛国。姆拜尼马拉马呼吁特朗普重新思考他在气候变化方面的立场，并邀请他到太平洋岛国看一下全球变暖的影响。马绍尔总统的助理部长马特兰·扎克哈拉斯（Mattlan Zackhras）表达了对特朗普类似的请求，"拯救马绍尔群岛环礁依赖于全球气温上升不要超过1.5℃，这个任务似乎更艰巨。对于一直依赖美国核赔偿的马绍尔群岛来说，该国人民的命运与美国更加密切"。[②]

3. 特朗普对太平洋岛国政策不确定的动因

第一，过分重视澳大利亚与新西兰在南太平洋地区的作用。太平洋岛国所拥有的地缘战略价值对特朗普具有很大的吸引力，然而，特朗普对太平洋岛国本身的战略利益并不感兴趣，忽视了它们自身的可持续发展问题。特朗普在《国家安全战略报告》中宣称，"自一战后，澳大利亚在很多国际冲突中，一直与美国共同作战，而且将继续强化与美国的经济和安全协议，目的是支持双方共同的价值观，维护在南太平洋地区的民主价值观。作为美国的一个主要合作伙伴，新西兰有助于南太平洋地区的和平与安全"。[③] 2018年

---

① "Donald Trump pulls out of Paris Accord: Pacific Islands accuse US of 'abandoning' them to climate change", FIRSTPOST, http://www.firstpost.com/world/donald-trump-pulls-out-of-paris-accord-pacific-islands-accuse-us-of-abandoning-them-to-climate-change-3509537.html.

② "Fiji invites Trump to visit climate-hit Pacific islands", Climate Home News, http://www.climatechangenews.com/2016/11/18/pacific-islands-climate-trump/.

③ "National Security Strategy of the United States of America", The White House, p. 46. https://www.whitehouse.gov/wp-content/uploads/2017/12/NSS-Final-12-18-2017-0905.pdf, December 2017.

2月，特朗普与澳大利亚总理马尔科姆·特恩布尔（Malcolm Turnbull）进行了会晤。双方计划鼓励最优的实践、刺激投资以及发展政策，以支持在美国、澳大利亚，特别是在印太地区的高质量基础设施建设。同时，特朗普强调了美澳同盟的力量以及双方在印太地区的利益和价值观。① 由此可见，特朗普在南太平洋地区的关注点是澳大利亚与新西兰，这延续了冷战后美国地区外交政策的一贯传统。在托马斯·迪雷尔·杨（Thomas Durell Young）看来，冷战期间，美国历任政府实际上一直忽略了南太平洋的大部分地区，采取的是一种"善意忽略"的态度，这代表着美国对该地区的外交和安全政策。二战使得美国把主要的海军力量留在了南太平洋，而在外交层面上，美国主要是通过与澳大利亚、新西兰之间的集体安全协定——澳新美同盟来维护在该地区的利益。澳新美同盟履行主要的政治和安全责任。就美国在南太平洋地区的安全目标而言，"善意忽略"的态度比较合适。美国没有保护太平洋岛国安全的需求，唯一的需求是维护从北美到东南亚、印度洋海上通道的安全。②

需要指出的是，冷战期间，苏联曾经试图渗透进南太平洋地区，一定程度上威胁到了美国在该地区的地位，但不足以对美国形成直接的挑战。冷战后，随着苏联的解体，美国在南太平洋地区少了一个强劲的对手。因此，冷战后相当长一段时间内，相比较其他地区，美国对太平洋岛国的重视仍然不够。随着南太平洋地区优越的地缘战略价值日益凸显，域外国家不断重视该地区。在米歇尔·奥基夫（Michale O'keefe）看来，中国的崛起以及俄罗斯在太平洋的新利益刺激了南太平洋地区的地缘政治竞争。许多"新朋友"试图增加在南太平洋地区的相对力量和影响力，这些"新朋友"包括印尼、印度、以色列、阿联酋、土耳其等。③ 自奥巴马提出"重返亚太"战略后，南太平洋地区在美国的全球谋篇布局中具有重要地位。然而，美国对南太平洋地区的重视主要是出于地缘政治考量，而并不是太平洋岛国本身。澳大

---

① "President Donald J. Trump's Meeting with Australian Minister Malcolm Turnbull Strengthens the United States-Australia Alliance and Close Economic Partnership", WhiteHouse, https://www.whitehouse.gov/briefings – statements/president – donald – j – trumps – meeting – australian – prime – minister – malcolm – turnbull – strengthens – united – s.

② Thomas Durell Young, "U. S. Policy and the South and Southwest Pacific", *Asian Survey*, Vol. 28, No. 7, 1988, p. 775.

③ Michale O'Keefe, "The Strategic Context of the New Pacific Dilpomacy", in Dreg Fry, Sandra Tarte, *The New Pacific Diplomacy*, ANU Press, 2015, p. 126.

利亚与新西兰是美国在南太平洋地区的两个战略支点。在维护南太平洋地区的稳定方面，澳大利亚是相对成功的，纵然很多条件对澳大利亚的目标也构成了挑战。澳大利亚及其与外交政策有关的物质资源是美国实现南太平洋地区领导者地位的重要保证，太平洋岛国乐于接受澳大利亚的物质资源。与此同时，澳大利亚与新西兰和大部分区域外国家以及国际组织的关系某种程度上强化了其领导者地位。从人口、GDP、军费等方面看，澳大利亚是该地区无可置疑的大国。澳政府有足够的政治意愿去实现维护地区安全的目标。[1] 澳大利亚在2016年《防务白皮书》中把与美国的双边关系置于最重要的位置。"未来二十年，美国是全球军事力量最强大的国家。基于长期的盟友关系，美国是澳大利亚最重要的战略伙伴，其积极存在将会继续稳固地区的稳定。美国的全球经济和军事力量对全球秩序的持续稳定，有着重要的作用，这同样有助于澳大利亚的繁荣与稳定。国际社会将继续把美国视为全球安全事务中的领导者。在维护印度洋—太平洋地区的稳定方面，澳大利亚将欢迎和支持美国的关键角色。没有美国的支持，澳大利亚在印度洋-太平洋地区的安全与稳定很难实现。美国将承诺提高与盟友的合作关系，而澳大利亚在《澳新美同盟条约》的框架下，支持美国的印度洋—太平洋地区战略"。[2]

第二，特朗普更多地将精力集中于国内政治，对太平洋岛国投入的精力将非常有限。特朗普上任后，首要的任务将是回应支持其选民的政治诉求。从根本上说，特朗普将是一个"内政总统"，主要时间与精力将花费在内政事务上。[3]《国家安全战略》也体现了特朗普的"内政总统"思维。"《国家安全战略》确立了'美国第一'的原则，该原则是政府的责任和美国领导世界的基础。同时，《国家安全战略》重点阐述了美国国家安全战略的四大支柱——保卫美国本土、促进美国繁荣、以实力维护和平、提升美国影响力。"[4] 这足以体现特朗普"内政总统"的思维和观念。2016年3月，特朗普在接受《华盛顿邮报》采访时表示，"我们现在外债为190万亿美元。我

---

[1] Derec McDougall, "Australia and regional order in the South Pacific and Beyond", IPSA/ECPR Joint Conference Paper, 2011, pp. 12–13.
[2] "2016 Defense White Paper", Australia Government Department of Defence, 2016, p. 42.
[3] 达巍:《特朗普政府的对华战略前瞻》，载《美国研究》2016年第6期，第10~11页。
[4] "National Security Strategy of the United States of America", The White House, p. 1. https://www.whitehouse.gov/wp-content/uploads/2017/12/NSS-Final-12-18-2017-0905.pdf, December 2017.

认为我们需要重建我们的国家,加强基础设施建设。美国应该将主要精力聚焦于国内事务中,降低对欧洲、中亚、东亚等地区的干预,并减少军费支出,投资于国内基础设施建设,解决民生问题"。① 特朗普的理念类似美国国内曾经出现的孤立主义思潮。理查德·哈斯(Richard N. Hass)在《外交政策始于国内:办好美国国内的事》中指出,"对美国安全和繁荣的最大威胁不是来自国外,而是来自国内本身。美国欲在海外保持自由的行动,必须重新夯实国内根基。同时,美国应该在国内集中精力恢复决定美国实力的经济基础"。②

特朗普与哈斯的理念一脉相承。早在总统竞选期间,特朗普就承诺要退出或重新谈判一些国际协定。欲退出的协定不仅包括与环太平洋地区盟友的TPP贸易协定,还包括有关气候变化的《巴黎协定》、与伊朗的旨在阻止制造核武器的多国协定、与加拿大和墨西哥之间的《北美自由贸易协定》。③ 2017年1月,特朗普签署行政命令,决定退出TPP。同年8月,美国正式表达退出《巴黎协定》的想法。从而,特朗普兑现了其总统竞选期间的承诺。这表明特朗普决意将精力集中于国内事务,逐步摆脱国际事务的负担。尼古拉斯·博罗斯(Nicholas Borroz)和亨特·马斯顿(Hunter Marston)也认同这一点。"如果特朗普要执行一个成功的战略,这个战略必须与'美国优先'的全球视野相一致,这样才可以给他带来权力。'美国优先'战略的核心包括国内安全和经济国家主义"。④

作为当今世界的超级大国,美国不应该只关注其国内事务,还应该充分考虑太平洋岛国的利益关切。约翰·伊肯伯里认为,"除了正常的地缘政治竞争以外,美国还必须维护自己地位的正当性。这意味着,美国要了解其他

---

① "A transcript of Donald Trump's meeting with The Washington Post editorial abroad", The Washington Post, https://www.washingtonpost.com/blogs/post-partisan/wp/2016/03/21/a-transcript-of-donald-trumps-meeting-with-the-washington-post-editorial-board/?utm_term=.7334aa85f0ce.
② 〔美〕理查德·哈斯著《外交政策始于国内:办好美国国内的事》,胡利平、王淮海译,上海人民出版社,2015。
③ "Donal Trump: Foreign Affairs", Miller Center, https://millercenter.org/president/trump/foreign-affairs.
④ Nicholas Borroz and Hunter Marson, "How Trump can Avoid War with China", Asia&The Pacific Policy Studies, Vol. 4, No. 3, 2017, p. 616.

国家如何看待自己的政策"。①

如今，特朗普应该充分吸取历史上的教训，站在太平洋岛国的立场上去考虑问题，尤其是要认识到太平洋岛国面临的气候变化问题是全人类所面临的共同课题。然而，特朗普退出《巴黎协定》的做法不但增加了域外其他国家治理太平洋岛国气候变化问题的负担，而且未能履行自身应该担负的责任，这不利于其长久地维护全球超级大国地位。正如伊肯伯里所言，权力源于责任，而责任要求能够超越狭隘的自我利益。美国想要比俾斯麦延续更长的时间，就要成为"俾斯麦+"（Bismarck+）。只要美国继续提供这种公共物品，嫉妒和怨恨就不会升级为担心与憎恨。头号大国要想不受到挑战，"利他才能利己"才是真正的座右铭。这个霸权国家要想在21世纪继续维护自己的霸权地位，必须在维护自己利益的同时，也能够维护其他国家的利益。② 在当前国内和国际应对气候变化的压力下，特朗普应该树立积极应对气候变化的形象。美国退出《巴黎协定》，对现有的国际应对气候变化机制不予承认，不仅引起了太平洋岛国的强烈不满，而且引起了国际社会的指责。

四 美国在南太平洋控制海上战略通道的手段

后冷战时代，海上战略通道作为地理政治的一部分，在大战略中扮演的角色越来越重要。未来，美国大战略中的一个核心要素是保持绝对优势的海权。首先，当今世界的经济全球化并不意味着贸易及其他类型的经济活动可以在虚拟空间进行。全球贸易的90%都是依靠海洋来完成，尤其是一些能源的运输，对海洋有着很强的依赖。在当前乃至未来很长的一段时间内，海洋仍扮演着重要的角色。其次，海洋不仅是当今世界范围内经济交往依赖的主要通道，而且是实施远程力量投送的主要手段，后冷战时代美国在世界范围内的一系列干涉行动都主要依靠海运。由于美国经济严重依赖海外的资源和市场，因此，在21世纪继续保持对海洋的绝对控制仍是美国大战略的核心要素。③

---

① 〔美〕约翰·伊肯伯里著《美国无敌：均势的未来》，韩昭颖译，北京大学出版社，2005，第150页。
② 〔美〕约翰·伊肯伯里著《美国无敌：均势的未来》，韩昭颖译，北京大学出版社，2005，第180页。
③ 梁甲瑞：《美国重返亚太及中国的战略应对》，载《世界地理研究》2017年第1期，第178页。

（一）控制具有重要价值的战略岛屿

美国已经占据了分布在太平洋、印度洋和大西洋中重要地理位置的众多岛屿，凭借这些战略岛屿优越的地理位置，美国控制着世界上重要的海上战略通道。在新的国际体系结构下，南太平洋地区的地缘战略价值逐渐显现出来，首先就是该地区拥有一定数量的战略岛屿。在美国的全球战略岛屿中，南太平洋有6个，分别是关岛、中途岛、夏威夷群岛、威克岛、塞班岛和马绍尔群岛。太平洋战略区是一个庞大的区域，密布着大大小小的海上通道要塞和战略岛屿。夏威夷群岛和关岛是美国在太平洋占据的重要军事要塞和主要军事基地。以关岛为例，关岛是地处西太平洋的中心，扼守亚太地区的咽喉，是美国各类舰船编队，尤其是航母舰艇到西太平洋执勤路线里中部航线的必经之地。关岛还地处美国—印度洋航线和日澳航线的交叉点，驻关岛美军可飞往西太平洋的任何地点执行任务。

（二）建立南太平洋地区军事基地群

自二战以来，美国在世界各地建立了星罗棋布的军事基地网。美国利用这些基地主要控制着世界上重要的海上通道、相关海域以及战略岛屿，实现对世界上一些关键地区的控制，有力地支撑着美国的国家大战略和地区战略。这些基地有两个特点：一是大多靠近海上重要的交通线，二是靠近战略通道。马汉指出："一般来说，态势的价值取决于其接近海上航道的程度，取决于接近那些贸易航线的程度，当这些贸易航线被画在海域上时便成为海图上假想的相似之线，但这些线确实存在而且极为有用。假如这处位置同时位于两条航道上，那就是说，它接近于它们的交叉点，其价值就会更大。一处交叉路口基本上就是一处中央位置，它便于向各个方向进行活动，而且有多少条通路便有多少个方向"。[①] 海上航线对于海军强国如同咽喉之于人。亚太地区有很多有价值的海上航线，无论从经济角度还是从军事角度，对亚太地区海上航线沿岸各国的经济发展都具有重要作用。美国为了牢牢控制住这些海上航线，其军事部署大都靠近海上交通线附近，这些海上通道既是周边国家的海上生命线，也是美国在亚太的重要航线，几大基地群完全掌控了

---

① 〔美〕阿尔弗雷德·赛耶·马汉著《海军战略》，蔡鸿幹、田常吉译，商务印书馆，2016，第135页。

海上航线的命脉。① 如今，海上交通线具有双重意义：各国都依赖自由的海上贸易，并需要对此类贸易进行保护；如有必要，各国也通过公海发起并执行危机控制行动。这两方面都说明了海上力量是很重要的，只有具有此种力量，才能够保护贸易，预防各种冲突的发生。②

（三）建立海上反恐体系

经历了"9·11"事件之后，美国对控制海上战略通道的战略思想发生了引人注目的变化，就是将对海上战略通道的控制与反恐体制的建立紧密结合在一起，并通过这种结合，更为有效地控制海上战略通道。从2002~2004年，美国先后提出三个反恐和防扩散倡议，即"集装箱安全倡议"（CSI）、"防扩散安全倡议"（PSI）和"地区海上安全倡议"（RMSI）。CSI是美国海关总署在2001年9月11日恐怖袭击发生后，于2002年1月提出的。根据RMSI，美国与盟国可以在海上拦截和检查可疑船只。通过"地区海上安全倡议"，美国开始在马六甲海峡进行巡逻，以防止这条世界上最繁忙的水道发生恐怖袭击。③ 集装箱货物安全对于经济发展和稳定十分重要，特别是在南太平洋地区。太平洋岛国中有许多重要的港口，这些港口对于美国在南太平洋地区海上战略通道的安全有着重要的影响。2004年4月13日，驻美使馆海关组举办第二届各国驻美海关代表会议，澳大利亚、新西兰等国的海关代表参加了会议。④ 由于澳大利亚和新西兰是南太平洋地区的两个大国，两国的集装箱安全代表了整个南太平洋地区的港口集装箱安全，因此美国的注意力已经开始转移到南太平洋地区的港口安全，以维护该地区海上战略通道的安全。

（四）充分发挥海岸警卫队的功能

在列强斗智斗勇的年代，海岸警卫队在世界舞台上扮演了崭新的角色。与其他国家民事海洋队伍不同，美国海岸警卫队拥有超过39000名现役军官和士兵。美国海岸警卫队不是海军，但其现役人员数使其能与英国、日本、印

---

① 梁芳：《海上战略通道论》，时事出版社，2011，第93~94页。
② 〔德〕乔尔根·舒尔茨、〔德〕维尔弗雷德·A．赫尔曼、〔德〕汉斯－弗兰克著《亚洲海洋战略》，鞠海龙、吴艳译，人民出版社，2014，第29页。
③ 梁芳：《海上战略通道论》，时事出版社，2011，第96~97页。
④ 中华人民共和国海关总署：《中国海关与美国海关交往与合作》，2005，http://www.customs.gov.cn/publish/portal0/tab3529/info5166.htm。

尼、越南和意大利的海军联合。除了现役军队，它还有超过 50000 名的文官职员、预备役和附属人员，拓宽了其技术能力，并使其处理危机的能力大幅上升。美国海岸警卫队是美国在国内和国际上最主要的联邦海事防卫机构。它的执法范围包括美国所有的海上边界内的所有法律以及全球的国际法和国际公海条约。它也是美国最主要的联邦海事安全机构，负责规范船舶建造、船员配备以及航行标准。此外，海岸警卫队建立并维护航行水道系统。①

自"9·11"事件之后，海岸警卫队重新调整了任务，保护海上通道的安全成为其首要任务。尽管那些来自沿海地区的美国国会议员要求海岸警卫队也应该注重其传统的保护船只安全和救援的责任。2003 年 3 月，就在美国发动对伊战争的时候，布什政府将海岸警卫队从运输部划到了新成立的国土安全部，更加明确了海岸警卫队的职责范围。② 为了保障太平洋岛国的安全以及为南太平洋地区的海上战略通道的安全提供保障，美国海岸警卫队与美国太平洋司令部在 2012 年共同对"自由联系邦"进行海域行动培训，提高其海域行动的意识和能力。在 2012 年 8 月希拉里同太平洋岛国论坛的对话会上，提出了与岛国的三项合作，其中一项是拓展海岸警卫队与岛国的安全伙伴关系，清理未爆炸炸弹，以维护南太平洋地区的安全。③ 同时，海岸警卫队在发展美国同太平洋岛国的关系中扮演着越来越重要的角色。2011 年 9 月，美国副国务卿托马斯·奈兹（Thomas Nides）率团出席在新西兰举行的太平洋岛国论坛首脑峰会，访问团成员包括了白宫、国务院、国防部、财政部、国际开发署、海岸警卫队等美国政府有资历的官员，成为美国出访层级中最大规模者。④ 2015 年，美国在《21 世纪海上力量合作战略》（A Cooperative Strategy for 21st Century Seapower）中指出，"作为一个海洋国家，两个多世纪以来，美国一直靠海军、海岸警卫队和海警在全球范围内保护其公民，维护美国的国家利益。美国在全球的海军服务是通过海军、海警以及

---

① 〔美〕加布里埃尔·B. 柯林斯著《中国对全球海洋公域的依赖》，载〔美〕安德鲁·S. 埃里克森、莱尔·J. 戈尔茨坦著《中国、美国与 21 世纪海权》，徐胜、范晓婷、王琦等译，海洋出版社，2011，第 134 页。
② 中国现代国际关系研究院海上通道安全课题组：《海上通道安全与国际合作》，时事出版社，2005，第 288~294 页。
③ "U. S. Engagement in the Pacific", U. S. Department of State, http：//www.state.gov/r/pa/prs/ps/2012/08/197249.htm.
④ 宋秀琚、叶圣萱：《浅析"亚太再平衡"战略下美国与南太岛国关系的新发展》，载《太平洋学报》2016 年第 1 期，第 52 页。

海岸警卫队一起配合的。无论在平时还是在战时，海军、海警和海岸警卫队的责任都包括为盟友提供人道主义援助、防灾减灾以及威慑或打击敌人。它们是美国的第一道防线，经常远离美国的海岸。就其本身而论，维护美国的全球领导地位要求海洋服务有时要回归到美国的海洋战略"。海岸警卫队将轮流配置国家安全快艇（National Security Cutters），并与海军和海警一起配置专业力量，以保护美国领海和专属经济区。除此之外，海岸警卫队将与地区合作伙伴和海军一起使用联合巡逻船，并进行跨国训练，目的是建立熟练的海洋治理力量、加强海洋安全方面的合作和减少非法捕鱼活动。通过"大洋洲海上安全倡议"（Oceania Maritime Security Initiative，OMSI）以及参与"北太平洋地区海岸警备执法机构论坛"（North Pacific Coast Guard Agencies Forum），海岸警卫队的跨国训练将得到进一步的强化。[①]

（五）设立"大洋洲海洋安全倡议"

目前，政府机构、非政府组织、全球联盟、个人企业、国际智库、多边规范和区域财团一起合作，既包括大国，又包括小岛国，在一些层面上共同致力于维护海洋安全、打击非法捕鱼活动、保护海洋环境。据报道，非法捕鱼活动占了全球捕鱼量的20%，价值约为230亿美元。联合国指出捕鱼船与毒品、武器的走私和贩卖人口有牵连，这对美国国家安全是一种威胁。在众多合作计划和公司合作关系伙伴中，美国国防部的"大洋洲海上安全倡议"致力于打击非法捕鱼活动。OMSI成立于2012年，是一个国防部计划，该计划利用国防部的有利条件在大洋洲的广大海域强化海洋意识和支持海洋法实施活动。OMSI成立五年来，为美国政府间组织和国际伙伴合作设定了海洋治理和海洋安全保护的标准，有效保护了太平洋岛国的领海。美国海军、警卫队和美国国家海洋和大气管理局一起合作，在美国的专属经济区和大洋洲的公海执行渔业法律、加强区域安全。OMSI的任务或使命遍布1220万平方千米的海洋区域，该区域与海岸警卫队的"第十四个区域"一致。"第十四个区域"的范围从夏威夷一直到关岛，然后向南一直延伸到萨摩亚。海岸警卫队负责在与美国有关联岛屿的海域巡逻，每一个岛屿都有国际法承认的从海岸延伸的12海里的领海以及200海里的专属经济区。自2012

[①] "A Cooperative Strategy for 21st Century Seapower", U. S. Department of Navy, U. S. Coast Guard, 2015, pp. 1 – 13.

年之后，尼米兹级航空母舰及航母战斗群成为第一个参加 OMSI 的美国海军舰艇。同时，美国还与南太平洋地区的"中西太平洋渔业委员会"（Western and Central Pacific Fisheries Commission）密切合作。中西太平洋渔业委员会是一个总部位于密克罗尼西亚联邦的国际组织，致力于保护和管理太平洋的渔业资源。2008 年，为了进一步组织公海的渔业巡逻制度，美国与中西太平洋渔业委员会的成员国签订了五个双边"乘船者协议"。①

小　结

马汉根据他所处在的时代背景，审时度势，以一名战略家的眼光提出了"海权论"的思想，这对于美国推行全球海洋战略产生了重要的影响。一直以来，虽然时代在发生变化，美国在南太平洋的海洋战略始终是以马汉的"海权论"为基础，加强对该地区的海洋控制和海军力量，这符合美国在全球的大战略。太平洋岛国处于重要的海上战略通道，因此具有至关重要的地缘战略价值。它们在美国的全球谋篇布局中，扮演着日益关键的角色。美国对太平洋岛国的态度发生了根本性的变化，由二战后的"善意的忽略"转变为高度重视。

---

① Daisy R. Khalifa, "DoD's Oceania Maritime Security Initiative offers template for global effort to combat illegal fishing", *Seapower*, 2016, pp. 52 – 53.

第五章　日本建设海洋强国及政治大国

日本是一个四面环海的岛国，独特的地理位置和外向型经济决定了其时刻关注能源运输通道的安全，并非常重视海军的发展，尤其是重视对相关岛屿、水道和海峡的争夺。日本从明治维新时期就开始征服海洋，所以控制能源战略通道是其历史传统的延续。近年来，日本不断从南美扩大石油进口，南太平洋能源运输通道对其能源安全有着重要的影响。[1] 除此之外，作为一个太平洋国家，日本与太平洋岛国具有共同的海洋国家身份，这是双方互动的一个内在动力。近年来，日本对太平洋岛国的战略发生了新的动向，主要表现在加大援助力度、强化与太平洋岛国论坛的关系、加强区域渔业外交和加强与澳大利亚的防务合作关系上。无论从历史上，还是从地理上，太平洋岛国对于日本在南太地区的战略所持的认同态度，可以从历次日本与太平洋岛国峰会的内容以及岛国领导人在各种不同国际场合对于日本支持的讲话内容中进行验证。日本在南太地区的战略调整是顺应国际政治和地区政治变化的结果，这种调整并没有结束，是一个动态的过程。大国的博弈在南太地区也并非一成不变，也是一个动态的过程，日本战略的调整必然会对中国在南太地区的战略产生影响，中日两国之间的

---

[1] 目前学术界关于日本能源战略通道的研究主要有李兵：《日本海上战略通道思想与政策探析》，载《日本学刊》2006年第1期；李秀石：《试析日本在太平洋和印度洋的战略扩张——从"反海盗"到"保卫"两洋海上通道》，载《国际观察》2014年第2期；李政：《日本保障海上生命线安全的研究》，载《生产力研究》2010年第5期；陈淑芬：《日本海上能源通道安全法律保障机制》，载《北方法学》2010年第5期；杨明杰：《海上通道安全与国际合作》，时事出版社，2005。

博弈不仅会消耗自身的实力，而且会使第三方得利，这个第三方可以是岛国，也可以是区域外的大国。

一 日本对太平洋岛国外交战略的动因

长久以来，南太平洋地区在国际政治中一直处于边缘地位，太平洋岛国在国际舞台上也被定位为小国的角色，但是近年来随着能源政治和地区政治的变化，南太平洋地区已被越来越多的国家所关注。日本的战略调整跟能源政治和地区政治的变化是密切相关的。日本对南太平洋地区的参与由来已久，可以追溯到20世纪。日本早在19世纪末就把南太地区视为潜在殖民扩张的地方。被称为"南进政策"的军事理论首先关注的是"内线"，从冲绳到中国台湾、中国香港、印度支那以及南部地区。一战后，日本把重点转移到了"外线"，从小笠原群岛到马里亚纳群岛和加罗林群岛，然后再到新几内亚和澳大利亚。① 1914年一战爆发后，德国被迫放弃密克罗尼西亚，日本乘虚而入，将触角延伸到南太平洋地区。② 当时日本海军在特鲁克群岛（Truk Islands）建立了一个军事总部和六个管理区，分别是塞班岛（Saipan）、雅浦岛（Yap）、帕劳（Palau）、波纳佩岛（Pohnpei）、贾卢伊特岛（Jaluit）和丘克岛（Chuuk）。1921年，在国联的授权下，德国在赤道北部的领地被置于日本的统治下，这种情况一直持续到二战结束后。③ 日本成为第三个曾经控制密克罗尼西亚的国家，之前两个国家分别是西班牙和德国，这对岛国产生了重要的影响。④ 太平洋战争后，日本失去了对太平洋地区的控制，美国则加强了对这一地区的战略控制。二战之前，日本在密克罗尼西亚有广泛的商业利益，但是大部分被核试验和战争毁掉了。有了日本偷袭珍珠港的前车之鉴，托管开始后，美国在该地区政策的一个目的就

---

① Yano, Toru, *Nihon no Nanshinronkan* (*Japan's Nanshiron Perspective*), Chuo Koronsha, 1979, pp. 80 – 82.

② David Nevin, *American Touch in Micronesia*, New York: W. W. Norton & Company·Inc., 1977, p. 63.

③ Ronni Alexander, "Japan and the Pacific Island Countries", p. 124.

④ 在麦哲伦发现马里亚纳群岛之后，西班牙成为第一个南太平洋地区的殖民国家，持续了几个世纪。当美国通过美西战争占领关岛后，德国则控制了其余部分，西班牙则离开了南太地区。更多内容参见 David Nevin, *American Touch in Micronesia*, New York: W. W. Norton & Company·Inc., 1977。

是阻止日本的参与。与此同时，日本在太平洋地区的远洋捕捞也被麦克阿瑟航线（MacArthur Line）严重地破坏了，这条麦克阿瑟航线一直持续到1952年《旧金山对日和平条约》的签订。[1] 事实上，日本直到20世纪60年代末70年代初再一次开始公开其在太平洋岛国的官方利益。虽然日本作为战败国，失去了对南太平洋地区的控制，但是日本与太平洋岛国的交往仍然十分密切。1985年，日本首相中曾根宏对巴布亚新几内亚和斐济进行了官方访问。1987年日本外相仓成访问了斐济、巴布亚新几内亚和瓦努阿图。随之发展而来的"仓成主义"成为日本与太平洋岛国关系发展的基本准则。长久以来，日本是南太平洋地区主要的远海捕鱼国、主要援助国和贸易伙伴。[2]

（一）南太平洋能源运输通道对日本的重要价值

在经历了20世纪70年代的两次石油危机之后，日本通过开发核能、建立石油战略储备等手段，加强了能源安全保障，可以保证能源的稳定供给。然而，自20世纪90年代以来，世界能源需求迅速增长，未来对石油的需求继续增长，而日本的石油需要依赖进口，能源的自给率不过20%，除去燃料需要进口的核能之外，自给率只有6%。如何确保能源的稳定供给、分散供给源仍是日本能源安全面临的一大课题。基于此，日本的能源安全战略以国内外客观环境为依据，以生存与可持续发展为战略出发点和归宿点，以防止供应中断、避免能源危机、降低风险为手段，确保能源的稳定供应。[3] 日本能源匮乏，高度依赖能源战略通道，因此日本时刻关注着海上航线的安全，注意着海上通道的畅通。一直以来，日本的能源战略通道主要有三条：一是从波斯湾出发，经马六甲海峡或巽他海峡、龙目海峡，途经南海、东海，最后抵达日本；二是日本与美国、澳大利亚之间的东南航线；三是东北航线。在所有能源战略通道中，第一条航线占日本海上运输量的80%，因此被成为海上运输的"生命线"。但是如果这条能源通道

---

[1] 麦克阿瑟航线（MacArthur Line）于1945年9月27日确立。这条航线向后退了四次，但是仍然构成了日本六分之一的200海里经济区。
[2] Sandra Tarte, "Diplomatic Stratgies: The Pacific Islands and Japan", *Pacific Economy*, Vol. 2, No. 269, 1997, p. 2.
[3] 中国现代国际关系研究院经济安全研究中心：《全球能源大棋局》，时事出版社，2005，第228~230页。

被封锁，日本的经济将陷入恐慌，国家安全将受到很大的威胁。二战时，美国曾封锁了日本的能源战略通道，特别是封锁了对日本输送物资起重要作用的通道－下关海峡，切断了日本的能源输送路线，使日本的经济遭到了很大的打击。

目前，国际能源呈现"西倾东移"的新特点。西亚、北非地区局势持续动荡，美国、加拿大非常规能源开发取得突破，西方国家对中东等传统能源产地投入的减少迫使中国投入更多精力维护海上能源战略通道的安全。当前亚太地区的新兴国家，正处于经济快速发展时期，需要大量的能源，加之欧洲国家受到经济危机的影响能源需求锐减，国际能源消费中心转移到了亚太地区。2012年，全球消费石油41.3亿吨，其中亚太地区消费13.89亿吨，占了33.6%。全球能源消费中心的转移也会影响新的地缘政治的变化。中国、日本、印度等亚太国家将会消耗中东、南美石油的"富余"。[①] 2016年12月，日本外务省举办了题为"全球能源结构及对亚洲的影响"的工作坊，此次工作坊指出，"全球能源形势正迅速地发生变化，新兴国家，特别是亚洲国家对能源的需求日益增加。今年，包括G7、G20以及国际能源署在内的国际组织都讨论了全球能源结构和治理的议题"。日本举办的工作坊是"国际能源宪章大会"（Energy Charter Conference）的延伸，目的是强化日本的能源安全，加强国际组织的合作。在新的全球能源版图中，南美洲应该成为日本能源安全的延伸点。南美洲是世界重要的石油生产和出口地区之一，委内瑞拉、巴西、厄瓜多尔是该地区石油储量最多的国家。委内瑞拉原油探明储量，居世界第七位。巴西原油探明储量仅次于委内瑞拉。厄瓜多尔境内石油丰富，是中南美洲第三大产油国。根据国际能源署2016年的《世界关键能源数据统计》，中东仍然是世界第一大产油区，中南美洲约占世界总产油量的9.4%。[②] 目前，由于页岩油产量增加，美国对南美原油的需求正在减少，因此南美产原油出口正转向亚洲。由于南美的原油价格低于中东等出产的原油价格，中国、日本和印度的公司开始积极采购。据日本大型商社统计，中国石油集团海外业务部门、中国联合石油将从哥伦比亚和巴西采购相当于2艘大型油轮承载量的原油。在过去两年里，中国将品质接近伊朗

---

① 梁甲瑞：《海上战略通道视角下中国南太地区的海洋战略》，载《世界经济与政治论坛》2016年第3期，第50页。
② International Energy Agency. Energy Efficiency Indicators，May 2015，http：//www.iea.org/publications/freepublications/publication/EnergyEfficiencyIndicatorsHighlights_ 2016.pdf.

原油的委内瑞拉原油进口量扩大了一倍。2013年,日本从南美进口的原油量1~9月达到153万千升(合960万桶),比上一年同期增长2成。虽然南美在日本原油进口量中的比重仅为1%左右,但是原油供应严重依赖中东的日本正在推动采购来源多样化,因此多数观点认为南美产原油的进口量今后仍将增加。日本的富士石油、昭和壳石油正在定期采购厄瓜多尔石油。

在石油进口国的能源安全中,石油扮演着重要的角色,石油进口安全的考量决定着能源政策的制定。事实上,对许多决策者来说,石油安全等同于能源安全,大部分关于能源安全的文献主要集中在石油安全方面。在世界贸易中,石油是最主要的贸易产品。对所有能源进口国来说,能源安全就是保证能源可持续供应。能源进口来源的多样化可保证降低特定地缘区域受干扰的风险。[①] 自2004年之后,随着全球油价的大幅上涨,日本在持续依赖中东石油的同时开始寻求石油进口来源的多元化。然而,日本一个最重要的地缘阻碍是其位于世界的高需求地区。因此,根据中国、印度、韩国以及东南亚国家持续增长的能源需求,日本面临着石油进口的激烈竞争。虽然日本的精炼厂目前不能处理委内瑞拉的重质原油,但是其海床结构有利于其从南美进口石油,而目前东亚地区陆上石油运输的发展仍然不是很完善,从俄罗斯西伯利亚地区进口石油的成本太高。为了保障南美石油这一稳定来源,日本加强了同南美国家的外交关系。2014年4月和8月,日本首相安倍对该地区进行了官方访问,确立了与该地区国家交往的三个指导原则:加强经贸往来、在国际场合相互支持以及加强人文交流。

作为一个能源极其贫乏、高度依赖海洋运输的岛国,日本的战略资源严重依赖海上运输通道。一旦海上运输线被切断,国民经济将崩溃,国家安全将面临严重威胁。历史上,日本在太平洋战争中曾被美国切断了南太平洋的海上运输线,以至于全面陷入被动,加速了日本的战败。出于历史和现实的战略考量,日本将越来越依赖南太平洋海上战略通道。二战后,日本与美国签订了《日美安保条约》,在美国的保护之下专注发展经济,防务问题依赖美国的保护。美国主要在三个方面保障日本的海上安全:一是确保石油来源和海上输油通道的安全;二是保证持续性的矿石供应;三是对抗来自大陆的威胁,确保日本区域安全。直到20世纪六七十年代,日本的海上通道安全

---

① Vlado Vivoda, James Manicom, "Oil Import Diversification in Northeast Asia: A Comparison Between China and Japan", *Journal of Ease Asian Studies*, 2011, Vol. 11, p. 23.

完全依赖美国。此后，日本基于自身实力以及国际环境，制定了维护海上通道安全的计划，其中涉及南太平洋，具体为在北纬20度以南的地区，日本期待美国海上力量的保护。北纬20度以南的澳大利亚和北美海上通道安全也由美国负责。同时，日本的海上区域防卫主要集中在以本土为顶点的三角形。三角形的左边是从巴士海峡经日本西南诸岛直到四国的航线，右边是马里亚纳群岛往北途经硫磺岛、小笠原群岛、伊豆群岛至大岛海面的航线。西南航道防卫跨度为840海里，东南航线为1000海里。

（二）对海洋资源的需要

日本国土面积狭小，是一个高度依赖海洋的国家，日本人的日常生活极大地依赖海洋及海洋资源，比如国民食物蛋白质的40%来自海洋。在日本，渔业被分为三部分：近海、沿海和远海。远海捕鱼主要是在公海和其他国家的200海里专属经济区，使用超过100毛吨的捕鱼船捕鱼。日本大约一半的金枪鱼来自太平洋岛国的200海里专属经济区。太平洋岛国总共拥有2000多万平方公里的专属经济区，其中巴布亚新几内亚、萨摩亚、帕劳、图瓦卢和基里巴斯等国家有着良好的金枪鱼渔场，金枪鱼产量占世界总产量的一半以上，世界大约有55%的金枪鱼罐头来自这一地区。

（三）服务日本对外战略

冷战后，日本对外战略的目标可以概括为两个：一是确保安全与繁荣，二是走向"正常国家"。[1] 日本外相町村信孝在日本《2005年日本外交蓝皮书》序言中写道："外交的目的在于确保国家利益，即日本及日本国民的安全与繁荣。"[2] 冷战结束及全球化的发展为日本实现上述目标提供了机遇，发展同太平洋岛国的关系可以扩大日本的战略纵深，确保日本本土及国民的安全。走向"正常国家"是冷战后日本对外战略目标的重大变化，所谓"正常国家"就是指在国际社会中拥有正常的权利和责任。小泽一郎将"正常国家"定义为：其一，对被国际社会视为理所当然的事情，就把它作为理所当然的事情尽自己的责任去实行，特别是在安全保障方面；其二，对为实现富裕稳定的国民生活而努力的各国及对地球环境保护等人类共同课题，

---

[1] 康绍邦、宫力等：《国际战略新论》，解放军出版社，2006，第233页。
[2] 日本外务省：《2005年外交蓝皮书》，太阳美术出版社，2005，序言。

尽自己所能进行的合作。① 太平洋岛国中有 12 个国家具有联合国投票权，所以发展同太平洋岛国的关系可以强化日本在国际舞台上的地位，尤其是近年来日本一直争取"入常"的政治的目标。

（四）服务日本国内政治

海伦·米尔纳（Helen V. Milner）认为，国内偏好结构是理解国际合作的关键。国内行为体的偏好是根本性的，而国内行为体的政策偏好是从其基本利益中推导出来的。她还提出了一个揭示国内因素和国际因素如何互动以影响国家间合作形式的模型，该模型关注国内偏好结构的差异，包括分治政府的程度以及国内信息的分布情况，展示了这些变量如何影响国内的批准博弈以及如何影响国际合作的可能性与内容。② 按照海伦·米尔纳"双层博弈"的思想，日本在南太平洋战略的调整是国内政治的延续。冷战之后，日本右倾化思想泛滥，在日本政坛、舆论、社会思想意识中，右派势力普遍得势。民主党执政后，严重的右倾化政策成为日本社会近两年来右倾化的集中反映。安倍晋三率领的自民党再次夺取政权，日本社会政治右倾色彩进一步增强。日本二元社会与政治结构是推动日本政治右倾化的原因。日本右倾化的一个主要表现是成为政治和军事大国。发展同太平洋岛国的关系不仅可以延续同岛国的悠久历史，还可以借助岛国的力量，帮助日本在国际舞台上增加自己的话语权。2014 年 1 月，据日本媒体报道，安倍晋三首次以首相身份参拜靖国神社后，决定在未来两年内"巡访"埋有二战日军遗骨的太平洋岛国。③ 安倍此举是日本国内政治右倾化的典型体现。一来可以显示日本在历史问题上对外强硬，二来可以借助援助骗取太平洋岛国的支持。2015 年 5 月，安倍表示将在今后三年内向峰会成员国提供 550 亿日元的对外援助。与此同时，安倍欲以太平洋公民社会的身份强化日本与岛国的身份认同。④

---

① 〔日〕小泽一郎著《日本改造计划》，陈世昌译，联经出版事业公司，1994，第 104～195 页。
② 〔美〕海伦·米尔纳著《利益、制度与信息：国内政治与国际关系》，曲博译，上海人民出版社，2010，第 65 页。
③ 中国新闻网：《安倍访太平洋岛国欲对外示强》，2014 年 1 月，http://www.chinanews.com/mil/2014/01-09/5714580.shtml。
④ 日本外务省：《第七届太平洋岛国峰会》，2015 年 5 月 23 日，http://www.mofa.go.jp/a_o/ocn/page4e_000260.html。

二 日本对太平洋岛国的外交手段

作为一个与太平洋岛国有传统联系的国家，日本近年来对岛国的战略发生了新的动向。

第一，加大对外援助的力度。太平洋岛国不仅是日本共同分享太平洋的邻居，而且双方有着悠久的历史渊源。太平洋岛国有着庞大的专属经济区，南太地区不但成为日本海上交通的基础，而且提供了大量重要的深海渔业资源，因此太平洋岛国的和平与稳定对日本非常重要。与此同时，很多太平洋岛国都是新独立的国家，急需实现经济的独立。考虑到这些因素，结合每个国家不同的实际情况，日本将以"好伙伴"的名义提供援助。[①] 跟之前的援助相比，日本的援助身份发生了变化，"好伙伴"的身份更体现了太平洋岛国在日本外交战略中的重要位置。从 2009 年开始，日本对太平洋岛国的援助额明显地增加（见图 5-1），这反映了日本为应对南太地区国际战略环境和地区格局的变化而做出的改变，同时也说明了日本希望发展与太平洋岛国的关系，"在地区秩序和规范的建构中发挥主导性作用"。[②]

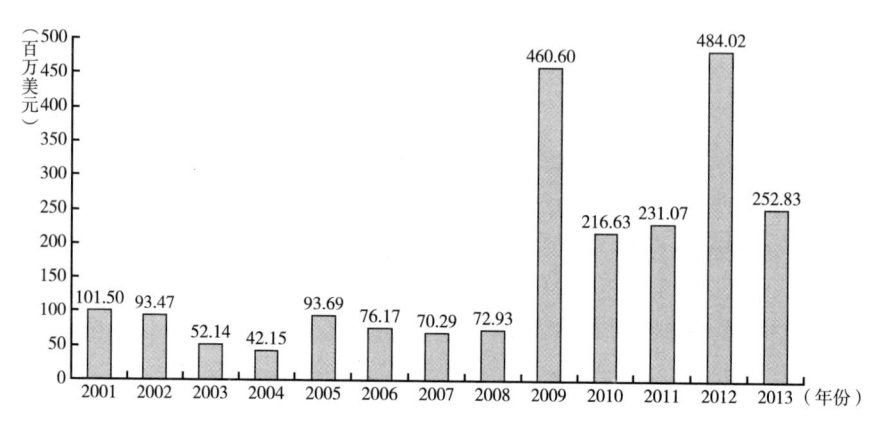

图 5-1 2001~2013 年日本对太平洋岛国的 ODA 年援助额

资料来源：笔者根据日本外务省网站相关数据整理。

[①] 日本外务省：《外交蓝皮书 2014 年》（『外交青書 2014 年』），http：//www.mofa.go.jp/fp/pp/page22e_000566.html。

[②] 日本外务省：《外交蓝皮书 2012 年》（『外交青書 2012 年』），http：//www.mofa.go.jp/policy/other/bluebook/2012/index.html。

第二，强化与太平洋岛国论坛的关系。南太平洋地区的合作主要是通过太平洋岛国论坛来推动和辐射。作为地区合作的主导力量，太平洋岛国论坛自成立以来，就致力于区域自由贸易区的建设。早在论坛建立之初就设立了贸易局以协调区域内各国的活动。随后该论坛建立了南太平洋经济合作局以主导区域内各国经济事务活动。

为加强日本与太平洋岛国的关系，日本从1997年开始，每三年举办一次由日本主导的太平洋岛国论坛与日本领导人会议（PALM）。从前七届日本与太平洋岛国首脑峰会的内容来看，日本的一个趋势是拉近太平洋岛国论坛与太平洋岛国首脑峰会的关系，甚至在第七届峰会上，峰会领导人宣称太平洋岛国论坛主席也是太平洋岛国首脑峰会的主席，这无疑意味着双方已经默认了太平洋岛国论坛与太平洋首脑峰会的密切关系。尤其在本届峰会上，为了拉近日本与太平洋岛国的关系，日本将在未来三年内向岛国提供至少4.5亿美元的援助，这些援助主要集中在减灾、气候变化、环境人文交流、可持续发展、渔业与海洋问题、贸易投资和旅游业等领域。[①]

经历了20余年的发展，PALM议程从最初的人文交流、发展援助扩展到海洋治理、可持续发展、经济增长、基础设施、安全等各个领域，海洋问题逐渐成为日本和南太平洋岛国共同关心的问题。通过与地区组织和多边发展银行的合作，PALM在促进地区事务发展上起到了积极作用，成功融入南太地区合作网络。

PALM的发展阶段

作为日本与太平洋岛国的合作机制，PALM日趋成熟，经历了两个发展阶段：机制初步形成阶段、机制深化阶段。

第一，机制初步形成阶段。严格来讲，第一届PALM实际上是一个首脑会晤倡议，而不是机制。PALM为日本首相会晤太平洋岛国领导人，提供了机会。这加深了日本与太平洋岛国的合作关系，为双方合作机制的形成奠定了良好的基础。

第二，机制深化阶段。随着第一届PALM的成功举行以及太平洋岛国领导人对PALM认同感的日益增强，PALM的议题逐渐广泛、多元，PALM所做的各项承诺监督机制逐渐完善，因此，PALM合作机制向深度发展。

---

① 日本外务省：《第七届太平洋岛国领导人峰会》，2015年5月，http://www.mofa.go.jp/a_o/ocn/page23e_000367.html。

迄今为止，PALM 已经举行了八次会议。2018 年 5 月 18~19 日，第八届 PALM 会议在日本福岛磐城举行。会议包括五个议题，分别是：太平洋岛国峰会进程及对持久伙伴关系的构想、基于法律规则的海洋秩序及海洋资源的可持续性、加强弹性及可持续发展的基础、连接太平洋公民和国际舞台上的合作。日本首相安倍晋三、太平洋岛国论坛现任主席萨摩亚总理图伊拉埃帕·萨伊莱莱·马利埃莱额奥伊（Tuilaepa Sailele Malielegaoi）担任会议共同主席。会议成员除了澳大利亚、新西兰和 14 个南太平洋独立岛国外，还包括首次参会的法属波利尼西亚和法属新喀里多尼亚。

通过梳理历年发展情况，PAML 机制呈现以下特征和趋势。

议题向多元化发展。在第一届 PALM 会议上，环境保护、人文交流、发展援助是主要议题。然而，随着国际社会对于可持续发展的重视和海洋环境的凸显，海洋问题和区域可持续发展成为 PALM 的重要议题，基础设施、安全和社会治理等广泛问题也在会上得到讨论。

始终关注联合国改革。桥本龙太郎在第一届 PALM 上发表的主旨演讲就强调了国际问题的重要性。"由于国际社会日益变得相互依存，日本与太平洋岛国的关系迅速超过了双边合作的传统界限。日本希望太平洋岛国论坛成员国在国际舞台上支持日本，尤其是涉及联合国的议题。"[1]

"入常"是日本成为政治大国的必要条件，而联合国改革是日本"入常"的前提条件。日本希望在国际舞台上获得太平洋岛国关于此议题的强有力支持。

海洋问题日益受到重视。第七届会议强调联合治理对于可持续发展、治理和保护海洋资源与海洋环境的关键作用，呼吁进一步加强双边和多边合作，涉及领域包括海洋环境、海洋安全、海洋监测、海洋科学研究、海洋资源保护、可持续渔业治理等。第八届会议还讨论了海上安保、联合执法等具有一定政治敏感性的问题。安倍晋三在第八届会议上发表了关于"蓝色太平洋"的演讲，指出了太平洋所面临的严峻问题，包括非法捕鱼、海洋酸化、海平面上升、海洋生态系统恶化等，呼吁开展共同行动。

人文交流力度持续增强。人文交流是历届 PALM 的必要议题。日本希望

---

[1] "Keynote Speech by Prime Minister Ryutaro Hashimoto at the Japan-South Pacific Forum Summit Meeting on October 13, 1997", Ministry of Foreign Affairs, https：//www.mofa.go.jp/region/asia-paci/spf/summit97/speech.html.

通过人文交流，尤其是通过双方年轻人之间的交流，强化了太平洋岛国对日本的认同感。日本在第七届和第八届 PALM 分别宣布了为数 4000 人和 5000 人的交流计划。

重视与第三方的合作。PALM 积极倡导与企业、多边发展银行和国际组织的合作，通过伙伴关系实现可持续发展。2012 年，日本与太平洋岛国成立了"太平洋环境共同体"（Pacific Environment Community，PEC）作为 PALM 与南太平洋地区区域组织和私营部门等合作的平台。野田佳彦首相在第六届 PALM 上指出"日本将与太平洋岛国论坛、其他发展伙伴以及国际组织一道追求繁荣、稳定的太平洋"。[1]

表 5-1 历届 PALM 会议成果

会议时间地点	成果	优先领域
PALM 1 1997.10，东京	制定《日本－南太平洋国家联合声明》；对联合国安理会改革达成共识；支持年轻人之间的交流；增加官方发展援助；扩大商业、教育、旅游和文化活动的交往；向岛国派遣专家和海外志愿者。日本承诺援助太平洋高科技研究国际中心	新能源系统；渔业保护；国际多边场合的合作；人文交流；人力资源；经济自主性；自然环境保护
PALM 2 2000.4，宫崎	制定《宫崎宣言：我们对未来的共同愿景》《太平洋环境问题声明》《太平洋共同边界倡议》；发展人力资源；重视文化事务；人身健康和安全	可持续发展；区域和国际层面上共同关心的问题
PALM 3 2003.5，冲绳	制定了基于联合国千年发展计划和世界可持续发展峰会原则上的地区发展战略和具体的行动计划；评估了日本与太平洋岛国的合作关系；寻求了未来的合作领域，发布了日本、澳大利亚、新西兰三方关于发展援助合作的声明	可持续发展；安全；环境；教育；人力资源发展；健康；贸易投资
PALM 4 2006.5，冲绳	通过《冲绳伙伴宣言：为了更美好、更有活力的太平洋地区》；日本承诺在之后三年向岛国援助 450 亿日元，并提供 4000 个人力资源援助名额	太平洋地区的安全；更安全、更可持续的环境；教育和人力资源发展；健康；经济增长
PALM 5 2009.5，北海道	通过《北海道居民宣言》；建立建设性的解决环境问题合作伙伴关系，成立太平洋环境共同体；日本承诺之后三年向岛国提供约 500 亿日元，原则用于解决环境问题以及提供超过 1000 个青年交流名额	可持续发展；经济增长；治理；安全；人文交流

---

[1] "PALM9 Okinawa 'Kizuna' Declaration", Ministry of Foreign Affairs, May 25, 2012, https://www.mofa.go.jp/region/asia-paci/palm/palm6/kizuna_en.html.

续表

会议时间地点	成果	优先领域
PALM 6 2012.5,冲绳	通过了《冲绳纽带宣言》规划出了未来三年的合作重点；日本向岛国建议创设对抗大规模灾害的保险制度；承诺三年内向岛国提供5亿美元援助	经济增长；可持续发展；治理；安全
PALM 7 2015.5,福岛	通过了《福岛磐城宣言》；日本承诺三年内向岛国提供大约550亿日元的援助；确立了面向太平洋岛国的"外交信标"理念	可持续发展；经济增长；安全；治理
PALM 8 2018.5,福岛	通过了《第八届PALM会议宣言》；重申加强日本与岛国之间的伙伴关系；提供5000个人员交流名额；提供至少550亿日元的援助	可持续发展；国际合作；可持续治理海洋；建立持久伙伴关系

资料来源：日本外务省网站。

第三，加强区域渔业外交，共同开发海洋资源。日本在南太平洋地区的主要利益是渔业资源。全球近一半的金枪鱼和大约60%的金枪鱼罐头来自西太平洋和中太平洋。1995年，地区渔业的产值约为17亿美元。[①] 日本的渔船控制了南太平洋地区的渔业，1995年达到了约80000吨。远洋国家支付的使用费估计为每年5000万～6000万美元，这包括美国在多边协议下的1800万美元和日本在双边协议下的1900万美元。日本与基里巴斯、密克罗尼西亚、马绍尔群岛、帕劳、瑙鲁、所罗门群岛和图瓦卢都有使用协议。渔业使用协议是日本援助太平洋岛国的主要动力，并将继续巩固日本在南太平洋地区援助政策的基本原则。一些岛国把日本的赠款援助和科技合作作为继续协议的主要因素。[②] 对太平洋岛国来说，这些援助成为他们国民收入的重要组成部分。太平洋岛国利用区域、次区域以及双边渠道与日本开展渔业外交。FFA是区域外交的主要渠道。区域外交扮演着重要的角色，例如，FFA与美国就多边使用协议，与美国进行了谈判，这间接给日本施加了压力，使得日本完善了双边协议的条款和条件。

第四，加强同澳大利亚的防务合作关系。澳大利亚在南太平洋地区扮演着重要的角色，对太平洋岛国的影响非常大。作为美国的盟友，美国在

[①] Sandra Tarte, "Diplomatic Strategies: The Pacific islands and Japan", *Pacific Economic Papers*, No. 269, July 1997, p. 2.

[②] Sandra Tarte, "Diplomatic Strategies: The Pacific islands and Japan", *Pacific Economic Papers*, No. 269, July 1997, pp. 2–3.

二战后就一直通过《澳新美同盟条约》来控制太平洋岛国，而且从文化上来讲，太平洋岛国与澳大利亚属于同宗同源，曾共同被英国的殖民文化所影响。所以，区域外大国不能完全抛开澳大利亚而单独发展同太平洋岛国的关系。

随着亚太的安全环境变得日益严峻，近年来，日本不断深化同澳大利亚的关系，高层互访日益频繁，两国在政治、经济与安全等各个领域都强化了关系，尤其表现为两国在防务安全领域的合作。2014年，澳大利亚和日本高层互访频繁，除政府首脑互访外，双方安全防务部门的互动也相当频繁，两国在军事技术共享、应对中国崛起、外交政策协调、强化与太平洋岛国关系等领域的合作态势明显增强。[1] 为加强日本与澳大利亚的经贸关系，两国于2014年8月签订了《日澳经济伙伴关系协定》（Japan-Australia Economic Partnership Agreement）。2015年7月15日，该协议生效。[2]

双方不仅在官方层面往来密切，而且在民间层面上，澳大利亚的多数民众对对于日澳关系持积极态度。2009年11月，澳大利亚外交部对民众关于日澳关系的印象进行了一项测验，在这项测验中，大约50%的人认为双方关系非常好，25%的人认为双方应进一步加深在各领域的合作，37%的人认为应保持目前的关系，30%的人认为双方应该保持距离。[3]（见图5-2）我们从这个民意测验中不难发现日澳关系在民间也有很深的基础。虽然在二战时，澳大利亚在太平洋战争中抗击过日本，但是一直以来，日本走的是"脱亚入欧"的道路，学习的是西方文明的精神。就像福泽谕吉说的，文明有两个方面，即外在的事物和内在的精神，外在的文明易取，内在的文明难求。[4] 澳大利亚属于英联邦国家，西方文明的影响根深蒂固。所以，日本和澳大利亚文明形态上的相似性决定了双方互动的日益密切。

除了澳大利亚以外，新西兰也是日本在南太平洋地区所重视的国家。在

---

[1] 庞中鹏：《日本与澳大利亚加强防务合作关系的分析》，《当代世界》，2014，第29页。
[2] 日本外务省：《日澳经济伙伴协议》，http：//www.mofa.go.jp/policy/economy/fta/australia.html。
[3] 日本外务省：《民意测验：澳大利亚对日本的印象》，2010年5月，http：//www.mofa.go.jp/announce/announce/2010/5/0527_02.html。
[4] 〔日〕福泽谕吉：《文明论概略》，北京编译社译，九州出版社，2008，第21页。

日本看来，澳大利亚和新西兰是南太平洋地区重要的伙伴，双方具有同样的价值。日本和新西兰多年来一直保持着友好关系，2013年双方把关系定位为"战略合作伙伴关系"。[①]

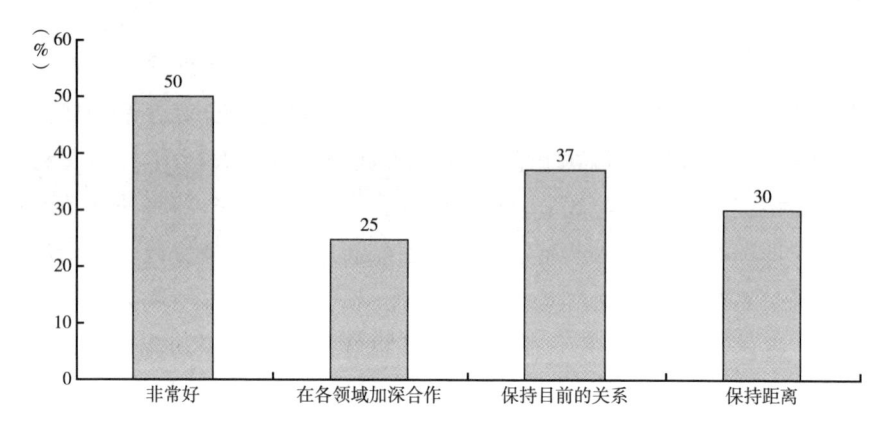

图 5-2　澳大利亚民众对日澳关系的民意测验

类别	百分比
非常好	50
在各领域加深合作	25
保持目前的关系	37
保持距离	30

资料来源：日本外务省，http://www.mofa.go.jp/announce/announce/2010/5/0527_02.html。

小　结

日本与太平洋岛国的互动将深化与美国以及澳大利亚的战略关系。众所周知，日本和澳大利亚都是美国的盟友，美国希望加强三方在军事领域的合作，打造在亚太地区的三角联盟。相比较其他区域外的大国，澳大利亚在南太平洋地区扮演着领头羊的角色，对太平洋岛国有着重要的影响。从某种意义上说，澳大利亚是日本出入南太平洋的"通行证"，发展同澳大利亚的关系是日本在南太平洋立足的重要砝码。二战后，美国一直通过"澳新美同盟"来控制南太地区，近年来，随着美国"重返亚太"战略的推行，南太平洋地区在美国的战略布局中变得非常重要。所以，日本对南太平洋地区战略调整不仅符合日—澳—美战略三角的战略要义，而且将客观上加深三方之间的战略关系。

[①] 日本外务省：《外交蓝皮书2014年》(『外交青書2014年』)，http://www.mofa.go.jp/fp/pp/page22e_000566.html。

第六章 中国构建蓝色经济通道

南太平洋占全球海洋面积的 30% 左右，是地球上重要的生态系统，也是人类生存和可持续发展的共同空间和宝贵财富。加强与南太平洋地区的海上合作成为国际社会的共识，是世界各国共同应对全球海洋问题，维护南太平洋地区和平与稳定的重要途径。2017 年 6 月，国家发改委和国家海洋局联合发布了《"一带一路"建设海上合作设想》，提出重点建设三条蓝色经济通道，其中一条蓝色经济通道是经南海向南进入太平洋，共建中国—大洋洲—南太平洋蓝色经济通道。[①] 这条蓝色经济通道是中国在南太平洋地区落实 21 世纪海上丝绸之路的实践，是中国构建与太平洋岛国友好外交关系的应有之义。与其他两条蓝色经济通道相比，南太平洋地区远离国际政治中的传统热点地区，因此受关注较少。

一 蓝色经济通道的基础：达成共建蓝色伙伴关系的共识

对中国而言，中国—大洋洲—南太平洋蓝色经济通道构建是新时期中国对南太平洋地区的目标定位。这条蓝色经济通道具备了构架基础。南太平洋地区除了澳大利亚与新西兰外，其余太平洋岛国经济比较落后，对国外援助有着很深的依赖。同时，海洋与太平洋岛国的经济、居民的生活息息相关。

---

① "《'一带一路'建设海上合作设想》"，新华网，http://news.xinhuanet.com/politics/2017-06/20/c_1121176798.htm

南太平洋地区有许多岛屿,星罗棋布地分布在辽阔的太平洋上。它们在自然条件和文化特色方面都千差万别,错综复杂,从政治上看也各不相同。人们通常把南太平洋地区分为三个广阔的地区,即密克罗尼西亚地区、美拉尼西亚地区和波利尼西亚地区。① 因此,中国与南太平洋地区的国家差异很大,但双方都对海洋都比较重视,这是构建蓝色经济通道的一个基础。目前,国际社会比较重视构建蓝色伙伴关系。联合国致力于同各种行为体建立广泛的伙伴关系,这是与其他国际组织最大的不同。1998 年,联合国成立了"伙伴关系"办公室,旨在为促进千年发展目标推动新的合作和联盟,并为秘书长的新举措提供支持。联合国试图建立最广泛的全球治理伙伴关系,动员、协调及整合不同的行为体参与全球治理的机制和经验。世界银行制定了"全球海洋伙伴关系"（Global Partnership for Oceans）,目标是整合全球行动,评估及战胜与海洋健康有关的威胁。"全球海洋伙伴关系"的援助领域涉及可持续渔业资源、减少贫困、生物多样性及减少污染,由 140 多个政府、国际组织、公民社会团体及私人部门组织构成。② 作为政府间组织,欧盟同样重视构建蓝色伙伴关系。2016 年 11 月,欧盟委员会与欧盟高级代表通过了首个欧盟层面的全球海洋治理联合声明文件,该文件指出"就海洋治理而言,欧盟与全球范围内的双边、区域及多边伙伴共同合作,它与主要的国际合作者及行为体建立了战略合作伙伴关系,并与主要的新兴国家保持着密切的接触"。③

中国是一个海陆复合型的国家,海洋在新时期与国家地缘安全有着密切联系。中共十八大提出了建设"海洋强国"的主张,这标志着中国欲走向远海,维护远海的海洋利益;在中共十九大提出了要积极发展全球伙伴关系,扩大各国利益的交汇点。构建蓝色伙伴关系是中国实现国家利益在海洋方向的拓展,但并不是重复以往大国所走过的道路,即谋求霸权并使用炮舰政策引发大规模战争和全球动荡的方式。中国探寻的是一种通过共同分享海

---

① 〔美〕约翰·亨德森著《大洋洲地区手册》,福建师范大学外语系译,商务印书馆,1978,第 89 页。
② "Partnering International Ocean Instruments and Organizations", Pacific Islands Forum Secretariat, http：//www.forumsec.org/pages.cfm/strategic - partnerships - coordination/pacific - oceanscape/partnering - international - ocean - instruments - organisations.html.
③ "Joint Communication to the European Parliament, the Council, the European Economic and Social Commitment and the Committee of the Regions", European Commission, 2016, p.5. https：//ec.europa.eu/maritimeaffairs/sites/maritimeaffairs/files/join - 2016 - 49_ en.pdf.

洋发展机遇、共同应对海洋威胁挑战、推进人类和平使用海洋的全新理念。在这种背景下，中国在《"一带一路"建设海上合作设想》中提出了构建蓝色伙伴关系的倡议，"中国政府秉持和平合作、开放包容、互学互鉴、互利共赢的丝路精神，致力于推动联合国制定的《2030年可持续发展议程》在海洋领域的落实，愿与21世纪海上丝绸之路沿线各国一道开展全方位、多领域的海上合作，共同打造开放、包容的合作平台，建立积极务实的蓝色伙伴关系，铸造可持续发展的'蓝色引擎'"。① 2017年9月21日，"中国—小岛屿国家海洋部长圆桌会议"通过了《平潭宣言》。《平潭宣言》再次提出了中国与太平洋岛国需要共同构建蓝色伙伴关系，"各方在推动海洋治理进程中平等地表达关切，分享国际合作红利，共同建立国际合作机制，制定行动计划，实施海上务实合作项目。合作领域包括但不限于发展蓝色经济、保护生态环境、应对气候变化、海洋防灾减灾、打击IUU捕捞、管理与减少海洋垃圾特别是微塑料等"。②

2017年，太平洋岛国论坛领导人在联合国大会上强调了"蓝色太平洋"的重点，主要有执行《巴黎协定》、有效治理和保护海洋、实现可持续发展目标、维护和平与稳定等。③ 为了更好地建构"蓝色太平洋"的身份，太平洋岛国意识到需要与国际组织或域外国家建立合作关系，以克服自身在保护和治理海洋方面的脆弱性。太平洋岛国积极参与多边国际组织，将自己纳入到全球海洋治理的网络之中，积极支持国际法、国际规范和国际组织，在国际问题上倡导并采用道德规范的立场。太平洋共同体在《战略计划2016~2020》中明确指出，"太平洋共同体不仅将拓展伙伴关系，以促进在海洋治理领域的合作，而且还将强化现有的合作伙伴关系，包括太平洋区域组织理事会（Council of Regional Organizations of the Pacific），构建新型关系"。④ 为了更好地治理海洋，南太平洋地区的区域组织与联合国、欧

---

① "《'一带一路'建设海上合作设想》"，新华网，http://news.xinhuanet.com/politics/2017-06/20/c_1121176798.htm。
② "平潭宣言"，国家海洋局，http://www.soa.gov.cn/xw/hyyw_90/201709/t20170921_58027.html。
③ "Pacific Islands Forum Chair highlights priorities for the Blue Pacific at the United Nations", Pacific Islands Forum Secretariat, http://forumsec.org/pages.cfm/newsroom/press-statements/2017-media-releases/pacific-islands-forum-chair-highlights-priorities-for-blue-pacific-at-united-nations.html.
④ "Strategic Plan 2016-2020", Pacific Community, 2015, p. 7.

盟、世界银行等进行合作。① 太平洋区域环境署（SPREP）在 2011 年制定了《战略计划 2011～2015》（Strategic Plan 2011 - 2015），明确指出"SPREP 将强化与其它国际组织在地区层面和国际层面上的伙伴关系，以进行有针对性的国家层级的活动"。② SPREP 秘书处将在南太平洋地区推动合作，包括与发展合作伙伴、非政府组织及私营部门建立更强的联系。SPREP 在引进新的援助者与合作伙伴方面，一直比较成功。在 SPREP 看来，伙伴关系不应被物质利益所驱动，而是建立在比较优势的基础上。③《南太平洋区域政策与联合战略行动框架》（Pacific Islands Regional Ocean Policy and Framework for Integrated Strategic Action）中同样明确表示要建立蓝色伙伴关系，"伙伴关系与合作可以提供一个适应性广的海洋，对我们海洋的可持续利用至关重要。为了建立伙伴关系和推动合作，太平洋岛屿地区将致力于在保护、利用和发展海洋中，维护国家主权和承担相应责任，并采取一系列的战略行动，包括支持现有的有益于太平洋岛屿地区提高能力的国际伙伴关系、推动南南合作关系以及与私营部门、民间社团和非政府组织的伙伴关系等"。④

中国倡导的蓝色伙伴关系顺应世界相互依存的大势，契合中国与太平洋岛国友好相处的普遍愿望，致力于在相互交流中取长补短，在求同存异中共同获益，将对太平洋岛国的"蓝色太平洋"身份产生重要的影响。太平洋岛国已经意识到了与中国构建蓝色伙伴关系的重要性。2017 年 3 月 25 日，太平洋岛国论坛副秘书长安迪（Andie Fong Toy）表示，"南太平洋地区已经有很好的平台进行海洋管理，今后更需要促进经济发展和贸易往来，同时努力从中国提供的支持当中获取更大的收益，毕竟我们很多经济体都特别小，希望通过论坛等平台组织形式，找到合理方式，沿着价值链进一步发展。海洋方面带来的不仅仅是渔业收益本身，还包括制药、能源、矿产资

---

① "Partnering International Ocean Instruments and Organizations", Pacific Islands Forum Secretariat, http://www.forumsec.org/pages.cfm/strategic - partnerships - coordination/pacific - oceanscape/partnering - international - ocean - instruments - organisations.html.
② "Strategic Plan 2011 - 2015", SPREP, 2011, p. 32.
③ John E. Hay, Teresa Manarangi-Trott, Sivia Qoro, William Kostka, "Second Independent Corporate Review of SPREP: The Pacific Regional Environment Programme", Submitted to the 25th SPREP Meeting, August 18, 2014, p. viii.
④ "Pacific Islands Regional Policy and Framework for Integrated Strategic Action", FFA, PIFS, SPC, SPREP, SOPAC, USP, 2005, pp. 18 - 19.

源。太平洋地区看到'一带一路'带来的机遇,接下来需要专注于扩大规模变成现实"。①

二 蓝色经济通道的内容

在《"一带一路"建设海上合作设想》的框架之下,结合南太平洋地区的实际情况,中国—大洋洲—南太平洋蓝色经济通道的建设应该围绕构建互利共赢的蓝色伙伴关系,搭建合作平台,共筑安全保障之路,共谋合作治理之路。

(一) 共筑安全保障之路

维护南太平洋地区的海上安全是构建蓝色经济通道的保障。近年来,南太平洋地区的海洋安全面临着严重的威胁,主要包括海盗、恐怖主义在内的非传统安全威胁。因此,克服这些安全威胁有助于保障中国—大洋洲—南太平洋蓝色经济通道的安全。

第一,加入"大洋洲安全倡议",开展海上航行安全合作。南太平洋地区面临着严重的非传统安全威胁,一直以来,海上重要航线、咽喉要道或重要海峡附近容易出现海盗,尤其是狭窄的海峡更适合海盗展开攻击。20世纪80年代以来,全球海盗活动日益猖獗,海盗事件逐年上升。特别是"9·11"事件之后,全球海盗事件急剧增长,对世界海运和国际贸易构成严重威胁。海盗问题在南太平洋地区日益被关注。根据国际海事局的报道,南太平洋地区的海盗形势正日益恶化。2010~2014年,太平洋岛国中有四个国家的船只被海盗攻击的次数较多,这四个国家分别是基里巴斯、马绍尔群岛、图瓦卢和瓦努阿图。2016年11月6日,持枪劫匪在所罗门群岛附近劫持了一艘捕鱼船。② 南太平洋地区的区域安全环境日益复杂和多样化,出现了各种形式的跨国犯罪活动,其中,海盗问题严重威胁着区域安全。由于海盗问题是跨国犯罪活动,仅仅依靠某一个国家很难战胜海盗问题。2002年8月,第33届太平洋岛国论坛会议通过了《关于地区安全的纳索尼尼宣言》

---

① "Andie Fong Toy:太平洋地区看到'一带一路'带来的机遇",博鳌亚洲论坛,http://www.boaoforum.org/2017nhhydt/32852.jhtml。
② IHS Fairplay. Piracy:South Pacific,http://fairplay.ihs.com/safety - regulation/article/4142856/piracy - south - pacific.

(Nasonini Declaration on Regional Security),论坛领导人意识到了通过合作改善区域安全环境的重要性。① 目前,政府机构、非政府组织、全球联盟、个人企业、国际智库、多边规范和区域财团一起合作,既包括大国,又有小岛国,在一些层面上共同致力于维护海洋安全、打击非法捕鱼活动、保护海洋环境。在众多合作计划和公司合作关系伙伴中,美国国防部的"大洋洲海洋安全倡议"(OMSI)致力于打击非法捕鱼活动。OMSI 成立于 2012 年,是一个国防部长计划(Secretary of Defense Programme),该计划利用国防部的有利条件,在大洋洲的广大海域强化海洋意识和支持海洋法实施活动。OMSI 成立五年来,为美国政府间组织和国际伙伴合作设定了海洋治理和海洋安全保护的标准,有效保护了太平洋岛国的领海。目前,OMSI 包括四个成员国,分别是美国、法国、澳大利亚和新西兰。②

第二,与域外国家及太平洋岛国合作,开展海上联合搜救。中国是一个航运大国,拥有辽阔的海域和丰富的内河通航资源。中国通过海洋与外部世界的联系日益密切。因此,海上人道主义援助对于中国而言变得越来越重要,海上人道主义搜救是海上安全合作十分重要的领域。随着中国日益参与国际海上安全事务,中国政府提出了有关海上搜救的政策,并以此为指导,出台了具体的法律法规以及管理方法和规定。特别是经过 2004 年东南亚和印度洋海啸灾难后,中国政府意识到为应对跨国性的海上自然灾害,需要进行多边国际合作。在国际合作方面,中国已经成为与海上搜救相关的国际机构的一部分。根据这些国际规则的要求,中国海上搜救中心负责指挥和协调遇险船舶的险情处理。整体来看,中国的海上搜救系统是适应《国际安全公约》要求而建立的。中国国内各部门间以及各级地方政府之间的协调形成一种组织机制。所以,中国已经成为全球海上搜救系统中的一个重要国家。③

近年来,中国在南太平洋开展了不少海上人道主义救援活动。既加强了中国与太平洋岛国及其他海洋大国间的海上安全合作,还增进了中国与其他在海洋安全上有共同关切的伙伴之间的相互了解和信任。2013 年 8 月,中

---

① Pacific Islands Forum Secretariat. Security, http://www.forumsec.org/pages.cfm/political-governance-security/security/.
② Daisy R. Khalifa, "DoD's Oceania Maritime Security Initiative offers template for global effort to combat illegal fishing", *Seapower*, 2016, pp. 52-53.
③ 〔美〕安德鲁·S. 埃里克森、莱尔·J. 戈尔茨坦著《中国、美国与 21 世纪海权》,徐胜、范晓婷、王琦等译,海洋出版社,2011,第 196~199 页。

国渔船在南太平洋海域遇险,中国海上搜救中心与法属帕皮提海上搜救中心共同搜救。① 为了提高海军在南太平洋的海上搜救能力,2013年8月,我海军舰艇在太平洋上进行了一场海上搜救遇险船只和救援受伤船员的演练。整个演练持续了3个小时,检验了编队官兵对海上处置突发情况的能力。② 2014年3月20日,在澳大利亚海事局公布卫星在南印度洋发现疑似失联客机之后,③ 中国海上搜救中心立刻与澳大利亚海上搜救机构联系沟通,密切关注有关信息,及时调整搜救方案。④

第三,提升太平洋岛国防灾减灾能力。南太平洋地区对于特定的环境比较脆弱。环境因素主要包括气候多样性、气候变化、海平面上升,同时一些自然灾害也比较严重,主要有地震、海啸、火山活动、脆弱的生态系统、地理隔离等。⑤ 污染是南太平洋地区可持续发展的主要威胁之一。污染源和污染程度的增加正在破坏太平洋岛国维持健康社会、促进发展和投资以及保证居民有一个可持续未来的努力。南太平洋地区主要的污染形式为航运相关的污染、有毒化学物质和废弃物、固体废弃物。外来海洋物种、船舶残骸、海洋事故和船舶废弃物威胁着该地区的沿岸和海洋资源。许多岛国陆地面积较小,缺少关于废物再循环的技术,这导致了塑料、废纸、玻璃、金属和有毒化学物质的扩散。大部分垃圾缓慢分解,并渗透到土壤和饮用水中,而未被分解的垃圾则占用了空间。恶臭的有机废物吸引了携带病毒的害虫,比如蚊子、老鼠和苍蝇。目前,海洋科学家们在南太平洋小岛——亨德森岛上,调查计算出该岛有3800万件垃圾,重达17.6吨,可能成为世界上人造垃圾碎片覆盖率最高的地方。在全球范围内,亨德森岛是人造垃圾污染海洋环境的典型案例。⑥ 除了

---

① "中国渔船南太平洋遇险:6人获救,4人遇难,4人失踪",中国新闻网,http://news.china.com/domestic/945/20130808/17988120.html。
② "中国海军舰艇编队在太平洋演练海上搜救",搜狐网,http://news.sohu.com/20130829/n385328209.shtml。
③ MH370航班失联后相关国家积极参与搜救,据央视报道,马来西亚、越南、中国、新加坡、泰国、菲律宾、美国、澳大利亚、新西兰、英国等,共26个国家参与搜救。
④ "中国海上搜救中心密切关注澳方情况将及时调整搜寻方案",新华网,http://news.xinhuanet.com/world/2014-03/20/c_119869253.htm。
⑤ "Pacific Islands Regional Ocean Policy and Framework for Integrated Strategic Action", FFA, PIFS, SPC, SPREP, SOPAC, USP, 2005, p.4.
⑥ "Island in south Pacific 'has world's worst plastic pollution'", Independent UK, http://www.independent.co.uk/environment/plastic-pollution-island-worst-in-world-henderson-south-pacific-university-tasmania-jennifer-lavers-a7737806.html.

自然因素之外，一些人为因素也不容忽视。基于此，《太平洋岛屿地区海洋政策和联合战略行动框架》强调了太平洋岛国需要提升防灾减灾能力，"太平洋岛国需要加强监测和执行活动的能力，包括国家和地区合作机制，目的是和平地利用海洋，而不是被用作违反国际法和国家法律的犯罪活动"。①

（二）共谋合作治理之路

作为世界海洋的重要海域，南太平洋的海洋治理面临的形势更为严峻。南太平洋海域正面临着全球气候变化这一全球性的挑战，海洋资源、海洋环境保护已经成为太平洋岛国可持续发展的重大挑战。除此之外，过度捕捞、海平面上升、海洋环境污染、海洋生物多样性遭到破坏等问题同样严峻。因此，海洋治理成为太平洋岛国新时期面临的一项重要课题。中国与太平洋岛国应该加强对话磋商，建立双边合作机制，共同参与海洋治理。

第一，建立海洋高层对话机制。相比美国、日本等国家，中国与太平洋岛国的海洋高层对话机制还不是很健全，但是发展比较快。中国目前与太平洋岛国的对话平台有太平洋岛国论坛会后对话会和中国—太平洋岛国经济发展合作论坛，这两个平台给双方在各领域的沟通与磋商提供了可能，但并不是专门针对海洋治理议题的平台。另外，中国与太平洋共同体、南太平洋区域环境署、南太平洋大学等海洋治理主体都有着密切的合作关系。除此之外，2004年，中国加入了中西部太平洋渔业委员会（WCPFC），成为该委员会的正式成员国。WCPFC公约利用了联合国鱼群协定的很多条款，体现了中西太平洋地区的政治、社会经济、地缘和环境的特点。不少太平洋岛国加入了WCFPC公约，主要的岛国有库克群岛、基里巴斯、马绍尔群岛、纽埃、帕劳、所罗门群岛、图瓦卢等。②

第二，建立海洋科技合作机制。南太平洋蕴藏着丰富的深海资源，是海洋科考的新领地。截止到目前，在太平洋岛国管辖的海域内，已知探明的深海矿床类型主要有三种，主要是海底热液矿床（Hydrothermal vents）、多金属锰结核（Polymetallic Manganese nodules）和钴结核（Cobalt manganese crusts）。海底热液矿床主要是海底活跃以及不活跃的火山口沉淀出的密集的

---

① "Pacific Islands Regional Ocean Policy and Framework for Integrated Strategic Action", FFA, PIFS, SPC, SPREP, SOPAC, USP, 2005, p.18.

② "About WCPFC", WCPFC, https：//www.wcpfc.int/about-wcpfc.

矿物质，包括铜、铁、锌、银等，这也被称为海底大型硫化矿。大多数热液硫化物矿床规模较小，但有的矿床规模也较大。太平洋岛国拥有大型硫化矿的有斐济、巴布亚新几内亚、所罗门群岛、汤加和瓦努阿图。其中，巴布亚新几内亚比斯马克海域曼纳斯与新爱尔兰海盆具有金属品位相当高的热液硫化物矿床，矿床品位远远高出陆地矿床和大洋多金属结核。太平洋是多金属锰结核分布最广、经济价值最高的地区。多金属锰结核多出现在 4000～6000 米的深海，这些锰结核包含钴、铜、铁、铅、锰、镍和锌的混合体。它们大多出现在库克群岛和基里巴斯附近的海域，少量出现在纽埃和图瓦卢附近的海域。钴结核含有其他的贵重金属和稀土元素，是深海中一种重要的矿产资源。1980 年，德国与英国第一次使用"Sonne"号科考船进行海洋调查时，在太平洋发现了钴结核，并指出了其潜在的巨大经济价值。它们通常出现在 400～4000 米深的海域，大多集中在基里巴斯、马绍尔群岛、密克罗尼西亚、纽埃、帕劳、萨摩亚和图瓦卢。[1] 对中国来说，加强深海资源的开发可以进一步增强海洋治理能力。2017 年 1 月 6 日，全国海洋工作会议上指出，"海洋系统要着力提升七种海洋治理能力，其中之一是加强海洋科技创新引领能力。重点解决深海运载、探测、战略资源开发等制约我国深海领域发展的核心共性关键技术，增强深海作业支持能力和深水资源开发能力"。[2] 中国与太平洋岛国合作、共同开发南太平洋地区的深海资源不仅有助于获得经济收益，而且有助于进一步提升海洋治理能力。南太平洋的深海资源是人类共同的财产，具有重要的战略价值。随着海洋在国际政治、经济、科技中的战略地位不断提升，南太平洋海域正发生着深刻而复杂的变化。加强南太平洋深海资源开发的合作，对于拓展中国的海洋空间、占有和开发海洋资源具有重要的意义。

第四，加强中国与太平洋岛国智库之间的合作。中国与太平洋岛国智库之间的合作不仅可以扩大人文交流的范围，还可以有效服务于海洋治理。在南太平洋地区海洋治理中，南太平洋大学扮演着重要的角色。南太平洋大学于 1970 年根据《皇家宪章》（Royal Charte）建立，总部位于斐济的苏瓦，

---

[1] The World Bank: Precautionary Management of Deep Sea Mining Potential in Pacific Island Countries, 2016, http://pubdocs.worldbank.org/en/125321460949939983/Pacific-Possible-Deep-Sea-Mining.pdf, p. 15.

[2] "2017 年海洋系统其方面提升海洋治理能力"，新华网，http://jjckb.xinhuanet.com/2017-01/08/c_135964668.htm.

成员国包括库克群岛、斐济、基里巴斯、马绍尔群岛、瑙鲁、纽埃、萨摩亚、所罗门群岛、托克劳、汤加、图瓦卢和瓦努阿图。虽然南太平洋大学并不是一个正式的区域组织，但多年以来，它与南太平洋地区的区域组织的互动密切，因此扮演着正式地区组织的角色。就南太平洋地区的海洋资源和环境治理的区域内合作而言，南太平洋大学的培训和研究已经使其成为重要的参与者。南太平洋大学关于海洋资源和环境治理的培训及研究活动对于该地区机制的发展和能力的建构有重要作用，其中特别重要的是《海洋研究计划》（Marine Studies Programme）和海洋研究所。《海洋研究计划》有三个目标：第一，为太平洋岛民在快速变化的时代理解、保护、治理和利用海洋资源，提供必要的机会；第二，为太平洋岛民提供尽可能多的机会，主要是关于海洋领域的研究、教育、培训和就业；第三，为南太平洋大学、太平洋岛国以及国际组织之间提供海洋领域的合作。[①] 自教育部 2014 年 2 月发布《中国特色新型高校智库建设推进计划》之后，中国的高校智库取得了长足的进步。近年来，国内成立了一些研究太平洋岛国的高校智库，其中主要有聊城大学太平洋岛国研究中心、广东外语外贸大学太平洋岛国战略研究中心、北京外国语大学太平洋研究中心、中山大学大洋洲研究中心。这四个高校智库的研究都涉及了"21 世纪海上丝绸之路"，并积极研究与太平洋岛国的战略对接。2006 年，中山大学与南太平洋大学签署了校际交流合作协议，这为我国高等院校与南太平洋大学建立校级交流关系和开展海洋交流奠定了良好的基础，也为我国与太平洋岛国的教育交流与合作打开了新的渠道。[②] 2015 年 8 月，聊城大学与南太平洋大学一致同意签署两校全面交流与合作备忘。南太平洋大学校长山德拉（Rajesh Chandra）表示，"作为南太平洋岛国共同兴办的区域性大学，南太平洋大学愿意与聊城大学太平洋岛国研究中心开展全面的交流与合作，通过高校之间的交流与合作，共同促进中国与太平洋岛国之间的交流与合作"。[③] 未来，国内高校智库应该发挥集群优势，加大与以南太平洋大学为代表的南太平洋地区海洋治理主体的交流与合作，充分服务于共谋合作治理之路。

---

① "Pacific Region", SPREP, 2003, p. 473.
② "中国知名高校与南太平洋大学牵手"，中国教育在线，http://www.eol.cn/article/20060320/3179505.shtml。
③ "王强率团访问萨摩亚国立大学和南太平洋大学取得圆满成功"，聊城大学新闻网，http://news.lcu.edu.cn/jgxy/156952.html。

三 构建蓝色经济通道的困境

相比较日本、美国、法国等国家而言,我国进入南太平洋地区的时间比较晚,因此在与太平洋岛国的互动中不免引起其他域外国家的质疑以及太平洋岛国本身对中国的不认同。南太平洋地区远离传统的国际热点地区,具有多元文化的特点,这一定程度上增加了蓝色经济通道构建的困境。

(一) 域外国家对中国在南太平洋地区的动机存在质疑

在拉梅什·塔库尔 (Ramesh Thakur) 看来,20 世纪 90 年代的时候,相比较苏联 (俄罗斯),西方国家对中国在南太平洋地区并没有采取"战略拒止"。那时中国在南太平洋地区的利益主要是寻求渔业资源和海床资源。[1] 然而,进入 21 世纪之后,随着中国国力的强大以及采取"走出去"的战略,中国在南太平洋地区的影响力日益增强。米歇尔·奥基夫 (Michael O'Keefe) 认为中国快速的经济发展塑造了新的经济和外交事务,但最近的趋势是,中国正在展现战略自信。近年来,中国通过"和谐外交"扩大全球影响力,其中一个表现是中国在 2014 年与八个太平洋岛国确立了战略合作伙伴关系。这在某种程度上挑战了美国在南太平洋地区的主导地位,加剧了中美在该地区的地缘政治竞争。[2] 马克·朗铁尼 (Marc Lanteigne) 在《水中之龙?中国、权力转变和南太平洋地区的软平衡》(Water dragon? China, power shifts and soft balancing in the South Pacific) 中指出,"随着中国在南太平洋地区不断扩大外交政策利益和战略力量,它与西方国家的外交政策分歧越来越大。中国寻求'软平衡'的战略手段来制衡美国,主要表现在中国不断扩大对美拉尼西亚和波利尼西亚地区伙伴的援助,并增加外交联系。传统意义上,南太平洋地区是美国与澳大利亚、新西兰的势力范围,但目前低层次的竞争开始出现在该地区"。[3] 南太平洋地区不仅是美国围堵中国的"第三岛链",而且该

---

[1] Ramesh Thakur, *The South*: *Problems*, *Issues and Prospects*, New York: St. Martin's Press, 1991, p. 22.

[2] Michael O'Keefe, "The Strategic Context of the New Pacific Diplomacy", in Greg Fry&Sandra Tarte, *The New Pacific Diplomacy*, Australia: ANU press, 2015, pp. 126 – 127.

[3] Marc Lanteigne, "Water dragon? Power shifts and soft balancing in the South Pacific", *Political Science*, Vol. 64, No. 1, 2012, pp. 21 – 27.

地区同样有着重要的海上交通线,因此美国在这里部署了大量的基地网。美国的海上优势对南太平洋地区的域外国家具有一定的威慑作用。一旦美国与域外国家在南太平洋地区出现军事冲突或摩擦,美国可以封锁该地区的海上战略通道,阻塞域外国家从拉美的能源进口路线。中国—大洋洲—南太平洋蓝色经济通道是中国与太平洋岛国互联互通的一条交通线,很难摆脱美国的影响。在伯蒂尔·林特纳（Bertil Lintner）看来,"中国在南太平洋地区的真实目的是建立一支蓝水海军,进一步增强在该地区的影响力。中国意识到了历史上日本和其它国家如何利用太平洋群岛来建立它们的太平洋帝国"。[①]

（二）南太平洋地区互联互通程度比较低

对大部分的大洋洲国家来说,海洋交通具有绝对必要性。所有的海洋运输服务由化石燃料来驱动,长远来看,这样成本太高,也不可持续。南太平洋地区是世界上对化石燃料依赖性最高的地区,太平洋岛国需要进口95%的化石燃料。海洋运输问题一直是主要的也是基本的问题,是大洋洲地区居民互联互通的基本需求。该地区的交通比较特殊,规模较小的国家分布在世界上最长的交通线上。海洋交通的重要性体现在从渔业、孤立岛屿的交通需求到太平洋岛国地区内交通需求的各个层次,预计需要2100艘国内船舶才能满足太平洋岛国各种层次的运输需求。不能提供足够的、有效率的、可靠的国内船舶是太平洋岛国面临的最困难的挑战之一。政府或小船舶公司通常经营着沿海或跨岛船舶服务,许多航线商业边际化,其中的大部分无法独立运营。投入运营的船舶比较陈旧,工作状态较差,而且很多船舶达不到安全标准,存在安全隐患。[②] 因此,南太平洋地区的互联互通程度比较低,这不利于中国构建与太平洋岛国的蓝色经济通道。

小　结

蓝色经济通道符合国际社会的主流趋势,将成为构建新型国际秩序的典

[①] Bertil Lintner, "The South Pacific: China's New Frontier", in Anne-Marie Brady, *Looking North, Looking South*, China, Taiwan and the South Pacific, Singapore: World Scientific Printers, 2010, p. 10.

[②] Nuttall Peter, Newell Alison, Prasad Biman, Veitayaki Joeli&Holland Elisabeth, "A review of sustainable sea-transport for Oceania: Providing context for renewable energy shipping for Pacific", *Marine Policy*, Vol. 43, No. 1, 2013, pp. 1 – 3.

范。过去 500 多年来，无论是殖民主义、帝国主义还是霸权主义，都带来对立与分裂，制造动荡与冲突，人类为此付出了沉重代价。构建以合作共赢为核心的新型国际关系思想在洞察国际形势和世界格局发展大势的基础上，对人类社会前进方向做出前瞻性思考，倡导"建立平等相待、互商互谅的伙伴关系，营造公道正义、共建共享的安全格局，促进和而不同、兼收并蓄的文明交流，构筑尊崇自然、绿色发展的生态体系"。[1] 中国提出的全球层面上构建三条蓝色经济通道站在了全人类命运的高度，关注与人类生存和发展密切相关的最重要议题——海洋，尊重自然、敬畏海洋。自构建设想提出后，这三条蓝色经济通道的构建受到了国际社会的关注，获得了沿线国家的有力支持与正向反应。在这三条蓝色经济通道之中，中国—大洋洲—南太平洋蓝色经济通道具有示范作用。中国作为蓝色经济通道的倡议国，应发挥引领作用，打造好这个国际公共产品，造福国际社会。

---

[1] 王毅："构建以合作共赢为核心的新型国际关系"，光明网，2016 年 6 月 20 日，http://theory.gmw.cn/2016-06/20/content_ 20619523.htm。

第七章 印度加速东进行动

2014年5月16日,印度人民党候选人纳伦德拉·莫迪(Narendra Modi)以压倒性的胜利赢得2014年大选,这是印度时隔10年首次实现政权更迭,是印度近30年来单一大党赢得的最大胜利。莫迪胜利后发表了首次公开讲话,宣称要让本世纪成为"印度的世纪"。同年11月在缅甸举行的东盟峰会上,莫迪公布了印度新出台的"东进政策",并努力使东南亚国家相信,印度政府非常重视与该地区的联系。为了加速推进"东进政策",印度与日本和澳大利亚结成了防务伙伴关系。2014年9月,莫迪在访问日本时采取了若干措施,将"特殊的全球战略伙伴关系"付诸实施。莫迪和澳大利亚总理托尼·阿博特(Tony Abbott)宣布了一项旨在加强安全合作的新框架,从而使日益紧密的亚洲内部安全关系网络得以实施。与此同时,莫迪还使得美印关系焕发活力。继2014年成功访美后,莫迪邀请了美国时任总统奥巴马出席2015年1月26日印度共和国日的庆祝活动。自此以后,美印关系取得了长足进步。

随着国际地缘政治的变化,南太平洋地区重要的战略位置日益被各国所重视。该地区丰富的资源、重要的联合国投票权、优越的地理位置以及广阔的海洋面积具有非常大的吸引力。作为加速"东进"政策的一部分,印度除了加强与日本、美国、澳大利亚以及东盟的关系之外,还显示出在南太平洋地区扮演积极角色的决心。2014年11月19日莫迪对斐济进行了访问,他是继英迪拉·甘地(Indira Gandhi)1981年访问斐济以来,第二位访问斐济的印度总理。印度加强对南太地区的参与体现了其鲜明的传承和变革色彩,印度与太平洋岛国的往来由来已久,与岛国有着"天然的联系"。以斐济为例，在斐济 80 多万的人口中，印度裔占了 30 多万。然而，印度目前在南太平洋地区的战略并不稳定，没有发挥与太平洋岛国"天然联系"的优势。目前在莫迪政府欲加速"东进政策"的框架下，在印度立志成为大国的意愿下，印度必然会采取措施，加强与岛国的联系，扮演更加积极的角色。

目前国内外关于印度在南太平洋地区的战略研究很少①，本章尝试评析印度在南太平洋地区的战略。文章主要分为四部分：印度参与南太平洋地区的内在逻辑、印度在南太平洋地区的现状、印度在南太平洋地区的战略手段、印度参与南太平洋地区的前景。

一　印度参与南太平洋地区的内在逻辑

印度在南太平洋地区的战略有其内在的逻辑，这种内在的逻辑使得印度必然要在南太平洋地区扮演积极的角色。

（一）立志成为大国的历史逻辑

印度前总理贾瓦哈拉尔·尼赫鲁（Jawaharlal Nehru）曾说过："印度以它现在所处的地位，是不能在世界上扮演二等角色的。要么做一个有声有色的大国，要么就销声匿迹。中间地位并不能引动我。我也不相信任何中间地位是可能的。"② 尼赫鲁的印度大国意愿并不是心血来潮，而是根源于印度悠久的历史、灿烂的文化以及古老的文明等。马加力认为，印度的大国意识是根深蒂固、由来已久的。这既与它的历史相关，又与它本身的幅员、人

---

① 关于印度在南太战略的文献主要有：Tevita Motulalo, India's Strategic Imperative in the South Pacific, *Gateway House Report*, 2013. David Scott, India and the Allure of the "Indo-Pacific", *International studies*, Vol. 49, No. 3, 2012. Pankaj Jha, *India and South Pacific-Multilateral Engagement, Bilateral Ties and Diasporic Connections*, Wellington: Track Ⅱ India-NZ Dialogue, 2010. Saloni Salil, *The Far Flank of Indo-Pacific: India and China in the South-West Pacific*, Australia: Future Directions International Pty Ltd, 2013. Biman Chand Prasad, Opportunities from India-Pacific Islands Cooperation, 2012, http://www.victoria.ac.nz/chinaresearchcentre/programmes – and – projects/china – symposiums/china – and – the – pacific – the – view – from – oceania/21 – Dr – Biman – Prasad – Soft – Loans – and – Aid – China – Economic – influence – in – the – Pacific.pdf. C. Raja Mohan, *PM Modi in Fiji: India's Strategic Foray in the South Pacific*, RSIS Publications, No233, 2014, https://www.rsis.edu.sg/wp – content/uploads/2014/11/CO14233.pdf。

② 〔印〕贾瓦拉哈尔·尼赫鲁著《印度的发现》，齐文译，世界知识出版社，1956，第 57 页。

口、曾经的辉煌等因素相关。① 基辛格认为,21世纪的国际力量至少有六支主要的强大力量:美国、中国、俄罗斯、欧洲、日本,也许还有印度。② 布热津斯基认为法国、德国、俄罗斯、中国和印度是欧亚版图上主要和积极的地缘战略棋手。③

与中国大体相同,印度拥有古老的历史与国家经济发展的天然条件,来自西北部的雅利安人(Aryan)部落在公元前1500年征服这里,他们与当地人的结合创造了古典吠陀文化(Vedic culture)。此后,阿拉伯人在公元8世纪再次征服了这块土地,随后是12世纪到来的土耳其人以及15世纪末到达此地的欧洲商人。印度在历史上的孔雀王朝时期,曾是北起喜马拉雅山,南到迈索尔,东抵阿萨姆河西界,西达兴都库什山的南亚大国。中世纪莫卧儿王朝时期,印度的版图曾再次接近这一规模。英国统治印度期间,英国以印度为中心,使自己在亚洲的势力伸展到北至阿富汗和中国西藏部分地区,南至印度洋,东至东南亚的范围。④

作为世界四大文明古国之一,印度是当之无愧的文化大国。在历史的长河中,印度人民创造了灿烂多姿的文化。印度传统文化博大精深,是世界上为数不多的未曾中断过的文明。

印度国土面积大约298万平方公里,居世界第七位,是南亚次大陆最大的国家。印度也是一个自然资源丰富的国家,可耕种面积占南亚总量的83%,灌溉面积居世界首位;煤炭储量居世界第三位;铁矿储量居世界第三位;云母储量居世界第一位。此外,铀和钍的储量十分丰富。印度同中国、缅甸、孟加拉国、不丹、尼泊尔和巴基斯坦接壤,同斯里兰卡一衣带水,同马尔代夫隔海相望。印度所处的战略位置非常重要,是亚洲、非洲和欧洲之间的海陆交通枢纽,扼守东南亚到中东陆上的交通要冲,控制着印度洋战略通道。众所周知,印度是人口大国,目前人口总数世界第二,仅次于中国。根据世界银行公布的数据,印度在2013年的人口总量达到1252139596人,人口密度为每平方公里375人,从2005~2013年人口一直呈上升趋势,这

---

① 马加力:《崛起中的巨象:关注印度》,山东大学出版社,2010,第107页。
② Henry A. Kissinger, *Diplomacy*, New York: Simon and Schuster, 1994, pp. 23 – 24.
③ 〔美〕兹比格纽·布热津斯基著《大棋局:美国的首要地位及其地缘战略》,中国国际问题研究所译,上海人民出版社,2007,第34页。
④ 张文木:《印度与印度洋——基于中国地缘政治视角》,中国社会科学出版社,2015,第5页。

说明印度人口不但基数大,而且增长快。

悠久的历史、丰富的资源、广阔的国土面积、灿烂的文化以及古老的文明等是印度大国意识的根源。传统意义上,印度是一个扼守印度洋的国家,但是为了成为一个大国,印度必须要走出印度洋,驶向太平洋。这不仅仅是印度大国意愿的必要路径,也是维护自己地缘政治安全的必要路径。

(二)成为海洋强国的权力逻辑

一个国家的全球性地位,总是随着海权的兴衰发生历史性的变化。正如苏联海军戈尔什科夫所指出的那样,国家海权在一定程度上标志着一个国家的经济和军事实力,因而也能确定这个国家在世界舞台上的地位和作用。印度海权之父潘尼迦[1]认为印度来日的伟大在于海洋。对一个有着大国意识的国家来说,海洋强国是印度内在的权力逻辑。与此同时,他同样认为独立后的印度的国防安全重点应在海洋。1945年潘尼迦在《印度和印度洋》一书中,对印度近代以来几乎所有重大失败都做了深刻地分析,认为印度未来的危险来自海上。他指出从16世纪起,印度洋就成为争夺制海权的战场,印度的前途不决定于陆地的边境,而决定于围绕印度的广阔海洋。[2]

作为成长于麦金德的陆权论和马汉的海权论风靡及西方殖民者扩张达到高峰时代的思想者,尼赫鲁和潘尼迦所受到的良好的西方教育使他们对麦金德、马汉、斯派克曼的理论,尤其是他们理论中关于印度次大陆的地缘政治意义的分析了然于胸,因而加重了他们对印度独立后的国家安全的深深忧虑。鉴于古典政治理论都将印度列入枢纽国家和海上强国为控制印度洋必须占据的"基地"国家,又鉴于英国一百多年中对印度洋形成的绝对制海权的实践前提就是对印度占领的历史经验,尼赫鲁深知:印度如果不能将印度洋控制在自己的手里,那么印度"销声匿迹"的未来恐怕就不是不可思议的。[3] 从这两位思想者的主张中,我们可以发现他们对于印度地缘政治安全

---

[1] 潘尼迦(Kavalam Madhava Panikkar)出生于英属印度西南部,印度学者、记者、历史学家、官员和外交官。曾于1948~1952年任印度驻中国第一任大使,是中印关系史上的一个重要人物;1952~1953年任驻埃及大使;1956~1959年驻法国大使。
[2] 〔印〕潘尼迦著《印度和印度洋:略论海权对印度历史的影响》,德隆等译,世界知识出版社,1965,第1~2页。
[3] 张文木:《印度与印度洋——基于中国地缘政治视角》,中国社会科学出版社,2015,第179~180页。

的忧虑和对海洋安全的重视,以及对成为海洋强国的主张。

可以确定的是,从西部的古吉拉特(Gujarat)到东部的卡林加(Kalinga),印度在不同的海岸线上都有悠久的海洋传统。[①] 印度在建国后意识到海洋战略的重要性,正如潘尼迦所指出的那样,印度如果自己没有一个行之有效的海洋政策,它在世界上的地位总不免是寄人篱下且软弱无力的;谁控制了印度洋,印度的自由就只能听命于谁。因此,印度的前途如何同它会逐渐发展成为强大到何等程度的海权国密切相关。[②]

确切地说,印度海洋意识的重新觉醒是在第一次世界大战前夕。20世纪30年代战争的威胁波及印度沿岸已经成为不争的现实,英国统治者再也不能忽视印度需要一支海军这一安全关切了。[③] 英国人被迫让印度回归了海洋,不仅在印度建立了海军,而且客观上催生了印度的海洋意识。这种海洋意识促进了印度海洋安全战略的制定和海军的发展。但是作为英国海洋政策的一部分,其培养的印度海洋意识是为英国的国家利益服务的。正如蒙巴顿所说:"当我还在印度的时候,我一直尽自己最大的努力,尝试建立一支海军,如果印度洋地区或者世界范围内爆发战争的话,这支海军力量可供西方驱使。"[④] 因此,英国重新建构的印度海洋意识本质上是为英国的利益服务的,是在一个复杂的国际环境和地区环境下建构起来的。印度的海洋意识深深刻上了英国殖民主义的烙印,严重束缚了印度走向海洋强国的道路。印度在独立后花费了30年才得以摆脱这个殖民遗产,重新界定自己在印度洋地区的海洋战略。[⑤]

20世纪80年代印度制定了"大国海洋战略",不仅扩大了海域范围,而且增强了远洋攻防能力。从90年代开始,随着印度在次大陆战略目标的逐步实现和巩固,其战略重心开始转向三面环绕国土的印度洋,海军装

---

① 〔印〕雷嘉·莫汉(C. Raja Manthan)著《中印海洋大战略》,朱宪超、张玉梅译,中国民主法制出版社,2014,第29页。
② 〔印〕潘尼迦著《印度和印度洋——略论海权对印度历史的影响》,德隆等译,世界知识出版社,1965,第89页。
③ K. R. Singh, "The Changing Paradigm of India's Maritime Security", *International Studies*, Vol. 40, No. 3, p. 220.
④ Letter from Lord Mounbatten to L. J. Callaghan, the Parliament Secretary dated 31 August 1951. MBI/24, HMSO Copyright Office, Norwich// Singh J. Defending India, London: Macmillan Press Ltd, 1999, p. 116.
⑤ K. R. Singh "The Changing Paradigm of India's Maritime Security", *International Studies*, Vol. 40, No. 3, p. 230.

备开始向大型化、导弹化及立体化方向迈进。2004年6月，印度海军公布了《海军新作战学说》。其核心思想为印度海军应从当前的"近海防御"和"区域威慑"战略转向"远洋进攻战略"，通过重点发展战略核潜艇和航空母舰来建立可靠的海基核威慑能力，努力打造一支力量均衡、结构合理、具备相当威慑能力的现代"蓝水海军"。在控制整个印度洋的基础上，贯彻"西出、东进、南下"的战略思想，即向西穿过红海和苏伊士运河，濒临地中海；向东将其活动范围扩大并伸展到南中国海和太平洋边缘；向南将远洋兵力伸展到非洲的广阔海域。2009年2月初，国防部长安东尼宣布，印度核潜艇项目正处于最后阶段。2月28日，第一艘自行建设的航空母舰开始安放龙骨，酝酿多年的"71号工程"正式浮出水面。[1]

（三）加速"东进政策"的发展逻辑

印度莫迪政府上台伊始，将实施了20多年的"东进政策"强化为"东进行动政策"。印度此举表明了要加速"东进政策"，加快地区政策。"东进行动政策"的出台有着深刻的背景，既是"东进政策"的延续和发展，也是国际环境和地区环境综合作用的结果。

首先，"东进行动政策"的出台以"东进政策"实施以来所取得的成绩为基础。两极格局结束以后，印度纳拉辛哈·拉奥（Narasimha Rao）政府着眼于国际层面的外交困局和国内所面临的外交困境，以积极的"东进政策"取代冷战期间谨慎和消极的东南亚政策。[2] 此后，印度政府延续了这一政策，通过政治、经济、外交等手段，修复了印度同东南亚国家的关系，而且在东南亚地区扮演着积极的角色。"东进政策"除了加强与东南亚国家的往来之外，还积极与区域外的美国、日本等进行互动，寻求这些国家对印度在该地区地位的认同，将印度的影响力逐步辐射到中国南海以及东部的海域。这些成绩是"东进行动政策"实施的重要背景。

其次，印度国内经济的发展。自"东进政策"实施以来，印度的经济取得了很大的进步，这使得莫迪政府有了遵循"东进政策"发展逻辑的资

---

[1] 马加力、徐俊：《印度的海洋观及其海洋战略》，载《亚非纵横》2009年第2期，第51页。
[2] 葛红亮：《"东向行动政策"与南海问题中印度角色的战略导向性转变》，载《太平洋学报》2015年第7期，第18页。

本。当所有金砖国家经济发展放缓的时候，印度是一个例外。据国际货币基金组织预测，印度经济增速将在明年超过中国。自 2014 年开始，印度经济表现出强劲的复苏势头，即使在全球经济低迷的情况下，来自 IMF 的数据显示，过去的一年印度经济的增速由 2013 年的 5% 上升至 5.8%。

最后，亚太群雄并居且日益多极化的趋势。毫无疑问，美国是世界上唯一的超级大国，也是对亚太形势和战略格局影响最大的国家。2010 年前日本的综合国力仅次于美国，随着经济力量的日益强大，日本越来越不满足于在国际政治舞台上的角色，千方百计地要做政治大国和军事大国。俄罗斯虽反复经受着苏联解体带来的阵痛，但在远东地区却保持了稳定的发展，并且俄罗斯太平洋舰队也基本上保存了完整的海上力量。"大东盟"在冷战结束后迅速成长并日益壮大，成为一支新生的集团力量。中国也是亚太地区最大的发展中国家，为维护亚太地区的和平与稳定做出积极的贡献。[1] 在群雄并居的情况下，作为南亚地区唯一的一个强国，印度要想在大国之中有一席之地，仅仅局限于印度洋地区是很难有出路的，所以加快"东进政策"不仅可以维护印度的地缘政治安全，还可以使印度获得潜在的大量海洋资源。目前环太平洋"聚宝盆"逐渐成为域内外海洋国家进行海洋资源争夺和发生激烈冲突的地区。太平洋蕴藏着丰富的生物资源、矿产资源、海水动力资源和海洋空间资源。

在上述三个内在逻辑的牵引下，印度的注意力开始聚焦南太平洋地区。在这 10 年间，印度不仅对南海和太平洋上游海域表示出兴趣，也对澳大利亚和南太平洋表示出兴趣。1998 年 5 月，堪培拉强力谴责新德里核试验，双方出现了一段紧张时期，之后澳大利亚立刻承认了印度在亚洲和国际舞台上分量的变化。[2] 2006 年，澳大利亚和印度签订了一份 2005 年联合海军演习协定以及一份关于 2006 年海上安全合作的更全面的谅解备忘录。[3] 2009

---

[1] 王生荣：《海权对大国兴衰的历史影响》，海潮出版社，2009，第 390 ~ 391 页。
[2] 参见桑迪·戈登（Sandy gordon）著《视野扩大：澳大利亚与印度的新关系》，堪培拉：澳大利亚战略政策研究所（Australia Strategic Policy Institute），2007；罗利·梅卡福（Rory Medcalf）著《伙伴关系中存在的问题：澳大利亚—印度战略纽带计划》（Problems to Partnership: A Plan for Australia-India Strategic Ties），悉尼：罗伊机构（Lowy Institute），2009。大卫·布儒斯特的评论则怀疑性更强，参见《澳大利亚和印度：印度洋以及战略趋同方面的限制》，载《澳大利亚国际事务杂志》2010 年第 5 期，第 549 ~ 565 页。
[3] 大卫·斯科特著《印度作为亚太地区新兴角色的战略必要性》，载《国际研究》2007 年第 2 期，第 132 页。

年11月，澳大利亚总理凯文·拉德（Kevin Rudd）访印期间，双方协议提高国防互动，特别强调了海军合作。除澳大利亚外，印度海军偶尔还向太平洋岛国发起突袭，而且还邀请新西兰参加在安达曼海举行的两年一次的代号"米兰"的演习。

二 印度参与南太平洋地区的现状

随着"亚洲世纪"（Asian Century）第二个十年的来临，范式的转变正在改变国际体系，强有力的行为体正在展现出来，新的同盟正在形成。这对印度既是一个机会，也是一个挑战。[①] 南太平洋地区资源丰富，人口稀少，战略位置日益重要，印度对该地区的兴趣越来越大。印度同该地区的往来有着悠久的历史，大约5000年前，不少印度人曾移民到澳大利亚。19世纪英国统治斐济的时候，印度的契约工人被带到斐济，在甘蔗种植园工作。他们的后代开始控制斐济的贸易和国内服务。[②] 随着全球重心开始转向"印太地区"，再加上中国的崛起和美国"重返亚太战略"的实施，出于地缘经济和地缘战略的目的，印度不得不扩大对南太平洋地区的参与。很大程度上说，印度的参与是在全球地缘政治环境变化的大背景下发生的。上文中已经阐述了三个内在的逻辑催生了印度对南太的参与。然而，与美国、中国、日本等国家相比，印度在南太平洋地区并没有一个稳定的战略。

与区域外的大国美国、日本、中国、法国等相比，印度在南太地区缺乏一种稳定的战略，其对南太地区的参与只是"东进政策"的延续。印度对南太地区缺乏关注体现在其在该地区没有连续一致的外交代表。在14个岛国中，印度只在两个国家有特派使节团，分别是斐济和巴布亚新几内亚，原因是印度在斐济有相当多的印度裔斐济人，与巴布亚新几内亚有着密切的经贸往来。

除了斐济和巴布亚新几内亚之外，印度通过"次区域"接触的手段与其他的12个岛国进行往来。印度在斐济的使节团委派到汤加、图瓦卢、瑙

[①] Tevita Motulalo, "India's Strategic Imperative in the South Pacific", *Gateway House Report*, 2013, p. 9.

[②] I. J. Fairbairn, Charles E. Morrison, Richard W. Baker and Sheree A. Groves, *The Pacific Islands: Politics, Economics and International Relations*, Honolulu: University of Hawaii Press, 1991, p. 31.

鲁和库克群岛；在威灵顿的使节团委派到基里巴斯、萨摩亚和纽埃；在巴布亚新几内亚的使节团委派到瓦努阿图和所罗门群岛；在菲律宾的使节团委派到帕劳、马绍尔群岛和密克罗尼西亚联邦；在巴黎的使节团委派到法属波利尼西亚和其他法国在该地区的领地。① 考虑到这种零散的外交手段，印度很难利用其与南太平洋地区"天然联系"的优势也就不足为奇了。

与此同时，印度的政策重点开始放在扩大其地缘战略视域、冲出东南亚的范围。② 印度2006~2007年国防部的年度报告强调由于国家角色的变化，印度安全利益的范围应当超越传统东南亚的地缘政治范围，对印度来说，东南亚是一个很小的经济空间。③ 这种观点在印度2007年公布的《利用海洋的自由：印度海洋军事战略》以及2009年改版的《印度海洋军事学说》中被进一步阐述，两者都主张印度的空间利益应当超越传统的东南亚和印度洋。

从更宽泛的意义上说，印度扩大空间利益和地缘政治范围也是其"印太"战略视域下的题中应有之义。自2010年之后，"印太"④ 这个概念逐渐在印度政府取得了战略话语权，印度洋-太平洋的地缘政治和地缘经济意识在"印太"概念中日益显现，它把印度"南进"和"东进"的政策联系起来，东印度洋、西太平洋，甚至南太平洋都属于这一战略视域的范畴。不仅印度政府官员在不同的场合使用这一术语，而且很多外交官、海军将领以及有影响力的智库学者，比如希亚姆·萨兰（Shyam Saran）和雷嘉·莫汉（C. Raja Mohan）也强调了这一术语的重要性。印度同日本、澳大利亚和美国的双边和多边关系使"印太"概念具有了更大的吸引力。

然而，迄今为止，印度在南太平洋地区的参与方面成就不大，很大一部

---

① Tevita Motulalo, India's Strategic Imperative in the South Pacific, *Gateway House Report*, 2013, p. 21.
② B. S. Gupta, "India in the Twenty-first Century", *International Affairs*, Vol. 73, No. 2, 1997, pp. 297-314.
③ Government of India, Ministry of Defence, *Annual Report*, 2008, Department of Defence, National Informatics Center Services Inc.
④ 第一个使用"印太"概念的是库拉纳（Gurpreet Khurana），他把这一术语同强有力地贸易流动和潜在的军事冲突联系在一起，参见 Gurpreet Khurana, "Security of Sea lines: Prospects for India-Japan Cooperation", *Strategic Analysis*, Vol. 31, No. 1, pp. 139-153。随后"印太"被前海军上将阿琼·普拉卡什（Arun Prakash）再次使用，他指出现在是使用一个新术语的时候了，"印太"概念的出现恰逢其时，更多内容参见 Arun Prakash, "Rise of the East: The Maritime dimension", *Maritime Affairs*, Vol. 7, No. 2, pp. 1-13。

分原因是印度过分依靠斐济或澳大利亚和新西兰，忽视了发展同其他岛国的关系。

（一）印度参与南太平洋地区的背景

印度政府从1998年5月11日开始，在48小时内连续进行了5次核试验，而且进行了一次发射短程导弹试验，这引起国际社会的强烈谴责。美国和日本表示对印度进行经济制裁，澳大利亚和新西兰都召回了驻新德里的大使以表示抗议，俄罗斯表示要慎重对印度提供武器的政策。此外，奥地利、加拿大、马来西亚、韩国、泰国和印度尼西亚对印度进行核试验表示关切与不安。印度的核试验在全球范围内引起了连锁反应，尤其是在澳大利亚、新西兰和太平洋岛国。一直以来，这些国家抱怨大国的核试验，并致力于推动全球裁军。[1]

太平洋岛国之所以反对核试验，是因为这一地区是大国核试验的受害者。二战后，南太平洋地区是核试验的主要场所。放射性的核污染至今仍然存在。美国1946年在马绍尔群岛开始了核试验，一直持续到1962年。英国从1952年到1957年在澳大利亚进行了核试验，1957年和1958年分别在莫尔登岛和圣诞岛进行了核试验。法国在20世纪50年代早期决定发展核武器，并在法属撒哈拉进行了第一次核试验，1963年阿尔及利亚独立后，法国将核试验转向了法属波利尼西亚的穆鲁路环礁（Muruloa Atoll），在这里进行了一系列的核试验。太平洋岛国论坛采取各种措施反对核试验，同时南太地区也强烈反对任何国家向南太平洋倾倒有辐射性的废弃物。[2] 大国在这一地区的核试验促成了1985年《南太平洋无核区条约》（South Pacific Nuclear Free Zone Treaty）的签署，于1986年开始生效。这个条约表明了太平洋岛国宣布放弃核武器，保证不在这一地区进行核试验或安置核武器，同时获得核大国不对这一地区使用核武器的保证。对于印度1998年的核试验，由于南太平洋地区是核试验的受害者，具有了反核试验的历史记忆，所以岛国给予抱怨与谴责，而且把印度建构成一个敌对者的身份，在温特的建构主

---

[1] Pankaj Jha, "*India and South Pacific-Multilateral Engagement, Bilateral Ties and Diasporic Connections*", Papers presented at the Track II IndiaI-NZ Dialogue, Wellington, New Zealand, 2010, p. 1.

[2] Don Mackay, Nuclear Testing, "New Zealand and France in the International Court of Justice", *Fordham International Law*, Vol. 19, No. 5, 1995, p. 6.

义看来，敌对者身份就是一种霍布斯文化。霍布斯文化的性质是冲突性，但是如果在过程建构主义的视域下，冲突性并不是先验给定的，在过程中关系可以发生变化，从而塑造新的身份。① 所以在新的全球和地区环境下，印度参与南太平洋地区的合作催生其新的身份和意义。

（二）印度与南太平洋地区合作过程的建构

印度和南太平洋地区的互动基于英联邦、联合国和不结盟运动的影响。印度1983年在新德里举办了英联邦首脑政府间会议，分别在1957年、1975年、1991年和2007年举办了每年一次的英联邦议会协会会议。2008年印度在普纳（Puna）成功地举办了英联邦青年运动会，2010年1月举办了英联邦议长和首席军官会议。② 实际上联合国大会是所有国家交流的平台。

印度是亚太经合组织（APEC）的成员，这反而或多或少阻碍了印度与南太平洋地区的接触。在强大暗流作用下，印度追求着"向东看"的政策。主要的政策诱因是东南亚国家出口带动的经济增长以及中国在南太平洋地区的存在。其迫使印度重新调整与东南亚国家的关系，新加坡、印度尼西亚、日本、越南等国家努力使印度加入东盟（ASEAN）、东盟地区论坛（ARF）、东亚峰会（East Asia Summit）等地区安全组织。印度与澳大利亚、新西兰不断增加的不和谐因素以及与斐济并不稳定的关系妨碍了印度与南太地区的接触。由于印度经济的自由化，澳大利亚、新西兰加入了"ASEAN+6"模式以及随后的东亚峰会，印度对南太地区的多边参与发生了转向。尽管印度和德国、巴西、日本未能加入联合国安理会，但是太平洋岛国的重要性和关联性却显现出来。随后印度在南太平洋地区气候变化、发展援助以及人才培训等议题领域的参与提升了其在这一地区的软实力。在印度外交部的报告中，每年都会涉及澳大利亚、新西兰、斐济和巴布亚新几内亚。太平洋岛国被认为是由一串岛国所组成，在广阔的海域上，一些国家在地图上只是一个点，但是它们加入了英联邦，而且太平洋岛国论坛提高了它们在国际上的影响力。太平洋岛国可以通过这个组织在国际舞台上发出自己的声音。论坛最突出的成绩是反对法国在新喀里多尼

---

① 更多关于过程建构主义的内容参见秦亚青《关系与过程：中国国际关系理论的文化建构》，上海人民出版社，2012。
② 《印度和英联邦》，印度外交部，http://www.mea.gov.in/。

亚的殖民主义，特别是在1988年《马蒂尼翁协议》（Matignon Accords）之前。它同样在反对法国在法属波利尼西亚进行核试验问题上扮演着重要的角色。

2002年，印度以观察员身份加入太平洋岛国论坛，承诺向岛国提供超过1000万美元的援助，这反映了印度想参与到这个地区合作的意愿。2009年，印度把援助扩大到14个岛国，援助额从100万美元到125万美元不等。印度外交部2000~2001年的年度报告显示，印度在这个地区的主动性很低，印度的参与在数量上很少，但是在质量上很高。[①] 印度强烈支持"太平洋计划"。[②] 然而，印度将调整外交政策以寻求太平洋岛国在联合国的支持。印度对太平洋岛国的参与同样延续了"向东看"的政策。印度外交部部长克里希纳（S. M. Krishna）指出，太平洋岛国"向北看"的政策与印度"向东看"政策的战略对接将会创造一种协同效应，双方在各个领域合作的潜力很大。

三　印度在南太平洋地区的战略手段

印度海岸线长达7500千米，有1200多个岛屿，专属经济区面积超过200万平方千米。特殊的地缘条件和海洋利益使印度将海洋视为对其国家安全、经济发展和未来命运都具有深远意义的生命线。21世纪以来，印度对海洋的重视进一步加深。在2001年海上问题研讨会上，总理瓦杰帕伊表示，随着现代科技的发展和全球化趋势的加强，印度将成为联结各国努力发展经济的纽带，印度半岛俯瞰着印度洋繁忙的海上通道，印度需要发挥更重要的作用。目前，印度已经不满足于已经取得的海上利益，开始青睐"全球扩展战略"，并开始实施海洋"西挺东进"战略，即东扩进入南中国海、涉足西太平洋，南扩绕过好望角、驰骋大西洋。为此，印度提出面向新世纪的新海军战略——东方海洋战略，优

[①] See Ministry of External Affairs Government of India: "Annual Report 2000 – 2001", http://mea. gov. in/Uploads/PublicationDocs/163_ Annual – Report – 2000 – 2001. pdf.

[②] 太平洋计划的中心是把确认的许多主动性措施当作促进区域发展的主要方式。虽然这些主动性措施存在某种程度的重叠，但是它们主要在4个支柱上发展，分别是经济增长、良好治理、安全和可持续发展。南太平洋地区如果想要提升人民生活水平，促进经济发展，必须重视这些问题。http://www.forumsec. org. fj/pages. cfm/about – us/the – pacificplan/，2014年12月29日。

先发展海军，采用国外引进和自行建造并举的办法大力发展包括航空母舰和核动力潜艇在内的"蓝水海军舰队"，提高海军装备现代化程度。[①] 2004 年发布了《印度海洋学说》，尽管全文基调乐观，却还是宣称"目前在国际权力博弈中军事力量仍然是重要指标，这是一个严峻的现实，因此控制海上咽喉要道可以作为赢取博弈的有用筹码"。[②] 2007 年，印度海军又发布了官方文件《自由使用海洋：印度海上军事战略》。文件序言称，印度海上军事战略支持"在任何环境下为了国家之目的自由使用海洋"。早在冷战结束初期，印度就强调了其海军应当承担的任务，其中之一就是保护印度的海上通道安全，维护海上贸易和通联。众所周知，印度大部分贸易是在南亚以外的地区进行的，结果必然是印度的海上航道由印度洋扩展至大西洋和太平洋。因此，完成保护航道的任务需要印度海军具备有效的作战能力，至少要能保护从马六甲海峡到非洲海岸之间的关键海上通道的畅通。[③] 印度在南太平洋地区战略的主要考量是服务其海洋战略。

（一）加强与太平洋岛国的海洋科技合作

作为濒海国家，印度一直重视发展海洋科技，并将其纳入了海洋战略之中。在印度的海洋战略中，海洋科技扮演着重要的角色。印度国内有相当多的机构从事海洋科技工作，比如位于金奈的国家海洋技术所和沿海及海洋区域一体化平台，位于果阿的南极和海洋研究国家中心，位于海德拉巴的印度国家海洋和信息服务中心。近年来，随着南太平洋的环境问题越来越严峻，国际社会对该海域日益重视。然而，由于太平洋岛国国力弱小，无法靠自身能力解决海洋环境问题。在这种情况下，对于致力于渗透进南太平洋地区的印度来说，发展与岛国的海洋科技合作成为很好的切入点。2015 年 8 月，莫迪在第二届印度—太平洋岛国峰会上表示，"印度和太平洋岛国都是海洋国家，我们愿意以一种可持续的方式来挖掘双方海洋的最大潜力。我们愿意在南太地区建立可持续海洋研究的机构以及关于海洋生物多样性的研究网

---

① 李双建：《主要沿海国家的海洋战略研究》，海军出版社，2014，第 209 页。
② "Indian Maritime Doctrine", Ministry of Defense, https：//www.indiannavy.nic.in/sites/default/files/Indian – Maritime – Doctrine – 2009 – Updated – 12Feb16.pdf.
③ 宋德星：《印度海洋战略研究》，时事出版社，2016，第 173~180 页。

络。同时，我们可以马上开始海洋合作，并利用印度国内的海洋机构来建构"。① 在此次峰会上，印度愿意为 14 个太平洋岛国的专家和官员提供交流的平台，并为海岸检测和水文测量提供直接的支持和能力建构，这将帮助岛国更好地认知专属经济区和加强专属经济区的安全。同时，印度预计在 2016 年召开关于"海洋经济和太平洋岛国"的峰会。②

（二）强化与美国在南太地区的军事合作

从整个亚太地区层面上来说，美国把印度看作是"亚太再平衡"的关键，③ 把提升美印安全合作作为"重返亚太"进程的重要组成部分来推进。印度感受到了美国亚太政策转向对其外交造成的冲击，积极挖掘两国在防务合作、地区秩序等方面的共同利益，对美予以支持和配合。由于地缘政治和地缘经济的双重影响，印度正成为美国、日本、欧盟等国家和国际组织的外交"新宠"。印度政界主流派从现实主义出发，重视美国"再平衡"战略的地缘政治意义，主张加强美印合作。④ 为了维护海上战略通道的安全，美国在南海地区布置了大量的海军前进基地网，这为美国海军提供了重要的补给。就域外大国而言，没有任何一个国家可以与美国的军事实力相抗衡。美国时任国务卿希拉里曾鼓励印度不仅要"向东看"，更重要的是要"向东走"，意图将印度纳入美国主导的亚太新秩序，借助印度来制衡中国。印度则左右逢源，在中美之间搞平衡外交，积极开展外交攻势。⑤ 莫迪 2014 年出访斐济，是印度"向东看"的重要一步，也符合美国将其纳入亚太新秩序的战略动机。2012 年 1 月，美国在官方文件《维持美国的全球领导地位：21 世纪国防的优先任务》中，明确提出了"印度洋—太平洋"战略，它进

---

① "PM's closing remarks at Forum for India Pacific Island Countries Summit", Narendra Modi, http://www.narendramodi.in/pm-s-closing-remarks-at-forum-for-india-pacific-island-countries-fipic-summit-jaipur-282274.

② "Outcome of the Second Summit of the Forum for India-Pacific Islands Cooperation", Ministry of Information and Communications, http://www.mic.gov.to/news-today/press-releases/5552-outcome-of-the-second-summit-of-the-forum-for-india-pacific-islands-cooperation-fipic.

③ "India 'lynchpin' for US strategy in Asia: Panetta," *The Express Tribute*, June 7, 2012, http://tribune.com.pk/story/390176/india-lynchpin-for-us-strategy-in-asia-panetta/.

④ 阮宗泽：《美国亚太再平衡战略与中国对策》，时事出版社，2015，第 196 页。

⑤ 胡欣：《向东看得更远：印度全球外交走进南太平洋》，载《世界知识》2016 年第 8 期，第 34 页。

一步强化了印美战略关系。基于美国与印度在南太平洋方向上的相互需求，双方的战略互动有了基础。未来，印度海军将加强对太平洋岛国的友好访问，以强化在南太平洋的军事存在。①

（三）构建战略支点，确保海上通道安全的依托基地

在马汉看来，"一个想对重要海域确保其控制的国家，不在该海域谋求若干战略据点便无从立足"。② 没有固定的基地，很难真正控制海洋。从古至今，海洋强国维护海洋方面的利益，获得制海权、制海上通道权，都要在海外建立军事基地。以美国为例，美国通过在世界大洋建立更为完善的基地网，尽管大多数通道都远离本土，但其都实现了对远隔万里的海上战略通道的控制。③ 相比其他域外国家而言，印度虽然进入南太地区的时间不长，但是却有着先天的优势，即斐济人口中有接近一半的印度族人。自19世纪开始，大量印度人以契约劳工的身份来到南太平洋地区。契约到期后，很多印度劳工留在了斐济。因此，斐济是印度在南太地区的重要战略关注。历史上，印度曾在斐济的军事政变后，两次中断同其外交关系。但在斐济2006年军事政变后，印度却保持了克制的态度，未中断同其外交关系。斐济位于南太平洋的十字路口，对印度具有重要的地缘战略价值。④ 印度在《2014~2015年度报告》中指出，随着印度总理2014年对斐济的访问，印斐双边关系的发展呈上升趋势。双方在多个领域的互动比较频繁，主要有科技和经济合作、教育和医疗合作、文化交流、发展伙伴关系等。2014年10月19日，莫迪对斐济进行了访问。此次访问将双方的外交关系提升到了战略合作伙伴关系的位置。在莫迪访问期间，他参加了第一届"印度—太平洋岛国合作论坛"，足以表明斐济扮演着印度与太平洋岛国合作中的轴心角色。⑤ 印度在《2015~2016年度报告》中指出，印斐在2015年期间双边关

---

① "Outcome of the Second Summit of the Forum for India-Pacific Islands Cooperation", Ministry of Information and Communications, http://www.mic.gov.to/news-today/press-releases/5552-outcome-of-the-second-summit-of-the-forum-for-india-pacific-islands-cooperation-fipic.
② 〔美〕马汉著《海军战略》，蔡鸿干、田常吉译，商务印书馆，1996，第256页。
③ 梁芳：《海上战略通道论》，时事出版社，2011，第141页。
④ "India reaches into the South Pacific to counter China", World Socialist Web Site, http://www.wsws.org/en/articles/2015/08/27/modi-a27.html.
⑤ Ministry of External Affairs, Annual Report 2014-2015, http://mea.gov.in/Uploads/PublicationDocs/25009_External_Affairs_2014-2015__English_.pdf, 2016, p.24.

系的发展强劲,双边互动更广泛和多样。2015年10月21日,斐济总理姆拜尼马拉马访问了印度,并参加了第二届"印度—太平洋岛国合作论坛",双方讨论了气候变化、防务合作、经贸等多个议题。[1]

(四) 强化气候外交

全球气候变化这一客观事实,使得对其研究开始从能源消耗和温室气体排放转向更高的可持续发展的国家战略层面。它不仅是国际社会需要共同面对的议题,还是国际外交舞台上各国博弈的焦点。随着印度国力的增长,其在国际社会中承担着越来越多的责任,以彰显其大国地位。近年来,气候变化成为印度新时期一个重要的关注议题。全球层面上,印度不断呼吁全球应该控制气候变暖,减缓气候变化的负面影响。地区层面上,太平洋岛国由于特殊的地理位置,受气候变化的影响比其他地区要明显。在这种情况下,伴随莫迪的上台,他对太平洋岛国的气候变化问题日益重视。气候外交现在已经成为印度太平洋岛国的一种新型外交形式。因此,本节主要探究印度对太平洋岛国的气候外交,并分析印度气候外交背后的动因、表现以及未来所面临的挑战。

1. 印度对太平洋岛国气候外交的动因

从总体上来概括,气候外交就是指主权国家或经过授权的国际组织使用交涉、谈判或其他和平方式,来调整全球气候变化或以全球气候变化为手段处理国际关系的行动。[2] 气候变化是外交政策中的一个重要角色。由于全球气候谈判的进程比较缓慢,全球气候外交需要在外交政策中占据显著的地位,这称之为气候外交。[3] 气候外交成为近年来印度对太平洋岛国的一种新型外交手段,是印度国内因素和国际因素综合作用的结果。

第一,有助于提升印度在南太平洋地区的地位。气候变化是太平洋岛国所面临的严重威胁之一。在南太平洋地区,有三个议题被太平洋岛国论坛成员国所确认为重点,其中之一就是气候变化和海洋酸化。[4]《2013~2014年

---

[1] Ministry of External Affairs, *Annual Report 2015-2016*, http://mea.gov.in/Uploads/PublicationDocs/26525_26525_External_Affairs_English_AR_2015-16_Final_compressed.pdf, p. 36.
[2] 陈宝明:《气候外交》,立信会计出版社,2011,第5页。
[3] "Climate Diplomacy-The Initiative", Climate Diplomacy, https://www.climate-diplomacy.org/.
[4] "The Blue Pacific at the United Nations Ocean Conference", Pacific Islands Forum Secretariat, http://forumsec.org/pages.cfm/newsroom/announcements-activity-updates/2017-1/blue-pacific-at-united-nations-ocean-conference.html.

SPC 项目结果报告》指出，"太平洋岛国被认为是对气候变化恶性影响具有特别的脆弱性。由全球变暖引起的海平面上升已经导致了基里巴斯和图瓦卢生活社区的减少。目前的气候变暖态势表明，温度升高将会继续影响生态系统，破坏传统的生活来源，最终会威胁一些岛国的生存。气候变化可以恶化自然灾害的影响，这已经毁坏了基础设施"。① 第46届太平洋岛国《论坛公报》指出，"论坛领导人重申了他们对于气候变化的担忧，气候变化是地区安全和太平洋岛国生活的最大威胁"。②

目前，随着印度加速推进"东进行动"政策，太平洋岛国重要的地缘位置成为印度不可忽略的一部分，因此它日益重视太平洋岛国，不断加大对岛国的投入。然而，与中国、美国、日本等其他域外国家相比，印度在南太平洋地区的影响力相对较低。基于此，印度意图从气候外交的角度切入，帮助太平洋岛国克服在战胜气候变化问题上的脆弱性，加强同太平洋岛国的友好合作关系。对于太平洋岛国而言，生存问题无疑是它们的首要关切。如果不能适应气候变化，它们所制定的发展战略也就无从谈起。对于域外国家在气候变化领域的援助或支持，太平洋持一种强烈的认同态度。在格兰特·怀斯（Grant Wyeth）看来，相比较其他域外国家而言，印度的气候外交使其在南太平洋地区很少有敌对色彩。法国在该地区有着殖民历史，美国是一个庞然大物，澳大利亚与新西兰则是一种家长制的作风。③ 在南太平洋地区"软平衡"博弈态势的背景下，印度的气候外交既可以维持这种"软平衡"的态势，不直接挑战其他域外国家在南太平洋地区既有的势力范围，也可以增强太平洋岛国对其依赖性，提高在该地区的地位。

第二，有助于提升印度的全球海洋治理能力。2015年10月，印度海军制定了《确保海洋安全：印度海洋安全战略》（Ensure Secure Sea: Indian Maritime Security Strategy），其中明确指出，"进入21世纪之后，印度的繁荣与发展将与海洋有着密切的联系。加强海洋合作以及尊重国际法符合印度的国家利益。近年来，印度海洋安全威胁日益复杂，涉及传统安全与非传统安全。在过去的十几年，海盗和武装抢劫事件的增多，自然灾害与地区不稳定

---

① "*SPC Programme Results Report 2013 – 2014*", SPC, 2014, pp. 8 – 9.
② "*Forum Communique*", Pacific Islands Forum Secretariat, September 2015, p. 3.
③ Grant Wyetch, "With historical and cultural links, India looks to firm up relations with Fiji", The Diplomat, December 11, 2017, https：//thediplomat.com/2017/12/in – fiji – indias – pacific – presence – grows/.

因素的增多使得印度海军使得印度海军进行人道主义支持与减轻自然灾害的活动"。[1] 从印度对海洋安全的维护可以窥探出其对海洋治理的重视。维护海洋安全是全球海洋治理的重要客体,而气候变化与海洋治理有着密切的关系。在罗宾·昆蒂·克雷格(Robin Kundis Craig)看来,"气候变化不仅加重了对海洋资源的威胁,还增加了自身的威胁。气候变化正在改变,也将继续改变海洋生态系统。海洋治理需要考虑气候变化的影响,以便保持相关性和有效性"。[2] 某种意义上说,南太平洋比印度洋面临的海洋安全更多元化、复杂化,并且受气候变化的影响更大,因此,印度发展不但有助于南太平洋地区的海洋治理,还可以丰富自身参与全球海洋治理的实践,提升海洋治理能力。

第三,有助于保护太平洋岛国的印度人。截止到2017年12月,斐济共有315198个海外印度人,其中包括1400个非居住的印度人和313798个印度籍人(见表7-1),是太平洋岛国中拥有海外印度人最多的国家。印度移民是在印度政府的监督下被招募到斐济来的。移居斐济的印度人来自次大陆的不同地区,他们多数是来自以前被称为"联合省"(现在的"北方邦")那片辽阔平原的北方人,其中绝大多数来自"联合省"的东部和比哈尔省。印度人不是来斐济充当临时性的劳工,而是来斐济定居和进行拓荒,这种情况是受到鼓励的。印度人向斐济的这种有组织的移入,直到1917年英属印度政府加以制止为止,都在持续进行。今天在斐济的印度人,绝大多数都是那些来自印度的移民在斐济生育的后代,他们把斐济看成是其已归化的国土。[3]

表7-1 太平洋岛国的海外印度人

国家	非居住印度人	印度籍人	海外印度人
斐济	1400	313798	315198
基里巴斯		50	50
马绍尔群岛	14	1	15
密克罗尼西亚	1	0	0
瑙鲁	20	0	0

---

[1] "Ensure Secure Sea: Indian Maritime Security Strategy", Indian Navy, 2015, pp. 16–28.
[2] Robin Kundis Craig, *Comparative Ocean Governance: Placed-Based Protections in an Era of Climate Change*, 2013, Edward Elgar Press, p. 314.
[3] 〔美〕J. W. 库尔特著《斐济现代史》,吴江霖、陈一百译,广东人民出版社,1967,第76~86页。

续表

国家	非居住印度人	印度籍人	海外印度人
帕劳	15	0	15
巴布亚新几内亚	1400	100	1500
萨摩亚	40	30	70
所罗门群岛	20	0	0
汤加	6	40	46
图瓦卢	0	50	50
瓦努阿图	10	800	810

资料来源："Population of Overseas Indians", Ministry of External Affairs, http：//mea.gov.in/images/attach/NRIs – and – PIOs_ 1. pdf。

丽贝卡·欣莉（Rebecca Hingley）在《气候难民：大洋洲的视角》（Climate Refugees：An Oceanic Perspective）中把太平洋岛国居民称为"气候难民""并指出，太平洋目前是世界上受气候变化影响最严重的地区，该地区的国家正努力挣扎在海平面上，并忍受日益严峻的自然灾害。基于这样的现实，国际社会把该地区的居民称为'气候难民'。太平洋岛国自身并不希望被贴上这种标签，因为这将损害它们的自尊心"。[1] 由于海外印度人在太平洋岛国的存在，印度在南太平洋地区有责任去维护他们的利益。海外印度人自然也被贴上了"气候难民"的标签，如果印度不能帮助他们战胜气候变化，海外印度人的自尊心在一定程度上会被挫伤。气候变化是包括斐济在内的太平洋岛国所面临的最大的生存威胁，太平洋岛国的海外印度人也将受此影响。印度发展客观上维护了海外印度人的生存利益，保护了他们的自尊心，维护了印度在国际社会中的良好形象。印度2015年《确保海洋安全：印度海洋安全战略》指出，"保护海外印度人的安全符合印度的国家利益。绝大部分海外印度人居住在海洋国家，如果他们发生暴乱或海外印度人居住在不稳定的环境中，这将威胁印度的海洋安全"。[2]

第四，履行印度的全球责任，维护其国际形象。气候变化是全人类面对的共同课题，与全人类的命运密切相关。在应对气候变化上作出贡献，容易得到其他国家在道义上的支持，有助于维护自身的国际形象。印度《气候

---

[1] Rebecca Hingley, "Climate Refugees：An Oceanic Perspective", *Asia and The Pacific Studies*, Vol. 4, No. 1, 2017, p. 160.

[2] "Ensuring Secure Seas：*Indian Maritime Security Strategy*", Indian Navy, 2015, p. 31.

变化国家行动计划》（National Action Plan on Climate Change）明确了其应对气候变化的国际责任。"气候变化是一个全球挑战，印度将以积极、前瞻性、建设性的方式，参与《联合国气候变化公约》框架下的多边谈判。我们的目标是基于共同但有区别的责任以及各自的能力，建立一个有效的、合作的全球气候治理路径。这样的路径必须体现甘地的有智慧的格言——地球有足够的可以满足人类需求的资源，但并不足以满足人类的贪婪。我们的气候治理路径必须符合印度作为国际社会中的负责任的成员角色，而且准备贡献全球挑战的解决方案。"① 莫迪在2015年巴黎气候大会上强调了全球合作以应对气候变化的倡议，"气候变化是主要的全球挑战。这是全球变暖的结果，主要是由工业时代的化石燃料所造成的。印度必须在应对全球气候变化方面，走在世界前列。我们需要一个真正的全球领导者，具有民主价值观的印度必须快速成长，以满足人们的能源需求"。②

2. 印度对太平洋岛国气候外交的路径

迄今为止，印度与太平洋岛国的对话平台都涉及了气候变化议题。这些平台为双方的沟通与合作，提供了便利。双方的对话平台主要有太平洋岛国论坛会后对话会（PFD，Post Forum Dialogue）和印度—太平洋岛国合作论坛（FIPIC，Forum for India-Pacific Islands Cooperation）。

第一，加大对太平洋岛国的气候援助。20世纪90年代初期印度的经济实力强化了其对于发展援助项目的承诺，但直到21世纪初期，印度的援助总量才开始增加。截止到2016年，印度向161个国家提供了援助，主要的援助国是印度的邻国，特别是不丹、阿富汗、斯里兰卡、尼泊尔和孟加拉国。印度虽然自20世纪50年代就发展与斐济的外交关系，但它援助太平洋岛国始于2006年，即外交部长艾哈迈德（E. Ahmad）宣布每年对14个太平洋岛国的每一个国家援助10万美元。印度对太平洋岛国的援助总量在2009年达到12.5亿美元。2005～2012年，印度对太平洋岛国的发展援助超过5000万美元。③ 2014年11月，印度总理莫迪访问斐济，成为33年来第一

---

① "National Action Plan on Climate Change", India Prime Minister, 2008, p. 1.
② "Climate change is not of our making: Modi at Paris summit", hindustantimes, https://www.hindustantimes.com/india/climate-change-is-not-of-our-making-modi-at-paris-summit/story-AYCPgLGSqWD2kS2o4cZ0RO.html.
③ "India", Pacific Islands Forum Secretariat, http://www.forumsec.org/pages.cfm/strategic-partnerships-coordination/post-forum-dialogue/india.html.

位访问斐济的总理。莫迪宣布对太平洋岛国的无偿援助增加到 20 万美元，额外用于支持太平洋岛国气候适应性机制的建设。印度对太平洋岛国的援助领域主要集中在能力建构、IT、工业发展和气候变化方面。气候变化是增加对太平洋岛国援助的一个重要考量。莫迪宣布建立 100 万美元的"气候适应性基金"，目的是强化太平洋岛国解决气候变化问题的机制。印度在可再生能源，特别是在风能和太阳能领域具有优势，这对太平洋岛国有利。太平洋岛国把此看作是解决气候变化问题的自然领导者。印度在 2015 年巴黎气候谈判期间发出了"国际太阳能联盟"的倡议，它将拨出有效资金来提高太平洋岛国的可再生能源能力。① 自 2014 年之后，印度对太平洋岛国的气候援助特别重视，尤其是在官方层面。印度与斐济签订了合作备忘录，其中第三个合作协定是为斐济提供 7000 万美元的信用额度，用以支持双方发电站建设的合作，这将有助于解决斐济的气候变化问题，扩大双边合作的范围。②

第二，强调气候变化议题的平台。迄今为止，印度与太平洋岛国的对话平台都涉及了气候变化议题。这些平台为双方的沟通与合作提供了便利。双方的对话平台主要有太平洋岛国论坛会后对话会和印度－太平洋岛国合作论坛。印度与所有的太平洋岛国成员国都建立了外交关系，并在 2006 年之后成为 PFD 的对话国，致力于通过 PFD 扩大与论坛成员国的双边关系。印度比较关注太平洋岛国所面临的气候变化问题。因此，在 PFD 上比较重视该议题。③ 2009 年 8 月，印度在 PFD 上不仅表达了印度发展与太平洋岛国外交关系的重要性，还表达了对岛国克服气候变化脆弱性的支持与援助。"印度把与南太平洋地区的接触作为'向东看'政策的继续。太平洋岛国'向北看'与印度'向东看'的政策可以战略对接，这可以创造出协同效应。太平洋岛国自然资源丰富，双方有着很大的合作潜力。东南亚与太平洋是

---

① Denghua Zhang and Hemant Shivakumar, "Dragon versus Elephant: A Comparative Study of Chinese and Indian Aid in the Pacific", *Asia and The Pacific Piolicy Studies*, Vol. 4, No. 2, pp. 262 - 265.

② "MOUs signed between India and Fiji during the visit of Prime Minister to Fiji", Ministry of External Affairs, http://mea.gov.in/bilateral-documents.htm?dtl/24281/MOUs + signed + between + India + and + Fiji + during + the + visit + of + Prime + Minister + to + Fiji.

③ "India PFD Reassessment Report 2012", Pacific Island Forum Secretariat, http://www.forumsec.org/resources/uploads/attachments/documents/India%20PFD%20Reassessment%20Report%202012.pdf.

印度外交政策重点区域，双方的合作是 21 世纪成为'亚太'世纪的前提条件。《印度技术和经济合作》(Indian Technical and Economic Cooperation) 涉及大约 30 个小岛屿发展中国家，其中一个议题包括气候变化。"① FIPIC 是一个于 2014 年成立的印度与 14 个太平洋岛国的合作组织，它的成立落实了 2014 年莫迪访问斐济时达成的成立一个定期举办印度与太平洋岛国之间合作论坛的倡议。② 相比较于其他平台，FIPIC 是印度与太平洋岛国之间的双边交往平台，更具有意义和效率。双方可以在这个平台上探讨各方所关心的议题。2014 年 11 月 19 日，莫迪参加了第一届在斐济举行的 FIPIC，其中会议通过的联合声明包括寻求共享监测气候变化数据的可能性。2015 年，印度举办了第二届 FIPIC。莫迪宣布建立可持续海岸与海洋研究所，同时在太平洋岛国建立海洋多样性研究网络站，目的是帮助岛国适应气候变化。③

第三，举办关于太平洋岛国气候变化的会议。目前，印度举办的与太平洋岛国的关于气候变化的会议不仅是双方进行气候政策对话、处理和调整气候变化领域活动的平台，也是印度谋求取得南太平洋地区气候外交的主导权的表现。2005 年 8 月，在《印度技术和经济合作》的框架中，印度成立了主题为"小岛屿发展中国家主要脆弱性，与印度技术合作的范围"的国际工作坊。小岛屿发展中国家正经历着气候变化的负面影响。该工作坊为印度与小岛屿发展中国家在气候变化领域的合作，提供了平台。④ 同时，《联合国气候变化框架公约》秘书处通过了《小岛屿发展中国家气候变化的脆弱性和适应性》(Vulnerability and Adaptation to Climate Change in Small Island Developing States)，"气候变化的负面影响是 SIDS 实现可持续发展目标的主要障碍。SIDS 面临的气候变化相关的问题主要有气候变化与海平面上升、

---

① "Statement by EAM at Post-Forum Dialogue of Pacific Island Forum", Ministry of External Affairs, http：//mea. gov. in/in - focus - article. htm？1191/Statement + by + EAM + at + PostForum + Dialogue + of + Pacific + Island + Forum.

② "Forum for India-Pacific Islands Cooperation", Wikipedia, https：//en. wikipedia. org/wiki/Forum_ for_ India%E2%80%93Pacific_ Islands_ Cooperation.

③ "India-Fiji Bilateral Relations", Ministry of External Affairs, http：//www. mea. gov. in/Portal/ForeignRelation/India_ Fiji_ XP_ Aug_ 2017. pdf.

④ "Statement by EAM at Post-Forum Dialogue of Pacific Island Forum", Ministry of External Affairs, http：//mea. gov. in/in - focus - article. htm？1191/Statement + by + EAM + at + PostForum + Dialogue + of + Pacific + Island + Forum.

阻碍数据传播的通讯问题……"① 2007 年 4 月 7 日，印度举办了主题为"气候变化与可持续发展"的工作坊，目的是探寻气候变化与可持续发展之间的关系，协助太平洋岛国把适应和减缓气候变化的负面影响整合进国家发展计划与战略。② 2017 年 4 月 24 日，为了保持与太平洋岛国日益密切的关系，印度在斐济举行了与太平洋岛国的"可持续发展会议"。此次会议得到了FIPIC 的支持，并聚焦于太平洋岛国所面临的环境挑战与威胁。同时，会议将提供人与人之间的对话与沟通，目的是鼓励建立一个授权的氛围，以便推动建立战胜气候变化的集体合作。同时，会议致力于形成南太平洋地区广泛的战略政策，目的是减缓和适应气候变化，推动构建气候适应性的区域合作与技术交流。③

四 印度在南太平洋地区的前景

正如上文中所提到的那样，印度在南太平洋地区并没有一个持续稳定的战略，对该地区的参与只是在最近几年才被重视。同其他大国相比，印度应该是一个"迟到的参与者"，其在南太平洋地区面临着很大的挑战，这主要基于以下几个主要的原因。

第一，印度外交政策的偏向性。在印度之前的对南太平洋地区的外交政策中，对岛国的关注很有限。这可以从印度与斐济的关系中看出来。印度之前的总理英迪拉·甘地（Indira Gandhi）和拉吉夫·甘地（Rajiv Gandhi）在 20 世纪访问斐济的时候要求印度人—斐济人社区遵守斐济的宪法。然而，正如一位在斐济的印度外交官所说的，因为斐济之前的宪法本身默认了种族隔离，所以种族危机是不可避免的。④印度欲在南太地区的移民社区中扮演领导角色，这导致了其对南太地区的非援助政策。这一做

---

① "Vulnerability and Adaptation to Climate Change in Small Island Developing States", UNFCCC, 2005, pp. 3 – 5.
② "Workshop on Climate Change and Sustainable Development: A Workshop to Strengthen Research and Understanding", Department of Economic and Social Affairs, https://sustainabledevelopment.un.org/index.php?page=view&type=13&nr=361&menu=1634.
③ "India-Pacific Island Countries Sustainable Development Conference", Ministry of Foreign Affairs, http://mea.gov.in/press-releases.htm?dtl/28412/India__Pacific_Island_Countries_Sustainable_Development_Conference.
④ Tevita Motulalo, "India's Strategic Imperative in the South Pacific", *Gateway House Report*, 2013, p. 22.

法使得太平洋岛国认为印度只是关注这些国家中的印度族的人，而不是把这些国家当成一个真诚的合作伙伴。真诚的合作伙伴可以使印度与所有岛国发展很深的经济、战略和政治联系，但是印度这一政策的效果非常有限，甚至起着副作用。

第二，印度与岛国的经贸往来力度不够。澳大利亚和新西兰是太平洋岛国的主要"援助提供者"，它们利用援助来获得在岛国开采资源的机会，同时源源不断地把产品和服务输送到岛国，岛国成了援助的"净接受者"。相比较接受的援助而言，岛国对澳大利亚和新西兰的经济贡献更大。因此，岛国本身更想要贸易往来，而不是单纯的援助。太平洋岛国的贸易对象主要是澳新、中国、日本、美国等国家，印度同岛国的经贸往来力度很小。只有加大同岛国的经贸往来，才能在南太平洋地区"接地气"，才能从深层次获得接触岛国的机会。

第三，印度的气候援助缺乏透明度。印度的对外援助缺乏统一的行政管理体制，涉及的管理部门繁多，职能出现交叉，导致了其援助政策较为零散，信息公布的完整性和透明度差，印度在这一点上备受西方国家的指责。[①] 印度对太平洋岛国的气候援助形式以双边援助为主，多边援助为辅。迄今为止，印度参与的三方援助工程非常有限，它与一些多边组织（比如世界银行）和包括德国、加拿大在内的国家进行合作，目的是援助 CLMV（柬埔寨、老挝、缅甸、越南）国家。2014 年，印度外交部下属的发展伙伴管理局（Development Partnership Administration）与美国国际开发署（USAID）建立了发展伙伴关系，以便进一步加强在亚非地区的三边合作。然而，印度对三边合作的努力非常有限，而且它过去对发展同传统援助国的三边关系没有很大的兴趣。一个可能的阻碍是印度对外援助的增加缺乏足够的公众理解与支持。这导致了印度的对外援助体系相对不完善，而且在援助过程中缺乏有效的创新动力。除此之外，经合组织国家发展援助委员会（OECD DAC）控制着当下的援助框架，这增加了印度对发展与传统援助国三边关系的疑虑。三边关系中合作与协调的困难是印度对三边合作持犹豫态度的另外一个原因。相比较印度而言，南太平洋地区的援助国更愿意发展同中国的三方合作关系，它们对同中国三方合作的热情很高，并把此作

---

① 唐露萍：《印度的对外援助及其管理》，载《厦门大学国际发展论坛》2013 年第 9 期，第 54~55 页。

为双边关系发展的新形态。① 目前，南太平洋地区传统的援助国是日本、美国、澳大利亚、法国等国家，就对太平洋岛国的援助而言，印度与这些国家的合作很少，较少的互动导致了印度的援助体系不透明。同时，它对太平洋岛国的援助主要集中在斐济和巴布亚新几内亚这两个国家，忽略了其余太平洋岛国，这使得印度的对外援助具有"偏向性"的特点。

第四，印度在南太平洋地区缺乏核心战略利益。在帕特里克·沃尔什（Patrick Walsh）看来，"与其他域外国家相比，印度对南太平洋地区的利益诉求弱，而且距离遥远，印度对该地区的参与缺乏连贯性。印度近年来对南太平洋地区的参与是'东进行动'政策的结果"。② 究其原因，印度缺乏在南太平洋地区的核心战略利益是其战略不连贯的主要原因。目前，印度在南太平洋地区的战略利益是维护一些岛国海外印度人的利益，缺少核心战略利益。拉贾·莫汉（C. Raja Mohan）也认同这个观点。"在斐济，印度移民与当地原住民之间的民族冲突非常激烈，印度唯一的关注点集中在确保海外移民的利益上。"③ 特维塔·莫图拉罗（Tevita Motulalo）认为，"迄今为止，印度在与南太平洋地区的接触方面，成效甚微，很大程度上是因为印度过于依赖斐济或澳大利亚和新西兰"。④ 即便在"东进行动"的地缘战略框架中，南太平洋距离印度比较遥远。地缘政治意义上，美国把南太平洋视为自己的"内湖"，法国在该地区有三个海外领地——法属波利尼西亚、新喀里多尼亚、瓦利斯与富图纳，英国在该地区拥有一个海外领地——皮特凯恩群岛，日本把该地区作为扩大战略纵深的重要跳板，中国则把该地区作为冲破第三岛链的突破口。罗伯特·阿特（Robert J. Art）认为生死攸关利益是根本的利益，如果不能实现这项利益，就会带来灾难性或者近似灾难性的损失。安全是国家的一项生死攸关利益。它意味着保护国家本土免受进攻、侵犯、征服和摧毁。重要利益是这样的一种礼仪，它促进国家的经济繁荣并可能增强国家安全，总体上能够改善国际环境，使之更适合于国家利益的实现，但它

---

① Denghua Zhang, Hemant Shivakumar, "Dragon versus Elephant: A Comparative Study of Chinese and Indian Aid in the Pacific", *Asia and The Pacific Policy Studies*, Vol. 4, No. 2, pp. 267 - 269.
② "India's Pivot to Oceania: Modi and the Pacific Island Nations", The Diplomat, https://thediplomat.com/2016/09/indias-pivot-to-oceania-modi-and-the-pacific-island-nations/.
③ 〔印〕雷贾·莫汉著《莫迪的世界》，朱翠萍译，社会科学文献出版社，2016，第215页。
④ Tevita Motulalo, "*India's Strategic Imperative in the South Pacific*", Gateway House Report, October 2013, p. 22.

的潜在价值或潜在损失都不是很大。① 对这些国家而言，南太平洋地区是其生死攸关利益，关系到国家的安全。

印度在《确保海洋安全：印度海洋安全战略》中指出，"印度处于印度洋地区中央的位置，跨越主要的'国际大洋航线'，具有特定的优势，这使得印度到达大部分'咽喉点'的距离相似，便于海军的补给和调动。印度主要的'咽喉点'有霍尔木兹海峡、莫桑比克海峡、苏伊士运河、马六甲海峡、龙目海峡、巽他海峡等。印度的能源安全高度依赖海洋，80%的原油进口使用了印度洋的'国际大洋航线'。'海上交通线'对于运输重要贸易产品和进行海洋活动有着重要的意义。'海运交通线'的安全与稳定成为重要的国家利益之一。和平时期，'海运交通线'与'国际大洋航线'基本一致，因此，维护'国际大洋航线'航行的安全、稳定和航行自由具有极高的国际重要性"。② 由此可见，对于印度来说，印度洋是其生死攸关利益，关系着国家的能源安全以及战略安全，而南太平洋则是其重要利益。

印度除了所面临的挑战之外，在南太平洋地区也有自己独特的优势。印度的"东进行动政策"与岛国的"向北看"的政策存在战略对接的可能性。在战略对接的前提之下，双方各领域的合作可以很顺畅地展开。比如2015年8月第二届印度与太平洋岛国论坛在印度举行，14个岛国的领导人或代表参加了此次会议。会议就印度与太平洋岛国在联合国气候变化谈判、经贸、科技卫生、防灾减灾、共同实现联合国发展目标等方面的合作进行了讨论。印度还就合作利用卫星科技对气候和海洋环境进行监测、印度海军提供防灾救灾援助、共同开发海洋资源、医药生产以及农业合作等进行了讨论。印度还建议在南太平洋地区建立一处太空观测站，以配合其火星探测等外空科技项目。在印度《2014~2015年年度报告》中，自今年夏季举行的印度与岛国领导人在斐济举行的会议之后，印度认为其与太平洋岛国的关系取得了突破性的进展。印度与太平洋岛国论坛的互动以及对在帕劳举行的小岛屿发展中国家会议的参与增加了其在南太平洋地区承诺的可靠性。③

---

① 〔美〕罗伯特·阿特著《美国大战略》，郭树勇译，北京大学出版社，2005，第58页。
② "Ensuring Secure Seas: Indian Maritime Security Strategy", India Navy, 2015, pp. 16-31.
③ See Ministry of External Affairs Government of India: "Annual Report 2014-2015", http://mea.gov.in/Uploads/PublicationDocs/25009_ External_ Affairs_ 2014-2015_ _ English_ .pdf.

小　结

　　作为一个致力于建设海洋强国的国家,印度在南太平洋的战略还不是很成熟,而且缺乏稳定性。但是基于南太平洋地区重要的地缘战略价值、丰富的海洋资源以及平衡中国的战略考量等,在自身立志成为大国的历史逻辑、成为海洋强国的权力逻辑以及加速"东进政策"的发展逻辑的催化下,印度必然会不断加大对南太地区的参与力度,其对岛国的战略也会越来越稳定。由于印度在该地区有着"天然联系"的优势以及与岛国存在战略对接的可能性,所以绝不能忽视印度日益突出的影响力,而且印度在南太平洋地区不断借助美、日、澳的影响力来推进自己的战略。2014年9月莫迪在东京拜访安倍时,莫迪采取了若干举措,将"特殊的全球战略伙伴关系"付诸实施。迅速发展的印日双边安全合作关系有力地推动了"东进行动政策"。与此同时,印度不断加强同澳大利亚的合作关系。2014年澳大利亚和印度领导人实现了互访,两位领导人承诺要让双边海上合作走上正轨。除了发展与日、澳的双边合作关系之外,莫迪还重新使美印关系焕发活力,意图借助美国来巩固其地缘政治优势,利用美国在南太平洋地区的军事基地,推进印度在该地区的海军力量。

第八章　印度尼西亚建设海洋强国

印尼与太平洋岛国相邻，双方有着很多的共同利益，比如在气候变化、渔业合作、南南国家合作、海洋治理等方面。近年来，印尼与太平洋岛国的互动日益密切，逐渐引起了学术界的注意。目前，大多数学术研究都集中在美国、中国、印度、日本、德国等国家与太平洋岛国的关系，很少有关于印尼与太平洋岛国关系的研究。既有印尼与太平洋岛国关系的研究主要集中两个维度上：渔业合作以及西巴布亚问题视域下的印尼与太平洋岛国外交关系。就渔业合作而言，大卫·豆尔曼（David Doulman）探讨了印尼与太平洋岛国在渔业合作方面的缘起及发展。[1] 皮特·威廉姆斯（Peter Williams）梳理了印尼与南太平洋渔业局的合作，并介绍了印尼的渔业资源概况。[2] 安德鲁·怀特（Dndrew Wright）零星地介绍了印尼与太平洋岛国论坛渔业处的渔业"准入协定"。[3] 就西巴布亚问题视域下的印尼与太平洋岛国外交关系而言，吉姆·埃尔姆斯利（Jim Elmslie）回顾了西巴布亚加入美拉尼西亚先锋集团（MSG）的历史进程，并分析了西巴布亚所面临的阻力及未来的前景。[4] 泰斯·牛顿·凯茵（Tess Newton Cain）在《美拉尼西亚先锋集团的

---

[1] David J Doulman, "Aspects of Fisheries Cooperation Between Indonesia and South Pacific Countries", *FFA Report 91/32*, 1991, pp. 1 – 19.

[2] Peter Williams, "Indonesia Tuna Fisheries: Getting to Know Our Neighbours", *SPC Fisheries Newsletter#129*, May/August 2009, pp. 29 – 33.

[3] Andrew Wright, "The Purse Seine Fishery In The Tropical Western Pacific: Concerns For Its Future", *FFA Report 1990/26*, p. 14.

[4] Jim Elmslie, "Indonesian Diplomatic Maneuvering in Melanesia: Challenges and Opportunities", in Rouben Azizian&Carleton Cramer, ed., *Regionalism, Security&Cooperation in Oceania*, Honolulu: Asia-Pacific Center for Security Studies, 2015, pp. 96 – 109.

复兴》(The Renaissance of the Melanesian Spearhead Group) 指出西巴布亚的复杂性及印尼与 MSG 国家之间的不同关系将严重考验 MSG 国家之间的外交关系。① 诺曼·麦昆因 (Norman Macqueen) 探讨了巴布亚新几内亚与印尼、澳大利亚之间的外交关系，并分析了巴布亚新几内亚国内的政治环境对其外交政策的影响。② 辛格 (L. P. Singh) 分析了印尼对西巴布亚诉求的依据。③

由此可见，既有关于印尼与太平洋岛国的研究维度较少，研究资料匮乏。学术界尚未从海上战略通道的视角研究印尼与太平洋岛国的关系。诚然，渔业与西巴布亚问题是印尼的战略考量，但作为一个有着海洋强国追求的国家，印尼发展与太平洋岛的国外交关系是建设海洋强国的一个关键战略考量。然而，学术界对此的关注明显不够。本章将从海洋战略角度切入，尝试探讨印尼与太平洋岛国的外交关系及前景。

一 印尼与太平洋岛国交往的历史

作为东南亚有影响力的国家，印尼与太平洋岛国的交往由来已久。双方的历史主要集中在移民、西巴布亚问题以及渔业合作三个方面。

（一）移民

早在 3500 年以前，南岛民族被认为是最早到达太平洋岛国的民族，美拉尼西亚人在大约 1000 年以前到达太平洋岛国。大部分专家认为他们来自东南亚，经过印尼抵达太平洋岛国。然而，这两个地区一直没有重大安全联系。④ 在格茨·马肯森 (Gotz Mackensen) 和唐·亨瑞奇 (Don Hinrichsen) 看来，在大洋洲定居的第一批人大约在 20000 年前漂流到美拉尼西亚。他们是来自印尼和亚洲的狩猎人，说的语言与巴布亚语有关。公元前 3000 年至

---

① Tess Newton Cain, "The Renaissance of the Melanesian Spearhead Group", in Greg Fry&Sandra Tarte, ed., *The New Pacific Diplomacy*, Canberra: ANU Press, 2015, pp. 151 – 160.
② Norman MacQueen, "Papua Guinea's Relations with Indonesia and Australia: Diplomacy on the Asia-Pacific Interface", *Asian Survey*, Vol. 29, No. 5, 1989, pp. 530 – 541.
③ L. P. Singh, " Bases of Indonesia's Claim to West New Guinea", *The Australian Quarterly*, Vol. 34, No. 1, 1962, pp. 7 – 16.
④ "Post-Forum Dialogue Partner Re-Assessment Reporting Template 2015", Pacific Islands Forum Secretariat, http://www.forumsec.org/resources/uploads/attachments/documents/Indonesia _ PFD% 20Report% 202015. pdf.

公元前2000年，其他的印尼移民乘着木帆船到达这一地区。印尼迁移到太平洋岛国的定居者一直持续到大约公元前1000年。在这段时期内，南太平洋几乎所有可定居的岛屿都有岛民居住。[1] 印尼在域外国家向太平洋岛国移民浪潮中扮演着中继站的角色。赫洛尔德·韦恩斯（Herold Wiens）强调了这一点。"最古老的迁移浪潮大约发生在50000年前，途径印尼。这波浪潮向北经过菲律宾，最远端可能是中国台湾，由原始的矮小黑人组成。第二波浪潮经过东南亚进入巴布亚新几内亚，最东段到达了新喀里多尼亚。公元前3000或4000年前，太平洋岛国出现了新种类的移民，它们被称为新石器时代的早期印尼人或马来人。它们用木头建造房屋，使用石头斧头和锛子种植小米。史前人口迁移的最后一波浪潮是亚洲人向北经过印尼，乘坐独木舟到达太平洋岛国。"[2]

（二）渔业合作

作为世界上最大的群岛国家，印尼的海洋面积超过580万平方公里，包括320万平方公里的领海和270万平方公里的专属经济区。海洋与印尼居民的生活息息相关，主要是因为65%的人口生活在95.181万平方公里的海岸线上，对海洋资源有着很深的依赖。[3] 渔业在印尼经济增长中扮演着重要角色。它不仅是食物的来源，而且是重要的外汇收入，并创造了就业机会。[4] 印尼的海洋专属经济区与一些太平洋岛国（比如帕劳、巴布亚新几内亚、密克罗尼西亚等）相邻，共享中西太平洋地区的金枪鱼资源。因此，双方之间的渔业合作有着天然的基础。[5] 20世纪80年代，印尼作为南太平洋地区的远洋捕鱼国，与巴布亚新几内亚签订了双边渔业准入协定。巴布亚新几内亚属于太平洋岛国论坛渔业署的成员国。该协定是由印尼和法国的合资公司与巴布亚新几内

---

[1] Gotz Mackensen, Don Hinrichsen, "A 'New' South Pacific", *Ambio*, Vol. 13, No. 5/6, 1984, p. 291.

[2] Herold J. Wiens, *Pacific Island Bastions of the United States*, New Jersey: D. Van. Company, INC., 1962, pp. 8 – 9.

[3] "Post-Forum Dialogue Partner Re-Assessment Reporting Template 2015", Pacific Islands Forum Secretariat, http://www.forumsec.org/resources/uploads/attachments/documents/Indonesia_PFD%20Report%202015.pdf.

[4] N. Naamin, "Indonesian Fisheries For Tuna In The Western Pacific-Eastern Indonesia", *National Fishery Report*, August 1995, p. 1.

[5] Peter Williams, "Indonesian Tuna Fisheries: Getting To Know Our Neighbours", *SPC Fisheries Newsletter#129*, May/August 2009, p. 29.

亚政府之间完成的。① 巴布亚新几内亚在开始没有给予印尼渔船类似日本渔船的手续,但在1987年之后,印尼渔船获得了这样的手续。中西太平洋渔业委员会(WPFCC)的成立是印尼与太平洋岛国进入深度渔业合作的标志。1988年,WPFCC正式成立。由于金枪鱼是中西太平洋地区的主要渔业资源,因此WPFCC重点关注此类资源。基于这个合作平台,印尼与太平洋岛国的渔业合作进入了深度阶段。双方开始展开关于渔业资源的教育和培训交流。印尼一直致力于推动与太平洋岛国关于这方面的交流。1989年,WPFCC成立了"金枪鱼研究工作坊"(Tuna Research Workshop)。该工作坊制定了具体的印尼与太平洋岛国渔业合作的计划,包括推进金枪鱼研究的信息交流、执行给金枪鱼标记号的统一技术标准、渔业专家交流、公布双方交流的信息。②

二 印尼对太平洋岛国外交战略的动因

印尼发展对太平洋岛国的外交战略既有内部原因,又有外部原因,各方面的综合作用共同催生了印尼对太平洋岛国的外交战略。由于独特的地理位置和在国际社会中影响力的日益提升,印尼不断延续"全方位"的外交政策。近年来,由于国际地缘政治的发展,南太平洋地区逐渐成为国际社会中的热点地区。作为南太平洋地区的近邻,印尼逐渐重视南太平洋地区,发展对太平洋岛国的外交战略。在印尼官方外交政策的指针中,"边境外交"是一个重要的方面,其中太平洋岛国是印尼的海上邻国,属于边境外交的范畴。③ 这表明南太平洋地区在印尼官方外交政策中,扮演着不可忽略的角色。具体而言,四个因素促成了印尼发展对太平洋岛国的外交战略。

(一)加强全球海洋治理,维护海洋安全

海洋与印尼居民的生活息息相关,主要是因为65%的人口生活在

---

① David J. Doulman, "DIstant-Water Fishing Access Arrangements For Tuna In The South Pacific", *FFA Report 90/14*, March 1990, p. 6.
② David J. Doulman, "Aspects of Fisheries Cooperation Between Indonesia And South Pacific Countries", *FFA Report 91/32*, April 1991, pp. 3 – 20.
③ "Direction of Indonesian Foreign Policy", Ministry of Foreign Affairs Republic of Indonesia, http://www.kemlu.go.id/en/kebijakan/landasan-visi-misi-polugri/Pages/Direction-of-Indonesian-Foreign-Policy.aspx.

95.181万平方公里的海岸线上，对海洋资源有着很深的依赖。① 2016年4月，印尼发布了新版的《国防白皮书》（Defence White Paper），强调了印尼政府要把印尼建设成全球海洋强国，同时指出了维护海洋安全的必要性，"作为一个群岛国家和海洋国家，印尼对于建立地区安全非常感兴趣，包括加强海洋安全，目的是支持印尼成为'全球海洋支点'的理念。印尼国防政策致力于保护海洋资源、维护群岛国家的身份和使印尼呈现为一个海洋国家"。② 南太平洋面临着全球较为复杂的海洋问题，由于印尼与南太平洋地区地理上的邻近性，南太平洋地区的海洋问题与印尼的海洋安全息息相关。苏西洛在第二届PIDF峰会上指出，"印尼从来都是一个海洋国家。对国家安全来说，海洋是一个战略空间、是数百万人民生活的主要来源。作为一个群岛国家，印尼的首要任务是与太平洋岛国共同合作，保护渔业资源和海洋资源。双方可以在海洋保护区之间合作建设联系通道。印尼将支持扩大其他太平洋岛国在'珊瑚礁三角区行动计划'中的参与。同时，印尼将强化与太平洋岛国在减缓气候变化领域中的合作，以更好地进行全球海洋治理"。③ 印尼代表团主席在第29届PIF-FDP对话会上鼓励PIF成员国加强海洋治理，"印尼与PIF成员国在很多方面具有相似之处，包括加强区域海洋治理。印尼愿意同PIF成员国构建海洋治理合作伙伴关系"。④

全球海洋治理作为一种机制，本质上就是一种合作。之所以会发生这种合作，是因为各国面临着共同的海洋问题，因此具有共同的利益。由于治理海洋问题需要的不是偶发的合作，而是采取系统的共同行动。印尼加强与太平洋岛国在海洋治理领域的合作具有必要性。太平洋岛国面临着严重的海洋问题。自古以来，海洋是太平洋岛国居民生活重要的一部分。南太平洋为岛

---

① "Post-Forum Dialogue Partner Re-Assessment Reporting Template 2015", Pacific Islands Forum Secretariat, http://www.forumsec.org/resources/uploads/attachments/documents/Indonesia_PFD%20Report%202015.pdf.

② "2015 Defence White Paper", Defence Ministry of Republic of Indonesia, https://www.kemhan.go.id/wp-content/uploads/2016/05/2015-INDONESIA-DEFENCE-WHITE-PAPER-ENGLISH-VERSION.pdf.

③ "PIDF-Indonesia Bilateral Meeting", PIDF, http://pacificidf.org/pidf-indonesia-bilateral-meeting/.

④ "Indonesia Encouraged PIF Countries to Strengthen Pacific Ocean Governance", Ministry of Foreign Affairs Republic of Indonesia, http://www.kemlu.go.id/en/berita/Pages/Indonesia-Encouraged-PIF-Country-to-Strengthen-Pacific-Ocean-Governance.aspx.

国的居民提供了交通、资源、食物以及身份认同感。[①] 在过去的数十年间，南太平洋地区的海洋治理面临着严重的威胁，出现了很多海洋问题，比如过度捕捞、环境污染日益严重、海水温度增高、海平面上升等，这些问题严重破坏了海洋环境及海洋生态系统。

（二）防止西巴布亚独立，维护国家统一

印尼发展同太平洋岛国的外交关系的战略考量之一是防止西巴布亚的独立、维护国家统一。然而，目前不少太平洋岛国支持西巴布亚加入 MSG，而且澳大利亚某种程度上也支持西巴布亚的自由独立运动，这对印尼提出了很大的挑战。印尼的官方外交政策指针中明确指出，"外交和推动国际合作的目的是保持印尼的完整和团结"。[②] 巴布亚是印尼最东部的一个省份，包括新几内亚的一部分和附近岛屿，一直都有分离活动。西巴布亚一直致力于加入 MSG，寻求成为南太平洋区域组织的成员国，这遭到了印尼的强烈反对，因为此举可能会强化西巴布亚追求独立的运动。西巴布亚的美拉尼西亚居民长期寻求从印尼独立出去，自 1962 年印尼接管以后，西巴布亚的独立想法一直被印尼军方所打压。太平洋岛国（特别是斐济）的国内发展使得它们在 MSG 内部鼓励西巴布亚独立，但遭到了印尼的强烈反对。印尼发展同 MSG 成员国外交关系的推动力就是抑制太平洋岛国对于西巴布亚独立的支持。作为西巴布亚最庞大的组织，西巴布亚自由国家联盟（WPNCL）致力于寻求独立，2013 年在努美阿举行的 MSG 年度峰会上，WPNCL 被鼓动申请 MSG 的成员国资格。所有的 MSG 成员国起初支持 WPNCL 的这一申请。MSG 的主席、斐济总理姆拜尼马拉马会见了西巴布亚的外交官、WPNCL 的副主席约翰·奥托·昂达韦姆（John Otto Ondawame），并鼓励他提交申请。申请成功的概率原本很大，但是由于印尼劝说 MSG 拒绝 WPNCL 的申请，因此此次申请最终失败。失败的两个主要的原因是西巴布亚的人权问题和 WPNCL 作为西巴布亚人代表机构的合

[①] World Bank, "A Global Representative System of Marine Protected Areas, Marine Region 14: Pacific", 1995, p.2. http://www.environment.gov.au/coasts/mpa/nrsmpa/global/volume4/chapter14.html.

[②] "Direction of Indonesian Foreign Policy", Ministry of Foreign Affairs Republic of Indonesia, http://www.kemlu.go.id/en/kebijakan/landasan - visi - misi - polugri/Pages/Direction - of - Indonesian - Foreign - Policy.aspx.

法性问题。① 就西巴布亚的人权问题而言，PIF 在第 48 届论坛峰会上做了专门的讨论，"论坛领导人认识到论坛成员国应该以一种公开、建设性的方式，就西巴布亚和巴布亚的人权问题和选举问题，与印尼进行建设性的接触"。②

在 MSG 成员国之中，就 WPNCL 的申请 MSG 成员国资格问题，瓦努阿图、斐济持强烈反对的态度，而新喀里多尼亚、所罗门群岛和巴布亚新几内亚的态度不确定。瓦努阿图一直支持西巴布亚人以及他们对于独立的渴望。这不仅是瓦努阿图政治精英的一种个人情感，而是社会基层中的强烈意愿。瓦努阿图在 1980 年独立的时候，西巴布亚就是其政治画面（political landscape）中的一部分。瓦努阿图首任总理沃尔特·利尼（Walter Lini）曾说过，"如果美拉尼西亚的其他部分（特别是西巴布亚）被外国势力控制，该国就绝对不是真正地获得自由"。不像美拉尼西亚其他国家，西巴布亚引人注目的运动在瓦努阿图持续存在，这保证了瓦努阿图的报纸和媒体可以报道西巴布亚运动。因此，西巴布亚问题嵌入了瓦努阿图的民族灵魂和国内政治议程之中。印尼一直意识到瓦努阿图对于西巴布亚独立的支持，只是在近年来才注重发展与瓦努阿图的外交关系，抑制西巴布亚的独立。随着瓦努阿图与印尼经济关系与战略关系的发展，它对西巴布亚的支持逐渐减弱。斐济同样积极支持西巴布亚申请 MSG 成员国的资格。2013 年 3 月，WPNCL 的副主席约翰·奥托·昂达韦姆对斐济进行了访问，并在申请 MSG 成员国资格问题上，得到了斐济的积极响应。印尼为了改变斐济对西巴布亚的立场，加强了对斐济的援助和支持。比如，关于举办联合国"特殊的非殖民化委员会"地区会议，印尼为斐济补贴了 30000 美元的资金。在 2013 年 PIDF 会议上，印尼总统苏西洛作为主要客人，就气候变化和可持续发展问题发表了公开演讲。这表明斐济与印尼的关系进一步得到了强化。苏西洛声称，"印尼可以成为太平洋岛国，特别是斐济，与亚洲地区和世界其他地区沟通的渠道"。姆拜尼马拉马对苏西洛的访问和 PIDF 会议的成功感到欣喜，称"苏西洛的访问是斐济最伟大

---

① Jim Elmslie, "Indonesian Diplomatic Maneuvering in Melanesia: Challenges and Opportunities", in Rouben Azizian & Carleton Cramer, *Regionalism, Security & Cooperation in Oceania*, Honolulu: Asia-Pacific Center for Security Studies, 2015, pp. 96 – 98.

② "Forum Communique", Pacific Islands Forum, September 2017, p. 7. http://www.forumsec.org/resources/u ploads/embeds/file/Final_ 48%20PIF%20Communique_ 2017_ 14Sep17. pdf.

的事情之一"。所罗门群岛、巴布亚新几内亚和新喀里多尼亚的态度对西巴布亚独立的态度并不是很强烈。①

（三）树立国际形象，在国际事务中获得太平洋岛国的支持

2010 年 8 月 17 日，印尼总统苏西洛发表了首份国情咨文，重新塑造印尼的外交目标，即成为东南亚地区的一个大国，扮演负责任大国的角色。凭借优越的地理位置、经济的日益发展以及国内政治的日趋稳定，印尼不断谋求在国际事务中的影响力。印尼的官方外交政策指针中明确指出，"印尼致力于在维护国际和平方面扮演重要的角色，比如：积极在联合国论坛上维护倡议，目的是鼓励联合国安理会的改革。印尼自由、积极的外交政策需要在联合国关于解决国际和平与安全问题的论坛中得到一贯的支持，印尼将积极参与关于国际合作的会议"。② 2016 年的《国防白皮书》同样提出，"印尼一直以独立的原则重点发展自由、积极的外交政策，同时维护国际和平"③。为了维护国际和平，印尼积极参与联合国维和行动。截止到 2015 年 12 月 30 日，印尼派遣了 2840 人去执行 10 项维和任务，成为全球第十二大军队、警察派遣人数最多的国家。④ 这不仅有助于国际社会的和平，而且提高了印尼在国际社会中的影响力。

对印尼来说，为了提高在国际事务中的发言权，树立国际形象，太平洋岛国是非常具有吸引力的一个"投票集团"和"发声集团"。目前，印尼对国际组织保持着积极的正向参与，加入了许多国际组织，而且近年来，随着全球化的发展，太平洋岛国也成为不少国际组织的成员国或合作伙伴，因此双方同为不少国际组织的成员国，在这些国际组织的框架中有

---

① Jim Elmslie, "Indonesian Diplomatic Maneuvering in Melanesia: Challenges and Opportunities", in Rouben Azizian & Carleton Cramer, *Regionalism, Security & Cooperation in Oceania*, Honolulu: Asia-Pacific Center for Security Studies, 2015, pp. 98 – 107.

② "Direction of Indonesian Foreign Policy", Ministry of Foreign Affairs Republic of Indonesia, http://www.kemlu.go.id/en/kebijakan/landasan - visi - misi - polugri/Pages/Direction - of - Indonesian - Foreign - Policy.aspx.

③ "2015 Defence White Paper", Defence Ministry of Republic of Indonesia, 2016, p. 2. https://www.kemhan.go.id/wp - content/uploads/2016/05/2015 - INDONESIA - DEFENCE - WHITE - PAPER - ENGLISH - VERSION.pdf.

④ "Indonesia and the United States Peacekeeping Operations", Ministry of Foreign Affairs Republic of Indonesia, http://www.kemlu.go.id/en/kebijakan/isu - khusus/Pages/Indonesia - and - the - United - Nations - Peacekeeping - Operations.aspx.

着广阔的合作潜力,比如亚洲开发银行、G-77、PIF、联合国、世界银行等。以太平洋岛国的联合国维和行动为例,1970年10月13日,刚宣布独立几天的斐济便加入联合国。从此,斐济一直积极支持联合国的维和事业,几乎参加了1978年以来联合国组织的所有维和行动。斐济维和人员的身影常常出现在全世界最动荡、最危险的国家和地区,为联合国的维和事业做出了不可磨灭的贡献。多年来,斐济士兵在黎巴嫩、西奈半岛、戈兰高地、伊拉克以及巴尔干的科索沃还有非洲、大洋洲等地长期执行联合国维和任务。自1948年联合国在全世界开展维和行动以来,有120多个国家在不同历史时期根据联合国要求派出自己的维和人员。[①] 根据2017年2月当月的统计数据,斐济派出的维和人员数量在参加联合国维和行动的126个国家中排名第37位。[②] 作为联合国维和行动贡献比较大的国家,印尼与包括斐济在内的太平洋岛国在国际维和领域的合作日益密切。2014年,斐济、巴布亚新几内亚、所罗门群岛的外交部部长以及MSG的高级代表访问了印尼,双方签订了九项联合声明,其中包括加强在联合国维和领域的合作。[③]

(四) 维护海上战略通道安全

印尼独特的地理位置和海洋文化使其对海洋比较重视,尤其是对海上战略通道更为重视。印尼是世界上最大的群岛国家,位于印度洋与太平洋之间的十字路口上。它拥有17000多个岛屿,占据着全球重要的海上战略通道。印尼的《群岛展望》(Archipelagic Outlook)一直是印尼作为民族国家明确身份和地缘环境的标准指导。它把印尼群岛设想为一个完整的实体,海洋和海峡是天然的桥梁,而不是各岛之间交流、族群联系的障碍。[④] 海洋在印尼的地缘战略环境中扮演着重要的角色。基于独特的地理位置,印尼的海洋活动开始的比较早。早在公元7世纪,借助强大的海上力量,大国室利佛逝频

[①] М. А. Мунтян, Основы Теории Международных Отношений, Учебное Пособие, Москва 2007, cc92-93.

[②] Ranking of Military and Police Contributions to UN Operations, http://www.un.org/en/peacekeeping/contributors/2017/feb17_ 2.pdf.

[③] "Building relations with Pacific Island countries", The Jakarta Post, http://www.thejakartapost.com/news/2014/01/25/building-relations-with-pacific-island-countries.html.

[④] Evan A. Laksmana, "The Enduring Strategic Trinity: Explaining Indonesia's Geopolitical Architecture", Journal of the Indian Ocean Region, Vol. 7, No. 1, 2011, p. 98.

繁与周边国家展开交往。在中国的明朝时期，爪哇岛上的满者伯夷与明朝政府保持着商贸来往。① 历史上，印尼人就比较重视水域与陆地之间的联通性。印尼的国家术语"tanah air kita"（意为我们的陆地和水域）体现了这一点。②"印尼作为一个独立国家是建立在群岛与水域连接在一起的概念基础上。这些海洋被视为一个统一在一起而不是孤立的元素。这是印尼第一个政治宣言，并推动了1908年的印尼民族主义运动，进而导致了为争取国家独立而进行的斗争。"③ 虽然1957年《朱安达宣言》（Djuanda Declaration）首次提出了海洋是印尼关键组成部分的观念，但海上战略通道被印尼政治和军方领导人重视则是通过三次重要事件来确认的。它们分别是20世纪50年代末在苏门答腊岛和苏拉威西岛反对分离主义的斗争、20世纪60年代早期同荷兰就西伊里安的冲突以及20世纪60年代中期同马来西亚的冲突。在这些冲突中，控制主要用于补给、渗透以及联系的海上战略通道对每次冲突的结果起到了关键作用。印尼后来的政治和军事领导人深刻认识到了这一点。1966年，印尼在一份战略文件中发展并确认了《朱安达宣言》的思维，公开承认印尼位于东南亚海上十字路口的地缘战略位置。这对于印尼的战略控制和平衡既是机会，又意味着脆弱性。④ 在苏哈托政府看来，1982年《联合国海洋法公约》的签订延伸了印尼的领海，并使印尼引入了200海里专属经济区的概念，还刺激了区域经济的增长，但更为重要的是，它使印尼意识到了海上战略通道的重要性。经济方面，印尼对海上战略通道也有着很深的依赖。印尼90%多的贸易要经过马六甲海峡以及三个主要的转换海上航线。由于航空运输的成本较高以及缺少机场，印尼在这些海上战略通道附近建立了很多油气基础设施。它们是印尼国内交通线的重要组成部分。因此，确保对这些海上战略通道的控制并维护其安全符合印尼的经济和战略利益。⑤

---

① Mangindaan, *Maritime Strategy of Indonesia in 2000 – 2010*, Thailand: White Lotus Press, 2002.
② Hasnan Habib, "Technology for National Resilience: The Indonesian Perspective", in Desmond Ball, Helen Wilson, *New Technology: Implications for Regional and Australian Security*, Canberra: Strategic and Defence Studies Center, 1991, pp. 63 – 64; Hasjim Djalal, "The Concept of Archipelago Applied to Archipelagic States", *Indonesia and the Law of the Sea*, 1995, p. 294.
③ Charlotle Ku, "The Archipelagic States Concept and Regional Stability in Southeast Asia", *Case W. Res. J. Int'l L*, Vol. 23, No. 463, 1991, p. 463.
④ Alan Dupont, "Indonesian Defence Strategy and Security: Time for a Rethink?", *Contemporary Southeast Asia*, Vol. 18, No. 3, 1996, p. 287.
⑤ Alan Dupont, "Indonesian Defence Strategy and Security: Time for a Rethink?", *Contemporary Southeast Asia*, Vol. 18, No. 3, 1996, pp. 287 – 288.

2014年10月，印尼总统佐科在世界领导人参加东亚峰会之前，提出了"全球海洋支点"的理念，并将该理念作为其未来五年执政的指导方针。佐科指出，"海洋在印尼未来的发展中，扮演着日益重要的角色。作为海洋国家，印尼必须承认自己是印度洋与太平洋之间的重要力量"。佐科同时表示印尼要积极参与印度洋和太平洋地区。"我们渴望印度洋和太平洋地区保持和平、稳定，而不是作为自然资源争夺、领土纠纷或海洋霸权的平台。"佐科的"全球海洋支点"理念包括五个支柱，分别是重塑印尼海洋文化、治理海洋资源、重点关注海洋基础设施以及海洋联通性的发展、开展海洋外交、增强海洋防务力量。在佐科的海洋理念中，开展海洋外交是其重点之一。应当指出的是，维护海上战略通道的安全是海洋外交的重要内容。与全球海洋文明时代相衔接的海洋外交的兴起值得关注。海洋外交的兴起有多个方面，其中两个方面是海洋成为各国资源能源索取和竞争的对象以及各国对国际海洋战略通道日益敏感。[1] 正如佐科所言，"印尼将通过海洋外交，邀请其他国家在海洋领域开展合作，减少海上冲突的根源，比如非法捕鱼、侵犯主权、领海争端、海盗、海洋污染"。[2] 2016年4月，印尼发布了新版的《国防白皮书》，强调了印尼政府要把印尼建设成全球海洋强国，同时指出了维护海洋安全的必要性，"作为一个群岛国家和海洋国家，印尼对于建立地区安全非常感兴趣，包括加强海洋安全，目的是支持印尼成为'全球海洋支点'的理念。印尼国防政策致力于保护海洋资源、维护群岛国家的身份和使印尼呈现为一个海洋国家。印尼独特的地理位置是其位于十个海上邻国的中心位置。海洋对印尼的贸易至关重要。这使得印尼对海洋安全威胁非常脆弱"。[3]

与列强竞争的殖民时代相比，当下的全球语境发生了深刻的变化。围绕争夺海上战略通道的零和博弈与消极竞争不符合时代潮流，维护海上战略通道的安全成为世界各国的共识。佐科的海洋强国战略一方面是把印尼建设成为全球海洋战略支点，发挥印尼优越的地缘战略价值，另一方面要

---

[1] 马建英：《海洋外交的兴起：内涵、机制和趋势》，载《世界经济与政治》2014年第4期，第56~58页。

[2] "Jokowi launches maritime doctrine to the world", The Jakara Post, November 13, 2014, http://www.thejakartapost.com/news/2014/11/13/jokowi-launches-maritime-doctrine-world.html.

[3] "2015 Defence White Paper", Defence Ministry of Republic of Indonesia, https://www.kemhan.go.id/wp-content/uploads/2016/05/2015-INDONESIA-DEFENCE-WHITE-PAPER-ENGLISH-VERSION.pdf.

为印尼海洋强国建设创造一个良好的地缘战略环境。维护南太平洋海上战略通道的安全符合印尼海洋强国建设思路。南太平洋面临着全球较为复杂的海洋问题，由于印尼与南太平洋地区地理上的邻近性，南太平洋地区的海洋问题与印尼的海洋安全息息相关。苏西洛在第二届太平洋岛国发展峰会（PIDF）上指出，"印尼将支持扩大其他太平洋岛国在《关于珊瑚礁渔业和食物安全的珊瑚礁三角区行动倡议》（Coral Triangle Initiative on Coral Reefs, Fisheries and Food Security, CTI-CFF）中的参与。同时，印尼将强化与太平洋岛国在减缓气候变化领域中的合作，以便更好地进行全球海洋治理"。①《国防白皮书》也提出了建立全球伙伴关系的必要性。"印尼积极鼓励建立全球伙伴关系，推动一致性精神，在互信基础上加强合作。从非传统安全的角度看，亚太地区有着海盗、毒品走私、武器走私的长期历史。由于各种原因，恐怖主义问题日益严峻。因此，这需要国际合作，来共同应对非传统安全威胁。"②

三　印尼对太平洋岛国的外交战略手段

印尼对太平洋岛国的战略手段主要集中在增加对外援助、加强人文交流、增加贸易往来等方面，这些战略手段有效提高了印尼在南太平洋地区的影响力，尤其是在美拉尼西亚地区。印尼对南太平洋地区的参与为太平洋岛国带来了很多机会，比如太平洋岛国非常欢迎来自印尼不断增多的发展援助，主要是因为所有的美拉尼西亚国家仍然滞后于它们自身的发展目标。印尼加入太平洋岛国的外交混合体有助于增强美拉尼西亚国家在与澳大利亚、新西兰和其他援助国谈判时的地位。③

第一，强化对太平洋岛国的援助。2013年，印尼总统苏西洛承诺将通过很多能力建构的项目，为太平洋岛国提供2000万美元的援助。这些能

---

① "PIDF-Indonesia Bilateral Meeting", PIDF, http：//pacificidf.org/pidf-indonesia-bilateral-meeting/.
② "2015 Defence White Paper", Defence Ministry of Republic of Indonesia, https：//www.kemhan.go.id/wp-content/uploads/2016/05/2015-INDONESIA-DEFENCE-WHITE-PAPER-ENGLISH-VERSION.pdf.
③ Jim Elmslie, "Indonesian Diplomatic Maneuvering in Melanesia: Challenges and Opportunities", in Rouben Azizian&Carleton Cramer, *Regionalism, Security & Cooperation in Oceania*, Honolulu：Asia-Pacific Center for Security Studies, 2015, p. 97.

力建构的项目包括很多领域，主要有农业、渔业、教育、治理、能源、基础设施建设、灾害风险治理、林业、旅游业等。从 2000~2015 年，印尼完成了 137 个能力建构的项目，其中为太平洋岛国论坛成员国提供了 136 个项目。① 为了帮助太平洋岛国战胜气候变化带来的严重挑战，2014 年苏西洛在第二届太平洋岛国发展论坛上表示，"印尼将为太平洋岛国提供 2000 万美元的援助，目的是帮助岛国适应气候变化，推动南太平洋地区'绿色经济'的发展"。同时，苏西洛还指出，"我们的世界面临着气候变化带来的严重挑战，因此我们需要发展绿色经济。印尼将积极与太平洋岛国建立合作机制，力求减缓气候变化带来的负面影响"。② 作为南太平洋地区最大的两个岛国，斐济和巴布亚新几内亚是印尼重点发展的两个对象。2016 年 4 月，印尼政治、法律、安全协调部长班查伊丹（Luhut Binsar Pandjaitan）访问了斐济和巴布亚新几内亚。班查伊丹在访问斐济时表示，印尼将扩大对斐济的财政援助，以帮助斐济从今年 2 月份的"温斯顿"台风中恢复过来。③

第二，加强与太平洋岛国的外交联系。为了加强与太平洋岛国的外交联系，印尼主要是发展与区域组织及次区域组织的联系、建立外交使团。印尼与几乎所有 PIF 成员国建立了外交关系，目前在南太平洋地区有 10 个外交使团，其中在澳大利亚有 1 个大使馆、3 个总领事馆、1 个领事馆，在斐济有 1 个大使馆，在巴布亚新几内亚有 1 个大使馆、1 个总领事馆，在新喀里多尼亚有 1 个大使馆，在新西兰有 1 个大使馆。就区域组织而言，印尼主要是发展与太平洋岛国论坛（PIF）及 PIDF 的关系。2001 年，印尼成为太平洋岛国论坛会后对话国。自 1989 年起，太平洋岛国论坛会后对话（PFD）成为 PIF 与对话伙伴之间的定期会议。自成为论坛会后对话伙伴之后，印尼从未缺席过论坛会后对话会。对印尼而言，成为 PIF 成员国具有重要的意义。印尼加入 PFD - PIF 会议体现了其接近太平洋岛国的努力，特别是为了

---

① "Post-Forum Dialogue Partner Re-Assessment Reporting Template 2015", Pacific Islands Forum Secretariat, http：//www. forumsec. org/resources/uploads/attachments/documents/Indonesia _ PFD% 20Report% 202015. pdf.

② "Indonesia pledges ＄20m to help pacific nations fight climate change", ABC, http：//www. abc. net. au/news/2014 - 06 - 19/an - sby - in - fiji - pidf/5535892.

③ "Indonesia strengthens ties with South Pacific nations", ANTARA News, http：//www. antaranews. com/en/news/104056/indonesia - strengthens - ties - with - south - pacific - nations.

保持印尼的国家完整性。① 除了 PIF 之外，印尼还积极发展与 PIDF 的关系。2014 年 6 月，苏西洛在第二届 PIDF 峰会上表示，"PIDF 对于实现可持续太平洋社会的渴望与印尼四元发展理念（促增长、亲贫困、重视环保、强调就业）类似，因此印尼可以进一步加强与 PIDF 的合作与关系。具体而言，其一，印尼致力于加强与 PIDF 在共同关心的领域进行合作。在减缓气候变化方面，印尼将承诺拓宽与 PIDF 的合作网络；其二，印尼将致力于提高其同南太平洋地区的连通性，以克服距离的挑战。更好的连通性可以提高国家之间的互动。因此，印尼在去年其主持的 APEC 会议上，讨论了与太平洋岛国的连通性；其三，印尼承诺扩大与 PIDF 成员国的经贸联系，特别是在贸易和投资领域；其四，印尼承诺充分利用与 PIDF 成员国的联系。近年来，基于平等、相互尊重主权和独立的原则，印尼建立了与绝大部分太平洋岛国的外交联系"。② 2015 年 11 月 19 日，印尼政府代表团在位于苏瓦的 PIDF 秘书处会议上重申了双方要在具有共同利益的领域，强化双边关系与合作。③

除了发展与 PIF 和 PIDF 这两个区域组织的关系之外，印尼还注重发展同南太平洋地区次区域组织——美拉尼西亚先锋集团（MSG）之间的关系。MSG 的建立基于"美拉尼西亚独立国家间合作的一致性原则"（Agreed Principles of Cooperation Among Independent States Melanesia），该协议于 1988 年 3 月 14 日在维拉港签订。MSG 的成员国包括斐济、新喀里多尼亚、巴布亚新几内亚、所罗门群岛和瓦努阿图。1996 年 6 月 7 日，与"美拉尼西亚独立国家间的一致性合作原则"相似的文件在特洛布里安群岛签订，主要内容是同意成员国共同合作，以推动成员国经济的发展。2005 年 8 月，在巴布亚新几内亚召开的第 16 届峰会同意建立 MSG 秘书处，并决定把 MSG 定名为一个次区域组织。在斐济召开的 MSG 第 18 届峰会上，印尼被首次任命为观察员，这意味着印尼可以加强与 MSG 成员国之间的合作。④

---

① "Pacific Island Forum", Ministry of Foreign Affairs Republic of Indonesia, http：//www.kemlu.go.id/en/kebijakan/kerjasama‐regional/Pages/PIF.aspx.
② "His Excellency Prof. Dr. Susilo President of The Republic of Indonesia", PIDF, http：//pacificidf.org/wp‐content/uploads/2014/08/President‐SBYs‐Speech.pdf.
③ "PIDF-Indonesia Bilateral Meeting", PIDF, http：//pacificidf.org/pidf‐indonesia‐bilateral‐meeting/.
④ "MSG", Ministry of Foreign Affairs Republic of Indonesia, http：//www.kemlu.go.id/en/kebijakan/kerjasama‐regional/Pages/MSG.aspx.

第三，增强贸易往来。从 2010 年至 2014 年，印尼向南太平洋地区的出口平均每年增长 4.29%，南太平洋地区向印尼的出口平均每年增长 2.36%。印尼主要从南太平洋地区进口可可豆和可可豆提取物，主要进口国是巴布亚新几内亚和所罗门群岛。2014 年，南太平洋地区与印尼的双边贸易额达到了大约 3 亿美元，其中与印尼双边贸易额最多的三个国家是巴布亚新几内亚、斐济和所罗门群岛。① 很显然，同密克罗尼西亚地区以及波利尼西亚地区相比，印尼与美拉尼西亚地区国家的经贸往来更密切，这主要是因为印尼同 MSG 之间的合作机制比较成熟。印尼已经成为 MSG 的准会员国，这体现了印尼政府提高同 MSG 国家之间合作与经济发展的强烈意愿。MSG 成立的初衷是聚焦于美拉尼西亚国家的经济发展，因此其目的主要是推动成员国之间的经贸往来。印尼在 MSG 经历了三年的观察员身份，现在已经成为正式的成员国，自然也享受 MSG 的各项贸易协定，这有助于推动印尼与 MSG 成员国之间的经济联系。② 印尼外交部政策分析和发展机构指出，"未来，在 MSG 对接快速发展的亚洲经济方面，印尼将发挥关键的作用。印尼在 MSG 的成员国身份主要体现在其五个省份：巴布亚、西巴布亚、马鲁古、北马鲁古、东努沙登加拉。2016 年，这五个美拉尼西亚省份的 GDP 大约为 210 亿美元，大致相当于巴布亚新几内亚、斐济、瓦努阿图和所罗门群岛的总和。这四个国家的经济增长率约为 5%，而印尼的五个省份的经济增长率约为 8%。这五个省份有助于 MSG 的这四个国家在与东盟及其他国家打交道时，发挥经济杠杆的作用。重要的是，近年来，印尼与 MSG 之间的连通性不断完善。巴厘到莫尔兹比港之间有直飞的航班，西巴布亚的基础设施日益完善，有助于 MSG 与东盟之间的贸易往来。MSG 与印尼之间的经济利益具有地缘政治上的连通性，双方可以加强合作，共享亚洲经济发展带来的机遇"。③ 印尼并未把经贸联系局限在 MSG，如前所述，正如印尼前总统苏西洛所言，"印尼承诺扩大与 PIDF 成员国的经贸联系，特别是在贸易和投资领域。我们 2013 年的双边贸易为 3.18 亿美元，但实际上我们可以做得更

---

① "Indonesia", Pacific Islands Forum Secretariat, http://www.forumsec.org/pages.cfm/str ategic - partnerships - coordination/post - forum - dialogue/indonesia.html.
② "Indonesia's Contribution For The MSG Cooperation", Papua News, http://papuanews.org/indonesias - contribution - for - melanesian - spearhead - group/.
③ Siswo Pramono, "With Indonesia, MSG benefits from Asian Century", The Jakarta Post, http://www.thejakartapost.com/academia/2016/10/28/with - indonesia - msg - benefits - from - asian - century.html.

好，主要是因为双方还有很多尚未开发的潜力。当然，我们应该特别突出我们各自的中小企业。由于我们地理临近，并有着各自的比较优势，因此，我们需要考虑建构次区域的联系，这有助于双方取得共同的经济进步"。①

第四，注重文化交流。印尼与太平洋岛国具有很深的文化和社会认同感，特别是与美拉尼西亚地区的国家。印尼是拥有美拉尼西亚人最多的国家，其中它有五个省具有美拉尼西亚文化。印尼是一个拥有多种文化与种族的多元主义国家，保护和发展这些文化与族群具有重要意义。② 2014 年 6 月，巴布亚新几内亚举行了第五届主题为"庆祝文化多样性"的美拉尼西亚文化和艺术节（MFAC），印尼派了 237 人参加了 MFAC，包括传统舞蹈演员、现代舞蹈演员、音乐家、参展商等。③ 为了推动印尼美拉尼西亚文化的保护与发展和庆祝美拉尼西亚人口所在国家的多元文化主义，印尼于 2015 年 10 月举办了主题为"庆祝美拉尼西亚世界的文化多样性"的美拉尼西亚文化节。印尼教育和文化部长阿尼斯·巴斯威丹（Anies Baswedan）在开幕式上指出，"文化多样性不能阻碍团结。文化节的举行不仅是基于文化或种族因素，还基于实现和平、繁荣世界的共同梦想。对于为年轻一代共创美好未来，文化合作是一个很好的路径，主要是因为它在年轻人中灌输了一种经济、社会和政治领域中的合作观念。深度的互动有助于创造和平与幸福。秉持共同的愿景有助于年轻一代的团结。美拉尼西亚文化不仅需要维持和保护，还需要进一步的发展"。来自巴布亚新几内亚、斐济、新喀里多尼亚、所罗门群岛、瓦努阿图和东帝汶的代表参加了此次文化节。因为大部分的美拉尼西亚人居住在印尼，印尼决定组织此次文化节。印尼政府希望通过此次文化节来提供公众对美拉尼西亚种族的认知，并加强美拉尼西亚国家之间的合作。斐济和巴布亚新几内亚为了推广它们的文化和传统，还在此次文化节上带去了它们的电影。④ 印尼为了更进一步推动与南太平洋地区的人文交

---

① "His Excellency Prof. Dr. Susilo President of The Republic of Indonesia", PIDF, http://pacificidf.org/wp-content/uploads/2014/08/President-SBYs-Speech.pdf.
② "Post-Forum Dialogue Partner Re-Assessment Reporting Template 2015", Pacific Islands Forum Secretariat, http://www.forumsec.org/resources/uploads/attachments/documents/Indonesia_PFD%20Report%202015.pdf.
③ "2014 Annual Report", MSG, 2014, p.39. http://msgsec.info/images/AnnualReports/Annual%20Report%202014.pdf.
④ "Melanesia Festival Celebrates Cultural Diversity", ANTARA NEWS, http://www.antaranews.com/en/news/101211/melanesian-festival-celebrates-cultural-diversity.

流,设立了"印尼文艺奖学金项目"和 Darmasiswa[①]奖学金。截止到 2015 年,Darmasiswa 奖学金授予了来自南太平洋地区的 61 名在印尼学习语言、文化和艺术的学生。同时,截止到 2015 年,印尼文艺奖学金项目授予了来自 PIF 成员国的 148 名学生。为了提高印尼人民与岛民人文交流的连通性,印尼与斐济、新西兰签订了关于落地签证的协议。[②]

小 结

维护南太平洋海上战略通道的安全是印尼海洋强国战略的题中应有之义,也是印尼开展对太平洋岛国海洋外交的外在体现,而开展海洋外交也是太平洋岛国的固有属性。因此,基于维护海上战略通道安全的海洋外交可以成为印尼与太平洋岛国战略对接的有效切入点。印尼维护南太平洋海上战略通道的安全有助于提升其海洋治理能力。应当指出的是,作为海洋问题复杂化、多元化的国际焦点区域,南太平洋地区的海洋治理面临着相当大的挑战。然而,该地区也是世界上海洋治理能力比较高的区域。加强与太平洋岛国的合作,有助于印尼积累海洋治理方面的经验。维护南太平洋海上战略通道的安全成为印尼与太平洋岛国海洋治理合作的最优选择,这不仅符合双方的利益,而且有助于构建双方海洋治理的又一可持续项目。印尼代表团主席在第 29 届 PIF-FDP 对话会上鼓励 PIF 成员国加强海洋治理,"印尼与 PIF 成员国在很多方面具有相似之处,包括加强区域海洋治理。印尼愿意同 PIF 成员国构建海洋治理合作伙伴关系"。[③] 当下,印尼与太平洋岛国在海洋治理领域已经展开了行动。CTI-CFF 是双方海洋治理合作的成功案例。印尼与太平洋岛国共同拥有一些海洋区域,因此海洋问题需要双方共同的关切。为了保护海洋和生物资源,苏西洛在 2009 年通过签订《领导宣言》,鼓励

---

① Darmasiswa 是一个奖学金计划,提供对象是来自与印尼有外交关系国家的学生,2015 年他们在印尼的 54 所大学学习印尼语、文化和艺术。更多关于 Darmasiswa 的内容,参见 http://darmasiswa.kemdikbud.go.id/。

② "Post-Forum Dialogue Partner Re-Assessment Reporting Template 2015", Pacific Islands Forum Secretariat, http://www.forumsec.org/resources/uploads/attachments/documents/Indonesia_PFD%20Report%202015.pdf.

③ "Indonesia Encouraged PIF Countries to Strengthen Pacific Ocean Governance", Ministry of Foreign Affairs Republic of Indonesia, http://www.kemlu.go.id/en/berita/Pages/Indonesia-Encouraged-PIF-Country-to-Strengthen-Pacific-Ocean-Governance.aspx.

其他国家领导人发起 CTI-CFF 的倡议。CTI-CFF 成立于 2009 年，成员国包括印度尼西亚、菲律宾、马来西亚、巴布亚新几内亚、所罗门群岛和东帝汶。在 2009 年领导人峰会上，相关国家政府同意批准了为期十年的《区域行动计划》，目的是保护该地区的海洋和生物资源。尽管不同国家在不同的协议或机制下面临着合作的挑战，但 CTI-CFF 却体现了这些国家在最高级政治层面上共同参与海洋治理的能力。[1] 作为海洋治理的重要议题，维护南太平洋海上战略通道安全需要印尼与太平洋岛国以及其他域外国家一道合作。CTI-CFF 为构建海上战略通道安全合作机制提供了很好的铺垫。未来，随着南太平洋海上战略通道安全问题的日益严峻，印尼与太平洋岛国的互动将更为紧密，形成一种相互依赖关系。

---

[1] "History of CTI-CFF", Coral Triangle Initiative On Coral Reefs, Fisheries and Food Security, http://www.coraltriangleinitiative.org/about.

第九章　法国定位太平洋国家身份

自法国于1996年停止了在法属波利尼西亚的核试验之后,其在南太地区的影响力逐渐衰退,主要是因为核试验严重损害了法国的形象,而且新喀里多尼亚的卡纳克人(Kanak)要求独立的浪潮此起彼伏。作为一个西方大国,法国的追求是维护其在国际舞台上的大国地位,这根源于法国20世纪50年代末至60年代末,戴高乐总统制定的法国独立自主的外交政策。一直以来,法国的外交政策深深打上了"戴高乐主义"的烙印。它在南太平洋地区的外交政策同样体现了其追求大国地位的目标,以核试验为例,在南太平洋地区的核试验是法国为了打破当时美苏对于核武器的垄断,维护国家的安全所采取的对策。近年来,随着国际地缘政治的发展和国际体系的变化,南太平洋地区的地缘战略的重要性日益突出。虽然法国在该地区的影响力跟美国、日本等国不可同日而语,但是毕竟法国对该地区的参与有着悠久的历史,而它的三个海外领地具有重要的战略价值和商业价值,因此,从这个角度看,法国也是一个太平洋国家。南太平洋地区在法国的整体谋势布局中扮演着重要的角色。本章尝试剖析新时期法国在南太平洋地区的战略,主要包括四部分:法国参与南太的历史追溯、法国的战略调整、区域外大国的反应以及结语。目前国内外对于法国在南太平洋地区战略的研究极少[1],法国官

---

[1] 国内的文献主要有:张宏明:《巴黎在南太平洋面临的问题及其对策》,《国际问题研究》1989年第1期;王燕阁:《法国对太平洋地区的战略设想》,《现代国际关系》1986年第2期。忆黎:《法国南太平洋政策的"罗卡尔方法"》,《世界知识》1989年第20期。国外的文献主要有:Denise Fisher, France in the South Pacific: An Australian Perspective, *France in the South Pacific*, http://www.h-france.net/rude/rudevoliv/FisherVol4.pdf. Denise Fisher, *France in the South Pacific: Power and Politics*, Australia: ANU E Press, 2013. Elke Larsen,(转下页注)

方的文件中很少提及南太平洋地区，所以只能根据一些英语和法语文献来探究法国在该地区的战略。

一 法国参与南太平洋地区的历史追溯

从时间节点上讲，法国在南太平洋地区的参与有一个时间上的临界点，就是 20 世纪 90 年代。20 世纪 90 年代之前法国在南太平洋地区经历了起起伏伏，法国在南太地区的核试验以及反对去殖民化使得其与岛国的关系一度很僵，但是法国调整了其外交政策，迅速改善了同岛国的关系。90 年代之后，由于国际环境和地区环境的变化，区域外的其他大国纷纷参与到南太平洋地区，法国在该地区的参与发生了新的动向。

（一）二战之前法国的参与

法国最早跟太平洋的接触可以追溯到 11 世纪，修道士兰伯特（Lambert）提出了关于南太平洋地区土地的投机买卖，并鼓励早期的探险者波尔米耶·格纳维尔（Paulmier de Gonneville）去寻找这些土地。他发现了太平洋南部的土地，但是却在英吉利海峡遇到了海盗，从而失去了所有的记录。[①] 格纳维尔的航行激励了其他法国人去太平洋南部寻找土地。虽然西班牙和荷兰在 16 世纪和 17 世纪成为远征太平洋的领头羊，但是法国在这一时期同样存于太平洋地区，其中 1520 年麦哲伦（Ferdinand Magellan）的远征就有 18 个法国船员。法国的海盗在 17 世纪曾在太平洋活动。在 17 世纪

（接上页注）France: The Other Pacific Power, *Pacific Partners Outlook*, Vol. Ⅱ, Issue 12, December 2012. Stephen Henningham, *France and the South Pacific: A Contemporary History*, Sydney: North Sydney Press, 1992. Steven Bates, *The South Pacific Island Countries and France: A Study in Inter-State Relations*, Canberra: Canberra Press, 1990. Methven P, The French Approach to Regional Security in the South Pacific 1962 – 1986, Canberra: Australian University Press, 1986. Miles J. Shaw, *Chronology: the French presence in the South Pacific1838 – 1990*, Auckland: Greenpeace Press, 1996. Al Wardi S, Twenty years of politics in French Polynesia, *The Journal of Pacific History*, Vol. 44, 2009. Bertram G, On the convergence of small island economies with their metropolitan patrons, *World Development*, Vol. 32, 2004. Dennis Rumley, *The French Geopolitical Project in New Caledonia*, eds. Dennis Rumley and Vivian Louis Forbes and Christopher Griffin, *Australia's Arc of Instability: The Political and Cultural Dynamics of Regional Security*, Netherlands: Springer, 2006。

[①] Denise Fisher, *France in the South Pacific: Power and Politics*, Australia: ANU E Press, 2013, p. 14.

和 18 世纪早期，法国人对太平洋探索的主要目的是与其他国家竞争、传教以及后期的商业利益，但是法国在这段时期未能建立有效的存在，这段时间内只是私人资助的舰船造访太平洋，催生了日益增加的商业活动。[1]

布干维尔（Louis-Antoine de Bougainville）1766~1769 年对南太平洋的航行被看作是法国参与南太地区的转折点。布干维尔开始在南太平洋地区建立据点以弥补法国在其他地方的损失。他 1766 年的航行被认为是法国福克兰群岛（Falkland Island）[2] 损失的补偿物，这促使他要求法国在 1767 年索取土阿莫土群岛（Tuamotu Archipelago）、1768 年索取塔希提（Tahiti），部分塔希提就是现在的法属波利尼西亚。[3] 法国投入了大量的资源用于组织到南太平洋的官方航行，一直持续到 19 世纪[4]。法国在 17 世纪和 18 世纪对南太平洋的探索主要是基于科学调查、维护国家荣誉、传播宗教以及与英国既合作又竞争的目的。[5] 欧洲的政治和法国国内的紧急状况也映射了法国探索南太平洋的本质。在普及科学知识，尤其是绘制南太平洋群岛地图方面，法国做出了很大的贡献。

法国在 19 世纪加强了在南太地区的存在，其主要目的是为海军建立补给点、保护国民、传播宗教和维护据点的主权，包括在新喀里多尼亚的罪犯流放地，当然还有商业利益的考量，不过这居于次要地位。法国是较早在南太地区建立据点以及宣示主权的国家之一，当地居民对于法国有一定程度的认同感。在一战期间，法属波利尼西亚和新喀里多尼亚的土著人为法国服兵役并参与了一战。[6] 在 19 世纪早期，虽然法国恢复了君主政体，但是科学

---

[1] 这些商人主要有博歇斯纳（Jacques Gouin de Beauchesne）、卡丹（Noel Danycan）和博达斯（Julien Bourdas）。

[2] 中国现在称其为马尔维纳斯群岛。

[3] Denise Fisher, *France in the South Pacific: Power and Politics*, Australia: ANU E Press, 2013, p. 15.

[4] 相关内容参见 Etienne Taillemitte, *Bougainville et ses compagnous autour du monde*, Paris: Paris Press, 1977. Louis-Antoine de Bougainville, *Voyage autour du monde*, Paris: Paris Press, 1982. Frank Horner, *Looking for La Perouse: D'Entrecasteaux in Australia and the South Pacific, 1792 - 1793*, Carlton South, Vic., 1995. John Dunmore, ed., *The Journal of JeanFrancois de Galaup de la Perouse, 1785 - 1788*, London: London Press, 1994. F. Jean Fornasiero, *Encountering Terra Australis: The Australia Voyages of Nicolas Baudin and Matthew Flinders*, South Australia: Kent Town Press, 2004.

[5] 约翰·邓默尔（John Dunmore）曾做了专门的研究和相关的报道，参见 Les Explorateurs francais dans le Pacific, Tahiti, 1978; and Visions and Realities: France in the Pacific, 1965 - 1995。

[6] Eric Waddell, *Jean-Marie Tjibaou: Kanak Witness to the World-An Intellectual Biography*, Manoa, 2009, p. 38.

调查仍然是法国探索南太地区的主要驱动，不过这些探索含有很多政治目的。直到19世纪40年代末期，法国才在澳大利亚建立了常驻外交代表以保护其在南太地区的利益，这包括保护法国的移民社区和为法国提供智力服务。① 截止到19世纪末期，法国在法属波利尼西亚、新喀里多尼西亚以及瓦利斯和富图纳宣示了宗主权，并从1886年起与英国共同管理新赫布底里群岛（现在的瓦努阿图）。②

（二）1945~1990年法国的参与：控制独立以及核试验

二战后南太平洋地区殖民地要求独立的呼声越来越高，自1945年之后，"没有独立的非殖民化"一直是全球25%的殖民地所具有的一个特征。③ 法国为海外领地日益高涨的独立浪潮所困扰，具体来说就是新喀里多尼亚的独立浪潮。除此之外，当阿尔及利亚独立后，法国失去了在那里的核试验场，转而于1966年在法属波利尼西亚的穆鲁罗瓦岛（Moruroa）进行核试验，这激起了澳大利亚、太平洋岛国以及国际社会的强烈谴责。④ 这两个问题使得法国在这一时期面临很被动的局面。

1. 新喀里多尼亚危机

1984年11月，新喀里多尼亚爆发了要求独立的土著居民卡纳克人与反独立的法裔居民之间的流血冲突，该岛局势一度出现不稳。法国的殖民统治使得两个主要民族在政治、经济和社会发展等方面的差异很大。美拉尼西亚人有2/3分布在岛的北部和边远地区，以农业为主，过着自给自足的部落生活，而喀勒多什人主要生活在首府努美阿，他们在法国政府和垄断资本的支持下，掌握着政治和经济特权，主要从事工商业。⑤

进入80年代以后，以美拉尼西亚为主体的争取独立的斗争进入高潮。

---

① Robert Aldrich, *The French Presence in the South Pacific*, 1842–1940, London, 1990, p. 201.
② Denise Fisher, "France in the South Pacific: An Australian Perspective, France in the South Pacific", *French History and Civilization*, p. 240.
③ See Christopher, "Decolonization without independence", *Geojournal*, Vol. 56, 2002, pp. 213–224.
④ 具体内容参见 Bengt and Marie-Therese Danielsson's *Poisoned Reign: French Nuclear Colonization in the Pacific*, Ringwood, Vic., 1986 and Derek Woolner's *Raison d'Etat and Popular Response: The Resumption of French Nuclear Testing in the South Pacific*, Parliamentary Research Service Current Issues Brief No 47, 1994/1995, Canberra, 1995。
⑤ 张宏明：《巴黎在南太平洋面临的问题及其对策》，载《国际问题研究》1989年第1期，第48页。

1984年，该岛的5个独立运动组织联合成立了"卡纳克社会主义民族解放阵线"，这使得新喀里多尼亚争取独立的呼声更高。美拉尼西亚人和喀勒多什人在民族独立问题上的矛盾越来越尖锐，从而导致了1984年11月的暴力冲突。自此之后，岛内的流血冲突事件不断发生，1988年4月22日"卡纳克社会主义民族解放阵线"武装与法国驻岛部队发生了直接的军事冲突。

对法国来说，新喀里多尼亚问题的确是一个棘手的问题。当时的国际形势也对法国不利，"南太平洋论坛"（现在叫"太平洋岛国论坛"）支持新喀里多尼亚独立。论坛成员国在1986年第17届年会上决定将独立问题交给联合国非殖民化委员会去审议。在第41届联合国大会上，论坛成员国的提案获得了通过，联合国决定将新喀里多尼亚列为尚未实现非殖民化的地区。

然而，法国不可能彻底放弃新喀里多尼亚，主要是基于以下几个原因。

第一，优越的地理位置。就新喀里多尼亚的绝对位置和相对位置而言，其对法国具有重要的地缘政治价值。从绝对位置上说，它远离殖民势力，但是从相对位置上讲，它靠近澳大利亚，这两个国家具有相似的生物多样性。[1] 它离澳大利亚的布里斯班大约有1500公里，是澳大利亚传统的控制范围，这曾以"澳大利亚门罗主义"（Australian Monroe Doctrine）的形式表述过。[2] 澳大利亚在南太地区扮演着领头羊的角色，所以法国对南太地区的参与不可能绕开澳大利亚。再者新喀里多尼亚扼守着从美国到澳大利亚，从北太平洋到南极洲的海上战略通道，有100多条海、空交通干线从这里经过，因此其在法国的全球战略中具有极其重要的地位。

第二，丰富的矿产资源。新喀里多尼亚的镍矿储量居世界第一位，约占世界储量的25%，同时它也是世界上最大的铁镍生产国。该国北部有丰富的金、银、铜、铅、锌等矿藏。该国的陆地面积为19103平方公里，但是海洋面积却达到了1740000平方公里，这使得法国获得数百万平方公里的海上经济区和大量的战略资源。而且渔业资源丰富，主要有金枪鱼和虾。

第三，"多米诺效应"的影响。法国最为担心的是一旦新喀里多尼亚独立，可能会引起"一个地方丢失，其他地方也就随着丢失的多米诺效应"。[3] 试想如果新喀里多尼亚丢失，这将会给法属波利尼西亚开一个很坏的先例，

---

[1] Flannery T., *The future eaters*, Melbourne: Reed Press, 1995, p. 42.
[2] Fry G., *Australia's regional security*, North Sydney: Allen and Unwin Press, 1991, p. 226.
[3] Denise Fisher, *France in the South Pacific: Power and Politics*, Australia: ANU E Press, 2013, p. 241.

而法属波利尼西亚是法国海外领地中具有重要战略价值的地方,那里有核试验基地穆岛,而失去穆岛,法国在圭亚那的库鲁航天中心也将会受影响。

但是迫于国际和地区的压力,为了避免暴力冲突,法国也调整了自己的外交政策,用政治手段逐步解决新喀里多尼亚的独立问题。1988 年 6 月 11 日,在密特朗政府的倡议下,举行了三方谈判,这三方分别是民族阵线代表团、保喀联盟代表团和法国。同年 6 月 26 日达成了第一份《马提翁协议》。① 这份协议的签署为解决新喀里多尼亚独立问题做了很好的铺垫。

2. 核试验问题

众所周知,法国全球战略的基础是独立防务。自第五共和国以来,法国始终把独立防务看作是一个大国的标志,而核力量又是法国独立防务的核心。戴高乐曾说过,在核时代,没有独立的核力量,法国将不再是欧洲的强国,不再是一个主权国家,而只是一个被一体化的卫星国。如果不打破美苏的核垄断,世界将永远是两个超级大国的天下。② 法国的地理位置和国土决定了它必然是欧洲最重要的国家之一,法国的崛起源于百年战争和宗教战争。自此以后,法国逐渐成为欧洲大陆上一个具有活力的国家。法国的政治结构和法兰西民族精神,经受了无数次的考验。不幸的是,法国人在以后的历史发展过程中,命运多舛,不仅吞下了普法战争的苦果,而且还经历了一战与二战的巨大灾难。然而,法国始终没有放弃与命运的抗争,在这种抗争中发展起来的戴高乐主义,或许已经成为法兰西民族的一种精神。③

法国前总理认为,只有进行核试验才能发展核力量,反对法国的核试验就是对法国的核威慑力量以致命打击。前总统密特朗认为法国的核武器可以使法国保持其在世界上的地位。前三军参谋长拉卡兹将军说,法国在穆岛的态度决定着法国作为一个中等强国的前途和法国防务体系的严密性。④

法国的核试验是其独立防务政策指导下的必然选择。如表 9-1 所示,

---

① 《马提翁协议》的主要内容有:立即恢复法国政府对新喀里多尼亚的行政管辖,为期 1 年(1988 年 7 月 4 日 ~ 1989 年 7 月 4 日);释放卡纳克人囚犯;在新喀里多尼亚建立三个自治省,即北方省、南方省和洛亚蒂群岛省;10 年后(1998 年)将在新喀里多尼亚组织公投。协议规定从 1999 年 7 月起,法国逐步把权力交给新选出的 3 个省议会。
② 张宏明:《巴黎在南太平洋面临的问题及其对策》,载《国际问题研究》1989 年第 1 期,第 53 页。
③ 刘文立:《法国史纲要》,武汉大学出版社,1988,第 115~116 页。
④ 张宏明:《巴黎在南太平洋面临的问题及其对策》,载《国际问题研究》1989 年第 1 期,第 53 页。

法国从 1960 年至 1996 年共进行了 210 次核试验，50 次是大气层核试验，160 次是地下核试验。1962 年阿尔及利亚独立以后，法国被迫将其在撒哈拉沙漠的核试验基地迁往南太平洋的穆鲁罗瓦岛，自此法国每年在该岛进行 8 次地下核试验。1962 年 9 月 21 日，法国正式成立了太平洋实验中心。法国选择了无人居住的穆鲁罗瓦岛和方加陶法环礁（Fangataufa），它们都位于土阿莫土群岛，距离法国 18000 公里。

表 9-1 法国 1960~1996 年海外领地的核试验

地点	时间	次数	类型
阿尔及利亚	1960.2~1966.2	17	4 次地上、13 次低下核试验
穆鲁罗瓦岛	1966.4~1996.1	179	42 次地上、137 次地下核试验
方加陶法环礁	1966.9~1996.1	14	4 次地上、10 次地下核试验

资料来源：Robert S. Norris, French and Chinese Nuclear Weapon Testing, *Security Dialogue*, Vol. 27, No. 1, 1996, p. 40。

太平洋岛国和区域外的大国对于法国的核试验表现出了强烈的反对态度。与穆鲁罗瓦岛邻近的澳大利亚、新西兰以及部分太平洋岛国受核试验的影响较大，表现出的反对情绪也最明显。澳大利亚和新西兰除中断与法国的军事合同、军事访问和召回大使外，还把制裁范围扩大到经贸领域。日本、北欧国家等纷纷抵制法国货物以抗议法国核试验。1974 年澳大利亚和新西兰把法国核试验问题交给了国际法院，这迫使法国于 1975 年停止了核试验。[①] 虽然太平洋岛国力量弱小，但是它们在 20 世纪 80 年代进行了一次有效的针对法国核试验的运动，这次运动导致了 1983 年《无核自由区宣言》(Declaration of a Nuclear Weapons Free Zone) 的签订，此后法国暂时停止了在法属波利尼西亚的核试验。

二 法国的战略调整

随着 20 世纪 90 年代法国在南太平洋地区的核试验以及岛国独立问题告

---

① Chesneaux and Maclellan, *La France dans le Pacifique: de Bougainville a Moruroa*, p. 188; Mrgudovic, *La France dans le Pacifique Sud: les enjeux de la puissance*, p. 118.

一段落，其调整了在新喀里多尼西亚和法属波利尼西亚的外交政策，加强了在南太平洋地区的外交主动性。进入 21 世纪之后，南太平洋地区的地缘战略价值进一步凸显，法国不可能忽视其在该地区的海外领地。它重新以"伙伴者"的身份参与到南太平洋地区。法国继续在财政上加大对南太平洋海外领地的援助力度，在政治上管控海外领地的民族独立运动。

（一）南太平洋地区对法国的战略意义

上文中已经提到，法国早期参与南太平洋的主要目的是维护国家荣誉、传播宗教、进行科学调查以及与英国竞争等。但是随着国际环境的变化，进入 21 世纪后，南太地区对于法国有了新的战略意义。基于这些新的战略考量，法国不可能忽视其在南太平洋地区的海外领地。

第一，法国在太平洋存在的战略重要性。保持核威慑是法国防务政策的根基，维护着法国的根本国家利益，① 但是法国在法属波利尼西亚的核试验停止以后，其改变了太平洋领地对法国的全球战略。然而，法国在太平洋的据点继续展示着自身的战略价值，南太平洋的角色很大程度上是间接性的。② 保持在太平洋的存在可以继续增加法国的战略砝码、维护潜在的商业利益以及防止国内和国际社会的消极舆论。与此同时，二战后法国是联合国安理会的常任理事国，但是随着国际体系的改变，德国、日本、巴西、印度等国争取"入常"的动机越发明显，这对传统的安理会常任理事国也形成了一种挑战。作为一个全球大国，法国可以通过海外领地的存在来维护其在国际社会中的特殊地位，这样可以在全球范围内通过军事力量保护法国国民、积累第一手的海外经验和知识。③

在欧洲层面，法国利用"欧洲海外地区"的特殊地位，通过太平洋的存在来维护全球"战略资产"，这是法国战略优先权的重点。1957 年，法国

---

① 具体内容参见法国国防部：《海洋力量的贡献》，2010.6，http：//www.defense.gouv.fr/marine/content_ english/the – mission/contribution – of – maritime – forces/（language）/fre – FR#SearchText = defence white paper#xtcr = 1。
② Denise Fisher, *France in the South Pacific*：*Power and Politics*，Australia：ANU E Press，2013，p. 245.
③ 法国前部长 Alain Peyrefitte 曾表达了这样的观点，See Alain Peyrefitte, "Comment rester l'un des cinq members du Conseil de securite de l'ONU si nous sommes reduits a la Hexagone？" "How do we remain as one of the five memebers of the UN Security Council if we are reduced simply to the Hexagon" or mainland France，11 February 1985。

在《罗马条约》中引领欧盟建立了"海外国家与领土组织"（OCT），[1] 基于此，法国把其海外领地带进了欧洲的大家庭并扩大了欧洲的全球战略范围。从 1957 年开始，法国通过 OCT 体系维护其海外领地，这表明它把其海外领地视为欧洲结构中重要的一部分。这些海外领地为欧洲做出了重要贡献，比如欧洲的空间项目、北约对亚洲的监测站（2004 年新喀里多尼亚设立了一个新的监听站）、遥感以及环太平洋海域的检索能力。[2]

另外，在西方联盟内部，法国的南太存在对其战略拒绝有着重要的影响。[3] 包括美国、法国、澳大利亚、新西兰、英国在内的西方联盟一直把南太地区视为西方的势力范围，法国 20 世纪 80 年代对新喀里多尼亚和瓦努阿图独立的不当处理方式给区域外的其他国家创造了参与的机会，比如苏联和利比亚曾在南太平洋地区扮演着重要的角色。[4]

第二，维护法国战略安全的需要。相比较 20 世纪 80 年代，新独立的太平洋岛国开始显现出了政府治理的脆弱性，因此维持西方在该地区的利益面临着很大的挑战。随着瓦努阿图在 1980 年取得独立而带来的巨变，其后 10 年来出现了新喀里多尼亚和布干维尔的暴力漩涡以及斐济独立后发生的军事政变，太平洋岛国的安全问题已经引起了人们的关注。太平洋岛国散播的民族冲突根源于殖民时代，大部分岛国都有被殖民的历史。殖民化和非殖民化并不是宗主国政权和民族主义政权的表现，它是一个复杂的过程，改变着岛国人们的经历和日常生活。由于殖民渗透已经发生很大的变革，传统秩序或被瓦解、被冲散、被融合，或在某些方面被迫适应已经改变的环境，然而适应过程并不是一蹴而就，它们本身成为了引起冲突的催化剂。[5]

---

[1] See Faberon and Ziller, *Droit des collectivites d'outre-Mer*, p. 249; European Commission, Commission Europeenne, "L'union Europeene et les pays et territoires d'Outre-Mer," *Development DE99*, 1998, p. 11.

[2] Denise Fisher, France in the South Pacific: An Australian Perspective, France in the South Pacific, *French History and Civilization*, p. 250.

[3] 赫尔（R. A. Herr）分析了在南太地区后殖民时期战略否决的重要性，把战略否决定义为"维护西方接触南太地区的渠道，拒绝潜在的敌人进入该地区"，See R. A. Herr, "Regionalism, Strategic Denial and South Pacific Security," *The Journal of Pacific History*, Vol. 21, No. 4, 1986, p. 174。

[4] 比如瓦努阿图曾和苏联签订了渔业合作协议以及派遣留学生到利比亚，See Mrgudovic, *La France dans le Pacifique Sud: les enjeux de la puissance*, p. 220; and also Henningham, France and the South Pacific: A Contemporary History, p. 222。

[5] 〔澳〕格雷厄姆·哈索尔著《太平洋群岛的民族主义与民族冲突》，李欣、李研译，载《世界民族》1997 年第 2 期，第 29 页。

岛国经济的脆弱性和依附性对西方大国在该地区的安全形成了潜在的威胁。南太平洋地区已经意识到安全问题并采取措施以抵制跨国犯罪和恐怖主义，比如太平洋岛国论坛《霍尼亚拉宣言》已经明确阐述过。① 同时，在西方看来，中国近年来对南太平洋地区的参与挑战了西方国家在该地区的影响力。② 在这种背景下，西方国家在南太平洋地区的存在，比如法国所提供的安全合作，可以起到平衡中国的作用。③

第三，商业利益的需要。自古以来，法国就有经略海洋的意识，拿破仑时代就设立了海区行政长官一职。法国人深知，在全球化时代，海洋的地位更加重要。法国通过南太平洋地区海外领地的专属经济区获得了特殊的国家地位，1982年的《联合国海洋法公约》（United Nations Convention on the Law of the Sea）对此也认可。通过这些专属经济区，法国成为仅次于美国的海洋大国，居世界第二位。法国目前的专属经济区为11570000平方公里，其中南太平洋地区贡献了大约62%。④

丰富的海洋资源使得海洋成为聚宝盆，已经成为现代化开发的一个新领域。20世纪80年代以后，法国的海洋战略进程加速。法国于1984年成立了法国开发海洋研究院，2005年成立法国海洋高层专家委员会。为顺应欧盟2007年颁布的《海洋综合政策蓝皮书》，法国采取各种措施，进一步推进海洋的统一监管。当谈及专属经济区时，法国一些学者认为太平洋是法国海洋利益不可或缺的一部分。⑤ 当全球能源被大幅开采的时候，毫无疑问，法国拥有开采太平洋专属经济区潜在资源的渠道。海底石油的储量未知，但

---

① See Declaration by the Pacific Islands Forum on Law Enforcement Cooperation, 1992; Neil Boister, New Directions for Regional Cooperation in the Suppression of Transnational Crime in the South Pacific, *Journal of South Pacific Law*, Vol. 9, No. 2, 2005.
② 关于中国参与南太平洋地区以及对西方的影响的研究参见 Dobell, China and Taiwan in the South Pacific: Diplomatic Chess versus Pacific Political Rugby, *Lowy Institute Policy Brief*, 2007; Tamara Renee Shie, "Rising Chinese Influence in the South Pacific: Beijing's Island Fever", in Anne-Marie Brady, *Looking North, Looking South*, Singapore: World Science Publishing, 2010; Marc Lanteigne, "Water dragon? China, power shifts and soft balancing in the South Pacific", *Political Science*, Vol. 64, No. 1, 2012; Thomas Lum and Bruce Vaughn, The Southwest Pacific: U. S. Interest and China's Growing Influence, *CRS Report*, 2007。
③ See Amaury du Chéné, "Le Pacifique et la France", *Hermès* 32 – 33, 2002, pp. 495 – 512.
④ Faberon and Ziller, *Droit des collectivités d'Outre-mer*, 8, based on Outre-mer file figures.
⑤ See Mrgudovic, *La France dans le Pacifique Sud: les enjeux de la puissance*, p. 84; Sarah Mohamed-Gaillard, *L'Archipel de la Puissance: La politique de la France dans le Pacifique Sud de 1946 à 1998*, pp. 66 – 260.

是至少海床上拥有世界石油的 1/3。新喀里多尼亚南部的经济专属区内有碳氢化合物的沉积岩，法国一直在评估那里的石油和天然气。另外，新喀里多尼亚拥有世界上 30%~40% 的镍矿。努美阿附近的镍矿加工基地是法国在那里的最大工程，该基地将会被新的工程所取代，分别是北部的科尼安博（Koniambo）矿厂和南部的戈罗（Goro）矿厂，每个投资都超过了 30 亿美元。

与此同时，法国保持在南太平洋的存在可以进一步产生溢出效应，也就是说这可以为法国提供一个接触有活力经济区的链条。[1] 2003 年法国海外部长吉拉尔丹（Brigitte Girardin）曾说过，"太平洋领地可以使法国继续在太平洋存在，而太平洋在 21 世纪将成为下一个法国的地中海"。[2] 太平洋及其广阔的专属经济区有助于法国进行热带、海洋和环境方面的科学研究。太平洋的科学研究不仅可以使法国以"科学贡献者"的身份提高其国际地位，而且还可以产出商业附加利益。

第四，维护海上战略通道安全。法国之所以不断重视与太平洋岛国的外交关系，除了它在该地区有着海外领地之外，南太平洋海上战略通道在其海洋战略中扮演着不可忽略的角色。2015 年《针对海洋区域安全的国家战略》（National strategy for the security of marine areas）指出，"法国拥有广阔的海岸区和多样化的海外领地，是一个主要的海洋国家。它除了自身主权框架下的海洋区域以外，95% 的海洋边界属于海外领地，因此，它的经济、工业和外交的重点都是海洋。这些战略区域的安全对于我们的防务，特别是威慑，有着关键的作用。法国海洋面积有 1100 万平方公里，海岸线长度接近 18500 千米。除了北极以外，法国在世界海洋都保持着力量的存在，这使得法国获得了巨大的海洋利益，还使得法国必须履行其所签订的协议。法国海洋安全主要涉及的问题之一是船只航行以及货物的安全，并保护主要海上航线的安全"。[3] 独特的地理位置和广阔的专属经济区使法国有着广泛的海洋利益。法国在印度洋、大西洋、地中海以及太平洋都有着重要的海上航线。

---

[1] 相应的观点参见 Georges Ordonnaud, Daniel Coulmy, jean-Pierre Gomane and J. L. Guibert, *Le Pacifique*, "*nouveau centre du monde*", Paris, 1983。

[2] 她继续补充道，"太平洋海外领地是法国接触其他文明的踏板、进入活力经济区的大门以及实施新政策的平台"，更多内容参见 Pierre Cadéot, *L'Outre-mer français dans le Pacifique Sud*: *Nouvelle-Calédonie*, *Polynésie Français*, *Wallis et Futuna*, Noumea, 2003, p. 7。

[3] "National strategy for the security of maritime areas", Premier Minister, 2015, pp. 1 - 8.

就太平洋而言，主要的航线都在赤道以北，而法国的航线集中在赤道以南，即南太平洋地区。法国在南太平洋地区主要有三条海上战略通道，但这些战略通道的安全面临着严峻的威胁，比如南美和澳大利亚之间的毒品走私要经过法属波利尼西亚和新喀里多尼亚、由气候变化引起的自然灾害日益增多、非法捕鱼和非法开采海洋资源猖獗等。① 法国为了更好地维护海上战略通道的安全，对这些海域进行广泛以及合适的监控，并提供了应对海上风险所必需的知识和能力。这些法国拥有领海权、海外领地以及在重要海上交通线上的海域的监控必须是长期的。《针对海洋区域安全的国家战略》明确指出了保护海上通道安全的重要性。"海域形成了世界范围内的海洋。各种各样的海峡或通道连接着海洋，因此保护海上通行自由原则尤为必要。这种原则使得绝大部分世界范围内的货物自由通过海洋通道，而不必担心地缘政治形势破坏陆地和空运交通。然而，航行安全的保护是一个主要问题。为了谋取暴利，海盗和海上抢劫成为普遍的海上犯罪活动。海上恐怖主义是另外一种威胁海洋通行安全的活动。犯罪分子或恐怖主义不断使用先进的技术，增加了打击海洋犯罪的脆弱性。法国是被国际恐怖主义集团列为攻击的主要目标。海上恐怖主义会攻击法国的轮船，甚至军舰。"②

（二）新时期法国的战略手段

进入21世纪之后，法国对于南太地区海外领地的重视有增无减，但是与美国、澳大利亚等国相比，法国在该地区缺少足够的战略资源，特别是在核试验停止之后，法国大部分的军事力量撤离了南太地区。作为世界头号强国，美国在南太地区一直跟法国保持距离，主要是如果与法国的关系太近，法国核试验的历史将会映射美国之前的核试验，进而会影响美国与其他岛国的关系。③ 因此总体而言，法国在南太地区采取了一种独立防务的外交政策，但是随着国际政治的发展法国新时期的战略有了一定程度的调整。

第一，增强区域联动。法国继续加深和拓宽与该地区的联系，特别是与澳大利亚的联系。法国在几个大的南太国家，比如澳大利亚、新西兰、巴布亚新几内亚、斐济都有常驻代表，而且在巴黎设有南太平洋的大使馆。内政

---

① "National strategy for the security of maritime areas", Premier Minister, 2015, p. 9.
② "National strategy for the security of maritime areas", Premier Minister, 2015, p. 19.
③ Elke Larsen, "France: The Other Pacific Power", *Pacific Partners Outlook*, Vol. Ⅱ, Issue 12, December 2012, p. 2.

部每年都派高水平的代表去南太的海外领地。巴黎指出其在堪培拉的大使馆将在南太地区承担最大的责任，威灵顿和维拉港将成为第二大的代表团，苏瓦和莫尔兹比港将会设置简单外交使团的岗位。苏瓦的代表团将会涉及斐济、汤加、基里巴斯、图瓦卢和瑙鲁。自20世纪80年代以来，法国主持了一年一度的太平洋高层会议，参加会议的有法国的地区大使、南太平洋的大使、法国的高级专员和其领地的行政长官等。2008年法国首次邀请了澳大利亚的太平洋政务次官邓肯·科尔（Duncan Kerr）参加了在努美阿举行的会议。

表9-2 历届法国—大洋洲峰会成果

会议时间及地点	成果	优先领域
FOS1 2003，帕皮提	推动各方保护太平洋珊瑚礁，建立澳大利亚、新西兰、法国三方对于渔业区的监视	海洋治理，地区安全
FOS2 2006.6，爱丽舍宫	保护大洋洲的古老文明，同澳大利亚和新西兰一起打击非法捕鱼；帮助太平洋岛国从飓风灾难中恢复，在太平洋地区建立海啸预警系统	重视由于气候变化而引发的珊瑚死亡现象，可持续经济发展，环境与生物多样性保护，政治安全
FOS3 2009.7，新喀里多尼亚	强调民主和良好治理，确保人权的推动，解决气候变化的挑战，可持续治理海洋资源；强调欧盟对于南太平洋地区承诺的重要性，建立有助于人文交流和区域发展的科学、文化和管理能力，发展通信和信息技术；向岛国派遣法语教师，强化大洋洲地区年轻人的流动	海洋治理，气候变化，教育，通信和信息技术，政治安全
FOS4 2015.10，巴黎	建立针对气候变化的弹性机制，强化执行《国家气候行动计划》的多元化合作，通过《绿色气候基金》、《减缓基金》和其他多层面的资源重视太平洋岛国的减灾防灾；通过《FRANZ协定》支持太平洋岛国自然灾害的减缓，支持南太平洋区域环境署，重视海洋治理领域的合作，保护珊瑚礁、红树林和其他海洋生态系统，可持续治理渔业资源；强化科技信息的交换、能力建构、灾害预防、海洋监督、数据传播	气候变化，可持续经济发展，海洋治理

资料来源：根据法国外交部相关资料整理而成。

从历届FOS峰会成果来看，FOS的发展趋势是涉及的议题更加广泛，但优先领域却相对稳定。

其一，议题更加广泛、多元。如表9-2所示，第一届法国—大洋洲峰会的议题主要集中在海洋治理与地区安全，而从第二届至第四届议题扩展到了可持续经济发展、通信和信息技术、教育等领域，由此，法国—大洋洲峰会的议题不断扩展，更加多元。这既体现了法国对于南太平洋地区问题的关注与准确把握，也体现了太平洋岛国发展所面临的挑战日益严峻。

其二，对于海洋治理尤为重视。法国从第一届法国-大洋洲峰会就开始重视海洋治理问题，比如可持续资源治理、渔业资源、生物多样性保护、蓝碳生态系统保护等。不仅如此，法国还同SPC以及南太平洋区域环境署合作了一些海洋治理的项目。未来，伴随南太平洋海洋问题的多元化、复杂化，法国对海洋治理的重视仍将继续。

自1989年开始法国就是太平洋岛国论坛的成员国，先后参加了首脑会议后的对话会议。时任总统雅克·勒内·希拉克（Jacques Chirac）倡议与地区领导人定期磋商后，法国与南太地区的联系达到了一个很高的层次，称之为"法国—大洋洲峰会"。第一届峰会于2003年在帕皮提举行；第二届于2006年在法国的爱丽舍宫举行，参加峰会的除了法国，还有16个太平洋岛国。政治安全、经济发展和环境责任是本届峰会的主要议题；第三届峰会于2009年在努美阿举行，但是由于时任总统萨科齐未参加，而且只有5个岛国的总统参加，因此本届峰会的质量不是很高；由于2012年是法国的总统大选年，第四届峰会没有举行；第五届峰会于2015年11月26日在巴黎举行。因为第五届峰会于第21次联合国气候变化框架公约大会前夕举行，所以南太地区的气候变化、环境问题等是重要议题。[①] 最为重要的一点是SPC将会被邀请参加此次峰会，这将会加深国际社会对南太地区环境问题的关注。

为了进一步增强海外领地同南太平洋地区的互动，法国鼓励这些领地积极参与南太平洋的区域组织（见表9-3）。通过与区域组织的互动，太平洋岛国对法国的认同感逐渐被培养起来。

第二，加强对南太平洋地区的援助。法国对于南太地区的援助手段丰富，主要形式有双边援助、多边援助、通过国际组织的援助等。从2001～

---

① "Pacific Community to attend France-Oceania Summit in Paris", 2015, http：//www.spc.int/en/media - releases/2259 - pacific - community - to - attend - france - oceania - summit - in - paris.html.

2006年，法国对岛国的双边援助达到了718.7百万美元，除了大洋洲的澳大利亚和新西兰之外，法国仅次于美国、日本和中国。

表9-3 法国海外领地参与的地区组织

地区组织	新喀里多尼亚	法属波利尼西亚	瓦利斯和富图纳
太平洋共同体秘书处	成员国	成员国	成员国
太平洋岛国论坛	准会员	准会员	观察员
南太地科委	准会员	准会员	
论坛渔业处		观察员	
太平洋经济合作处	与法国的准会员	与法国的准会员	与法国的准会员
南太旅游局	成员国	成员国	
太平洋岛屿发展署	成员国	成员国	
太平洋区域发展署	成员国	成员国	成员国
海洋关税局	成员国	成员国	成员国

资料来源：Denise Fisher, *France in the South Pacific: Power and Politics*, Australia: ANU E Press, 2013, p.208。

法国通过参与 SPC 和 SPREP 来提供援助，以支持太平洋岛国论坛活动；通过与澳大利亚、新西兰的三方联盟，对岛国在渔业监视、灾害管理方面提供援助。同时，法国不仅是欧洲发展基金（EDF）在南太地区的主要贡献者，而且还是亚洲开发银行在该地区的主要参与者（ADB）。它在南太平洋的大使管理着一个小的南太平洋基金，但是法国通过该基金对岛国的援助在下降。20世纪80年代援助额每年接近300万欧元，但是近年来出现了下降的趋势。2007年是270万欧元，2008年是250万欧元，2009年是200万欧元。[①]

从1945年开始，法国将太平洋共同体秘书处设在努美阿，在20世纪80年代经历了一系列的困难。现在 SPC 是法属玻里尼西亚和新喀里多尼亚最大的国际会议场所，法国从中获益颇多，这为法国海外领地的政治会议提供了一个很好的平台。莫古德维克（Mrgudovic）认为 SPC 是连接法国与南

---

① *Flash d'Océanie*13 March 2009, November 2008 and April 2008, http://www.newspad-pacific.info/.

太平洋的动力。这不仅仅是法国对于 SPC 的财政支持，更大程度上是因为 SPC 在努美阿的制度存在以及太平洋岛国专家和官员定期前往努美阿。[①] 在过去的几年中，虽然法国对 SPC 的援助平均每年超过了 300 万欧元，但是因为项目援助的性质，这些援助金额每年都会有波动。

法国与非洲之间有密切的历史关系，因此法国的双边发展援助主要集中在非洲地区。虽然太平洋地区在法国的对外援助中所占份数较小，但这些援助对太平洋岛国来说却有着重要的意义，在岛国 GDP 中扮演着重要的角色。太平洋岛国脆弱的经济使其对援助或投资严重依赖（见图 9-1），进入 21 世纪后，对外援的依赖仍高于其他地区的国家。

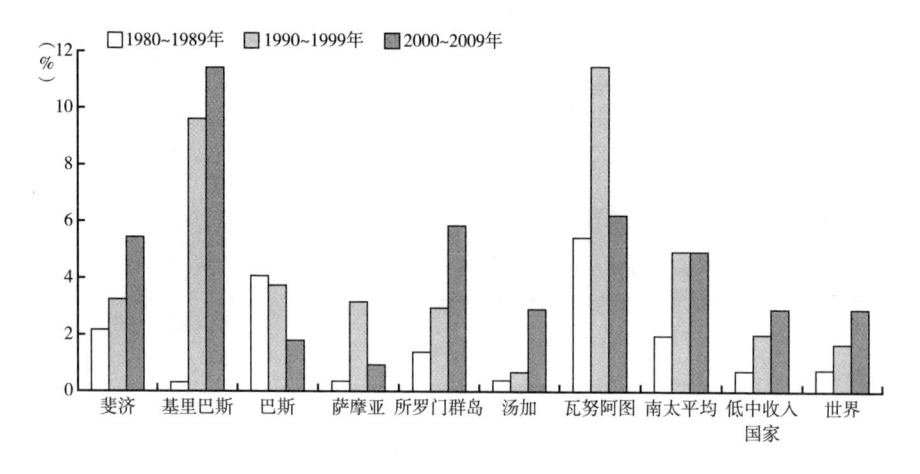

图 9-1　国外投资占太平洋岛国内 GDP 的比率

资料来源：根据世界银行的数据整理，http://www.worldbank.org.cn/。

第三，强化与澳大利亚和新西兰的关系。2008 年法国的防务白皮书中强调了南太地区合作伙伴的作用，其中澳大利亚的作用尤为突出。自法国在南太地区的核试验结束以后，其减少了军事人员的总体数量。白皮书中提到努美阿将主要负责法国在南太地区的军事存在，法国在法属波利尼西亚的人员将在 2011~2015 年减至 1000 人。新喀里多尼亚的人员也将会减少，但是那里的警察和安保人员将会增加。法国在努美阿建立了一个统一的总部，该总部的建立花费了 1300 亿澳元，把所有的防卫军事力量汇集在一起。

[①] Mrgudovic, "Nouvelle-Calédonie ou Kanaky: perceptions régionales du Cailloú", *Journal de la Société des Océanistes*, Vol. 117, 2002, p. 281.

在这样的背景下，法国与澳大利亚、新西兰的防务合作关系日益增强。基于1992年的换文，法澳新三方协议为减灾援助以及防务合作奠定了基础。有很多法澳新三方在自然灾害后援助岛国的例子，比如2007年海啸之后的所罗门群岛。近年来，三方协议的合作内容扩大到了海洋渔业监管，2006年堪培拉的联合宣言中已经正式明确了这一点。

2012年1月，法国与澳大利亚签署了战略合作伙伴关系的联合声明，声明尤其强调了双方在南太地区的合作，并指出双方在太平洋有着维护安全、稳定以及促进地区繁荣的共同利益，支持法国海外领地日益融入地区环境。[1] 2012年法属波利尼西亚尝试进入联合国非殖民化名单时，澳大利亚和新西兰曾帮法国否决了这一点。这表明三国的关系进一步得到了改善。与此同时，法国还与澳大利亚、新西兰加强了大学、研究机构间在南太地区科研方面的联系。

三 太平洋岛国及区域外大国的反应

自20世纪80年代以后，法国在南太地区为了改善自身的形象，做出了很大的努力。对于法国的努力，太平洋岛国以及区域外的大国反应是复杂的。

（一）太平洋岛国的反应

一方面，南太平洋地区领导人对于法国的反应是积极的。他们一直积极地参与法国－大洋洲峰会。巴布亚新几内亚、汤加、瓦努阿图一直积极参与同法国的军事演习和双边对话，并欢迎法国海军的访问。2015年10月，新西兰国防部组织的九国军事演习在南岛进行，超过2000名士兵参加了此次演习。前来参加军事演习的国家有澳大利亚、加拿大、斐济、汤加、巴布亚新几内亚、英国、美国和法国。

另一方面，岛国对于法国的反应很谨慎或者犹豫。这主要是法国之前在该地区的核试验给岛国造成了很大的影响。核辐射的影响现在仍然存在。2014年11月，法属波利尼西亚议会准备要求奥朗德政府为核武器试验给该

---

[1]《澳大利亚与法国战略合作的联合声明》，澳大利亚外交部，2012，http：//dfat.gov.au/geo/france/Pages/joint－statement－of－strategic－partnership－between－australia－and－france.aspx。

岛造成的损害赔偿10亿美元。法属玻里尼西亚岛屿居民的癌症病发率逐年上升，这同法国的核试验密不可分。在使用法国防务基地方面，一些美拉尼西亚人对于澳大利亚政府同法国签订的防务协议感到很不舒服。同样，一些岛国领导人对法国在该地区的防务活动也很谨慎。澳大利亚曾鼓励印度尼西亚发展一个长期的解决东帝汶问题的机制。印尼拒绝了澳大利亚把《马蒂尼翁协议》应用到东帝汶问题上的建议。

除了在努美阿举行一些会议之外，美拉尼西亚先锋集团终止了法国对于该集团的支持以及法国在美拉尼西亚地区的存在，例如关于瓦努阿图要求收回马修岛和亨特岛（Matthew and Hunter Island）的问题，MSG 利用传统美拉尼西亚联系渠道表达了支持的态度，而法国一直强调自己在新喀里多尼亚的存在以及相应的权益，称 MSG 的做法无疑是对法国权益的损害。

与此同时，PIF 对于法国的立场也是扑朔迷离。2010 年法国的海外领地要求成为论坛的成员国，但是被拒绝。PIF 的成员国资格仅限于独立的自治国家。为了容纳法国的海外领地，PIF 做了一些条款上的改变。1999 年，PIF 把观察员定义为"在通往取得独立或者自治路上的太平洋区域国家"，它授予法属波利尼西亚和新喀里多尼亚以准会员的资格，授予瓦利斯和富图纳以观察员的资格。然而，太平洋岛国论坛的这一做法容易引起歧义。授予法属波利尼西亚和新喀里多尼亚的准成员资格意味着它们超越了观察员的地位，但是瓦利斯和富图纳没有取得独立或自治，因此它们的观察员资格忽视了这一事实。

（二）区域外大国的反应

如前所述，目前法国与澳大利亚和新西兰之间的合作关系日益加强，尤其是与澳大利亚在 2012 年确定了战略合作伙伴关系之后，两国的关系得到了空前的提高。另外，新喀里多尼亚距离澳大利亚只有 1500 公里，法国在该地区的存在可以维护这些领地的安全与稳定，从另一方面减少了澳大利亚维护南太地区稳定的成本。太平洋岛国国内政治不稳定。除了萨摩亚之外，其他太平洋岛国都有被殖民的历史，而且多元文化并存，多民族矛盾尖锐，军事政变严重影响着国家的稳定。斐济自独立后，发生了四次军事政变。巴布亚新几内亚布干维尔岛和所罗门群岛长期存在民族冲突和分离要求。南太平洋地区的多民族矛盾和分离运动此起彼伏。所以法国的存在客观上也有利于维护太平洋岛国的稳定与和谐。基于此，作为传统的南太地区的领导者，澳大利亚和新西兰对于法国持认同态度。

在区域外大国中，毫无疑问美国的地位无法动摇。由于美国一直把南太平洋地区作为自己的"内湖"，所以在该地区设立了大量的海外—前进基地体系。没有任何一个区域外的大国可以媲美美国的军事力量。对于法国在南太地区的角色，美国之前并没有重视法国。虽然美法两国在泛大西洋地区有很强的合作关系，但是在南太平洋地区，美国与澳大利亚和新西兰的关系要强于美法关系。这主要是基于以下几个原因：第一，法国的海外领地孤立于美国在该地区的关注点。这些领地距离美国的自由联系邦（马绍尔群岛、密克罗尼西亚、帕劳）以及北部的关岛、北马里亚纳群岛太远，以至于美国在历史上就忽视了法国的海外领地；第二，法国在该地区缺少足够的战略资源。自停止核试验之后，法国撤走了大部分的军事力量，战略资源变得很有限；第三，如果与法国走得太近，法国之前核试验的背景会映射美国自身核试验的不光彩历史。[①] 双方之间的合作仅限于美、法、澳、新四方的防务合作。

法国在南太平洋地区一直采取独立自主的外交政策。特别明显的例子是斐济在2009年发生军事政变以后，太平洋岛国论坛停止了斐济的成员国资格，美国、澳大利亚、新西兰等国家对斐济实施了经济制裁，停止了对斐济的援助。但是法国反而加强与斐济的合作关系，支持美拉尼西亚先锋集团给斐济提供一个太平洋岛国论坛的替代选择。因此，美法在南太平洋地区的合作关系一直保持着距离。

法国自1996年停止核试验之后，通过加大对岛国的援助力度、鼓励海外领地参与区域组织等战略调整，与太平洋岛国的关系获得了很大的改善。埃尔克·拉森（Elke Larsen）认为对于法国在太平洋地区的活动，美国应该给予更多的关注。[②] 2012年12月以后，根据《努美阿协议》，法国将逐步把主权交还给新喀里多尼亚。法国前总理艾罗（Jean-Marc Ayrault）于2013年在新喀里多尼亚重申，2018年该岛国将就独立问题进行公投。目前南太平洋地区正密切关注着这一协议的实施情况，因为其可以为法属波利尼西亚乃至美国在太平洋地区领地的独立提供重要的案例参考。若公投决定新喀里多

[①] Elke Larsen, "France: The Other Pacific Power", *Pacific Partners Outlook*, Vol. II, Issue 12, December 2012, p. 2.

[②] Elke Larsen, "France: The Other Pacific Power", *Pacific Partners Outlook*, Vol. II, Issue 12, December 2012, p. 3.

尼亚独立，那么美拉尼西亚地区的力量对比也将发生重大变化。而法国在南太地区影响力的提升也将会对美国产生影响。就目前的国际政治和地区政治而言，美国自奥巴马上台以来，采取了"重返亚太"的战略，其军事力量正逐步转移到太平洋。法国在南太平洋地区的存在将不仅有助于美国维护南太平洋地区的稳定，还可以在国际层面上助推美国大战略的实施。因此，美国对于法国在南太平洋地区将会采取不断拉拢的态度。

小 结

本章追溯了法国在南太平洋地区参与的历史，剖析了其在该地区的战略调整并评析了区域外国家以及太平洋岛国对法国战略的反应。可以预见的是，随着法国在南太平洋地区影响力的不断提升，其对该地区的力量对比也会产生影响，法国被忽略的角色也将被改变。然而，法国过去在南太平洋的历史、核试验问题以及动机将会在未来给该地区的稳定带来一定的风险。这些风险也会减弱法国参与该地区的能力，威胁地区稳定。法国作为南太平洋地区的利益攸关者，强力介入南太岛国内部事务，事实上有逐步恶化南太平洋地区安全环境的风险。例如，法国积极向美国靠拢，追随美国的"亚太"战略，强化美法澳新在南太平洋地区的防务合作关系；2016年法国向澳大利亚出售12艘新一代的"梭鱼"级核动力潜艇，并将澳大利亚视为志同道合的战略伙伴。[①] 这些无疑增强了西方力量在南太平洋地区的战略存在，法国也因此获得了在该地区的介入资本；然而此类行径也加剧了该地区的紧张局势，增加了地区动荡概率，逐步引起了太平洋岛国的不满。对太平洋岛国而言，对于西方殖民统治的历史记忆和对西方"新自由主义"及"华盛顿共识"的失望，使得它们拒绝充当西方国家在该地区进行战略竞逐的筹码，期待地区主义的变革，寻求基于符合自身发展的新的治理理念和区域架构。[②] 在新的全球治理架构初现之际，法国依旧秉持大国权力博弈、军备扩

---

① Colonel Rupert Hoskin, "France and Australia: Realizing Our Potential as Like-minded Strategic Partners", *The Centre for Defense and Strategic Studies*, 2016, pp. 1 – 7, http://www.defence.gov.au/ADC/Publications/IndoPac/Hoskin_ IPSP.pdf.
② David Hegarty and Darrell Tryon eds., *Politics, Development and Security in Oceania*, The Australian National University E Press, 2013, pp. 179 – 218; Nic Maclellan, "Transforming the Regional Architecture: New Players and Challenges for the Pacific Islands", *Asian Pacific Issues*, No. 118, August 2015, pp. 1 – 8.

张和军事联盟的理念,将太平洋岛国的合理发展关切纳入自身不合理的战略需求上,并试图将大国意志强加于南太岛国身上。法国的做法给南太平洋区域安全环境增添复杂性和不确定性,这不符合太平洋岛国对谋求自主发展道路,实现开放的地区主义的理想,有可能会招致太平洋岛国强烈抵触和反对。

第十章 古巴开展医疗外交

古巴是加勒比海地区唯一一个社会主义国家，具有自己特色的外交战略。近年来，为了打破美国的封锁和外交孤立，太平洋岛国成为古巴拓展国际生存空间的对象。从地缘政治上看，南太平洋紧挨着古巴，具有重要的地缘战略价值。与其他域外大国对太平洋岛国的援助相比，古巴的医疗援助具有自身鲜明的特色，不仅提升了古巴在国际社会中的影响力，增加了其软实力，还为古巴拓展了外交生存空间。目前，南太平洋地区正处于一种"软平衡"的博弈态势，古巴的参与将会进一步巩固这种博弈态势，国外有学者的研究涉及古巴对太平洋岛国的医疗援助。奥古斯汀·阿桑特（Augustine D Asante）、约莱·内吉（Joel Negin）等人分析了古巴在南太平洋地区的与人力资源有关的医疗援助项目所面对的挑战及启示。① 蒂姆·安德森（Tim Anderson）梳理了古巴在太平洋岛国的医疗援助项目，并分析了这些项目对岛国的价值以及其带来的挑战，主要的挑战是语言的困难及各种项目的整合。② 在另外一篇文章中，蒂姆·安德森（Tim Anderson）讨论了医疗援助中"能力建构"（capacity building）的独特观点，解析了古巴的医疗项目以及古巴与东帝汶医疗项目的发展，其讨论利用了现有的文献、医疗指标以及

---

① Augustine D Asante and Joel Negin and John Hall and John Dewdney and Anthony B Zwi, "Analysis of policy implications and challenges of the Cuban health assistance program related to human resources for health in the Pacific", *Human Resources for Health*, Vol. 10, No. 10, 2012, pp. 1 – 9.

② Tim Anderson, "Cuban Health Cooperation in Timor Leste and the South West Pacific", in Reality of Aid Management Committee, eds., *South-South Cooperation: A challenge to the aid system?* Quezon City: IBON Foundation, 2012, pp. 77 – 86.

古巴与东帝汶医生的访谈。① 本章的研究将初步探究古巴对于太平洋岛国的医疗援助，主要包括医疗援助的内容、特点及限制因素。

一 古巴的医疗援助：南太平洋地区的新型援助模式

古巴的医疗水平位居世界前列，其"医疗外交"享誉世界。1959年革命胜利后，古巴一直实行全民医疗保健免费制度。在原有全国医疗卫生体系基础上，古巴于1984年又建立起一种新型的医疗保健体系"家庭医生制"，进一步提高面向全社会的医疗保健服务水平。1999年古巴政府在哈瓦那建立起拉美医学院，主要向拉美国家青年提供奖学金，培养医生和医学人才。② 基于先进的医疗水平和国内完善的医疗保健体系，古巴开始在全世界推广医疗外交。古巴的医疗外交始于1960年。在古巴革命胜利不久，当年就向发生地震的智利派去了医疗小组。自1960年开始，古巴向100多个国家派出了10万多名医务人员，为它们提供了完善的医疗服务。自1963年开始，古巴与100多个国家签署了医疗合作协议。1万多名来自拉美及加勒比、非洲、亚太地区的留学生在古巴接受医疗培训。③ 目前，太平洋岛国已经成为古巴医疗援助的区域战略选择。在"南南合作"的框架之下，古巴对岛国的医疗援助主要体现在向岛国派遣医务人员以及为岛国在古巴接受医疗培训的学生提供奖学金。古巴在2004年向东帝汶派去了医生，2006~2008年又分别向基里巴斯、瑙鲁、瓦努阿图、图瓦卢以及所罗门群岛派去了医生。④ 截止到目前，超过170个来自岛国的年轻人在古巴接受教育，其中包括90人来自所罗门群岛、23人来自基里巴斯、17人来自瓦努阿图、20人来自图瓦卢，超过30个享受古巴政府高额补贴的医生被派往了岛国。⑤

太平洋岛国面临着缺乏专业药物人才和对居民的医疗护理条件较差的挑

---

① Tim Anderson, "Solidarity Aid: The Cuba-Timor Leste Health Program", *International Journal of Cuban Studies*, Vol. 2, 2008, pp. 53 – 65.
② 徐世澄：《列国志·古巴》，社会科学文献出版社，2003，第252~254页。
③ 孙洪波：《古巴的医疗外交》，载《拉丁美洲研究》2007年第5期，第52页。
④ Tim Anderson, "Cuban Health Cooperation in Timor Leste and the South West Pacific", in Reality of Aid Management Committee, eds., *South-South Cooperation: A challenge to the aid system?* Quezon City: IBON Foundation, 2012, p. 77.
⑤ "Cuba", Pacific Islands Forum Secretariat, http://www.forumsec.org/pages.cfm/strategic – partnerships – coordination/post – forum – dialogue/cuba.html.

战。随着气候变化和海平面上升成为太平洋岛国的首要关切之后，太平洋岛国政府及国际社会日益关注太平洋岛国居民的健康状况。该地区居民的寿命只有 60 多岁，落后于西太平洋 74 岁的平均年龄。基本医疗卫生条件正逐步恶化。国际社会意识到需要改善那里的医疗卫生条件。目前，太平洋岛国严重缺乏有技术的医疗人力资源。医疗人力资源是实现联合国千年发展计划中的构建医疗体系的重要步骤。

古巴医生的到来引起了太平洋岛国领导人和分析家的广泛兴趣。2007 年 3 月在瓦努阿图维拉港召开的太平洋岛国部长级医疗会议和 2009 年 10 月在斐济楠迪召开的医务联盟人力资源会议都曾讨论这个问题。国际团结是古巴医疗援助的主要原则之一。比如，在 20 世纪六七十年代智利大地震、尼加拉瓜的飓风、2004 年印尼和斯里兰卡的海啸发生后，古巴对这几个国家都进行了医疗援助。因此，古巴对太平洋岛国的医疗援助也秉承这个原则，在"南南合作"的框架之下进行，这对太平洋岛国来说是一种比较容易接受和受欢迎的援助项目。除了瓦努阿图之外，古巴与岛国的外交关系始于 21 世纪初期。瓦努阿图在 20 世纪 80 年代就跟古巴建立了外交关系。2004 年古巴与瑙鲁签订了合作协议，并派去了 11 个医生。在接下来的几年，古巴与岛国的双边关系不断确立，医疗援助合作进入正常轨道（见表 10-1）。自 2008 年 9 月古巴—太平洋岛国首届部长会议之后，双方的外交关系正常化。在这届会议上，双方重点关注气候变化、食物危机、能源危机、人力资源培训、对抗自然灾害等问题。在开幕式上古巴外交部部长佩雷斯·罗克表示："不论国家大小、经济发展如何，我们将在秉持推动合作、友谊以及尊重原则的基础上，发展同世界各国的友好关系。我们欢迎其他国家的年轻人来古巴学习医疗技术，并提供 400 多个奖学金的名额。"[1] 基于此，提供医疗人力资源成为古巴医疗援助项目的主要组成部分。古巴是世界上最大的医疗援助国，向 70 多个国家派遣了超过 38000 名医疗人员。2010 年 9 月，总共有 33 个医生在岛国工作，主要是医师和一些医技人员。其中，所罗门群岛、瓦努阿图、基里巴斯和图瓦卢是古巴主要的医疗援助对象。

---

[1] "First Ministerial Meeting Cuba-Pacific Island Takes Place in Havana", The Newspaper of Cuban Health, http://english.juventudrebelde.cu/cuba/2008-09-17/first-ministerial-meeting-cuba-pacific-islands-takes-place-in-havana/.

表 10-1 古巴在太平洋岛国的医疗援助发展历程

国家	主要日期及事件
斐济	2003年,双方开始外交谈判;2005年双方确立外交关系,并确认药物合作;2010年8月,6个斐济学生去古巴接受医学培训
基里巴斯	2002年9月,双方确立外交关系;2006年,15个医生到达基里巴斯;2007年,23个学生去古巴接受医学培训
瑙鲁	首个从古巴医疗援助中获益的国家;2002年5月双方确立外交关系;2004年11个医生被派往瑙鲁,但18个月后协议被终止;2007年10月双方签订了涵盖医学、教育、贸易等领域的双边合作协议
所罗门群岛	2002年12月,双方确立外交关系;2007年3月,双方签订合作协议;2008年2月,首批25个来自所罗门群岛的学生被派往古巴接受医疗培训;2008年6月,2个医生被派往所罗门群岛,第二年又另外派往了7个医生;2008年7月,第二批25个来自所罗门群岛的学生被派往古巴;2009年12月,第三批25个学生被派往古巴
汤加	2002年6月,双方确立外交关系;2009年10月,3个来自汤加的学生被派往古巴接受医疗培训;2009年12月,汤加总理访问古巴以加强外交关系
图瓦卢	2008年9月,图瓦卢总理访问古巴;2008年10月,一名古巴医务人员被派往图瓦卢;2009年2月,超过2个古巴医生被派往图瓦卢;2009年12月,20个图瓦卢学生被派往古巴接受医疗教育
瓦努阿图	1983年,双方确立外交关系;2008年9月,17个瓦努阿图学生被派往古巴;2008年,6个古巴医生被派往瓦努阿图

表 10-1 显示,所罗门群岛比其他岛国在跟古巴的医疗援助互动方面更积极。2014 年 7 月,所罗门群岛在古巴正式建立了大使馆,这标志着双方的外交关系更加稳固。所罗门群岛总理戈登·达西·利洛(Gordon Darcy Lilo)表示,"我们很高兴成为太平洋岛国中第一个在古巴建立大使馆的国家。该大使馆将有助于所罗门群岛的学生在古巴接受医疗培训,并有利于扩大双方的合作范围"。① 在 2007 年同古巴签订合作协议之后,有 10 个医生在太平洋岛国的农村服务,有 75 个学生在古巴接受医疗培训。这一方面体现了太平洋岛国农村对于医生的需求。而另一方面,斐济不愿意接受古巴的医疗援助,该国没有一个古巴的医生,只是在 2010 年派往了 6 个学生去古巴接受医疗培训(见表 10-2)。由此证明,与其他岛国相比,斐济的医生缺口并不是很大。

① "Solomons Opens First Pacific Embassy In Cuba", Pacific Islands Report, http://www.pireport.org/articles/2014/07/29/solomons-opens-first-pacific-embassy-cuba.

表10-2　2010年古巴医生在岛国的数量及派往古巴接受医疗培训的数量

国家	古巴医生的数量	派往学生去古巴的数量
所罗门群岛	10	75
瓦努阿图	2	37
基里巴斯	16	20
图瓦卢	5	30
瑙鲁		9
汤加		3
斐济		6
合计	33	177

资料来源：HRH Hub（UNSW）2009.

二　古巴医疗援助的特点

发展中国家的身份和南太平洋地区域外国家的定位决定了古巴对太平洋岛国的医疗援助具有自身的特点，这些特点也使得古巴的医疗援助在国际社会中具有高度的认同感。

第一，开展三方合作，与新西兰一道加强对岛国的医疗援助。古巴除了发展对太平洋岛国的双边医疗援助之外，还不断加强同新西兰的合作，充分利用新西兰在南太平洋地区的影响力，以达到三方合作的效果。新西兰与太平洋岛国有着密切的传统关系，与所有的岛国都建立了外交关系，同时，它与库克群岛和纽埃保持着自由联系，并将岛国作为援助的重点。防务上，新西兰与巴布亚新几内亚、斐济、汤加、萨摩亚、瓦努阿图、所罗门群岛等国签有"互相援助计划"，帮助有关岛国训练军队并进行联合军事演习。经济上，新西兰与除澳大利亚以外的太平洋岛国论坛成员国的贸易额为13.15亿新元，双边经贸往来密切。① 2015年2月，新西兰与古巴签订了合作协议，以支持古巴在太平洋岛国的医疗援助。双方把该协议视为推进双边关系的重要一步。古巴外交官认为该协议是提升双边关系的里程碑。根据合作协议，古巴与新西兰领导人将进行互访。时任新西兰外交部部长克雷格·霍克

---

① 《新西兰》，外交部，http：//www.fmprc.gov.cn/web/gjhdq_676201/gj_676203/dyz_681240/1206_681940/1206x0_681942/。

(Craig Hawke) 表示，太平洋岛国对新西兰具有非常重要的作用，承认了古巴在南太地区的医疗合作。为了太平洋岛国的利益，新西兰愿意同古巴一道合作。① 对新西兰来说，它非常重视在南太地区的领导地位，将继续优先考虑促使太平洋地区经济可持续发展的举措，以发展预算的60%援助该区域，提升其在南太地区的影响力。在援助过程中，新西兰将加大同第三方的合作。例如，新西兰、中国、库克群岛三方合作兴建拉罗汤加供水项目。② 就古巴而言，三方合作是古巴近年来所提倡的医疗援助模式。2001～2002年，古巴流行病专家与海地医疗部门合作，为海地儿童注射疫苗，其费用由法国和日本提供。古巴向洪都拉斯提供援助时，德国作为第三方提供了大量援助。③ 三方合作能够整合古巴与传统援助国在资金和技术方面的优势，共同向受援国提供援助，既有利于扩大援助项目的规模，又能在项目中实现古巴与传统援助国之间的优势互补，提升援助效果，增强援助的有效性。就受援国而言，三方合作有助于加强援助国之间以及受援国与援助国之间在援助项目、实施方式等方面的沟通与协调，减少项目重叠等老大难问题。与此同时，加大与新西兰的合作关系符合新时期新西兰的外交政策。新西兰在继续重点推动亚太地区外交关系的同时，也将扩展与拉丁美洲的关系。

第二，古巴的医疗援助体现了"南南合作"的思想。"南南合作"是指发展中国家之间的合作，是全球发展中国家间就知识、经验、政策、技术和资源等发展方案进行分享交流的合作机制，始于20世纪50年代。1964年七十七国集团的正式建立标志着南南合作的正式开始。古巴一直是积极倡导者和重要参与者。2013年，在加勒比共同体与古巴建交41周年的仪式上，加勒比共同体主席珀塞德·比塞萨尔表示，古巴与加勒比共同体是南南合作的典范。④ 卡斯特罗非常重视医务工作者的人道主义精神，认为这种精神是超越国界的。古巴积极推动医疗走向国际社会，加强医疗上的国际人道主义和国际合作。早在1960年，古巴就向智利地震灾区派遣了一支医疗救援队。古巴的医疗援助与发展中国家的独立、民族自觉紧密地联系在一起。众所周

---

① "New Zealand and Cuba Sign Agreement for Medical Cooperation in Pacific Islands", http://www.ibtimes.com.au/new-zealand-cuba-sign-agreement-medical-cooperation-pacific-islands-1421974.
② 喻常森:《大洋洲发展报告（2014～2015）》，社会科学文献出版社，2015，第31页。
③ 孙洪波:《古巴的医疗外交》，载《拉丁美洲研究》2007年第5期，第54页。
④ 《加共同体主席称古巴-加共同体是南南合作的典范》，外交部，http://www.mofcom.gov.cn/article/i/jyjl/l/201312/20131200427088.shtml。

知,由于绝大部分太平洋岛国都有过被殖民的历史,民族国家建构和巩固成为这些后殖民国家的重要任务。古巴对岛国的医疗援助基于南南合作的框架,同时这也体现了其支持岛国的民族国家独立和自觉。2016 年 11 月 29 日,瓦努阿图前总理巴拉克·塔梅·索佩（Barak Tame Sope）表示,"古巴是世界上第一个支持瓦努阿图从前殖民国英国和法国手中获得政治自由的国家。古巴不仅是支持瓦努阿图成为第 24 届联合国非殖民化委员会的成员国,还承办了 24 届联合国非殖民化委员会"。①

三 古巴医疗援助的动因

进入 21 世纪之后,古巴医疗援助的战略选择从拉美和加勒比地区扩展到了亚太地区。在新的全球语境下,出于多重战略考量,古巴把太平洋岛国视为新时期医疗援助的战略选择。

（一）拓展外交空间的需要

1959 年初古巴革命胜利至今,美国对古巴一直实行霸权主义和强权政治。在经济上,进行经济封锁和贸易禁运；在军事上,组织雇佣军武装入侵并不断进行威胁和挑衅；在外交上,千方百计企图孤立古巴；在政治上,扶植反对派,搞各种颠覆、破坏活动,处心积虑地谋杀卡斯特罗等古巴领导人；在意识形态方面,进行"电波侵略",加强"和平演变"和颠覆性的宣传攻势；在移民问题上,鼓励非法移民,煽动"筏民潮"。② 半个多世纪以来,美国拒绝包括联合国大会在内的国内外有关解除封锁和禁运的呼声,一直对古巴采取敌视的态度。1963 年,古巴正式把"医疗援助"作为对抗以美国为首的西方国家对其封锁的主要手段。由于古巴长期遭受以美国为首的西方国家的外交制裁,在国际上处于比较孤立的位置。然而,古巴精湛的医疗技术和医务大军为国际社会做出了重要贡献,医疗事业间接成为卡斯特罗与美斗争的重要外交武器。古巴救死扶伤的国际人道主义精神在国际社会享有很高的声誉,成为其融入国际社会的最佳切入点。卡斯特罗曾表示,"我

---

① "Late Cuban Leader Was First To Support Independence For Vanautu：Sope", Pacific Islands Report, http：//www.pireport.org/articles/2016/11/28/late - cuban - leader - was - first - support - independence - vanautu - sope.

② 徐世澄：《列国志·古巴》,社会科学文献出版社,2003,第 262~263 页。

们的使命是创造一种关于人的健康的学说,提供一个可以在这个领域有所作为的榜样,对世界上任何人来说,人的健康是一个最敏感的领域"。[1] 古巴通过医疗援助逐渐打破了外交上的困境,在全球范围内进行外交的谋篇布局。

太平洋岛国在国际组织和全球外交的研究中被普遍忽略了。它们是国际舞台上不可忽视的"投票集团",在联合国有 12 个国家具有投票权,不仅如此,在过去几年它们在国际舞台上的活动越来越积极主动。最明显的例子就是 2011 年联合国秘书长潘基文首次访问了太平洋岛国以及 2013 年基里巴斯在联合国派遣了首个常驻外交代表。在这种情况下,对欲拓展外交空间的古巴来说,太平洋岛国自然成为其医疗援助的重要战略选择。除了瓦努阿图曾在 1983 年与古巴建立外交关系之外,其余的岛国原本与古巴没有外交上的交集,但进入 21 世纪之后,全球语境发生了重要的变化。外交事务对一个国家的生存和发展有着重要的影响,任何国家都不可能避开国际体系而独自生存和发展。对于严重依赖外部环境的太平洋岛国来说,外交是最大限度缓解自身脆弱性、实现国家利益的主要方式。因此,太平洋岛国与古巴为了更好地融入国际体系,发展双边友好关系成为必然选择。医疗援助中的南南合作思想使得越来越多的岛国对此表示认同和接受。比如,巴布亚新几内亚起初并不认同古巴的医疗援助,对其医疗质量和标准表示了担忧,因此反对古巴在该国的医疗援助。然而,在"南南合作"的框架之下,古巴的医疗援助在南太平洋地区获得了高度认可。2016 年 11 月 25 日,巴布亚新几内亚总理彼得·奥尼尔(Peter O'Neill)同卡斯特罗就双边关系进行了讨论,议题重点是体育和医疗。双方就医疗援助项目签订了合作备忘录。[2]

(二) 小岛屿国家联盟合作的需要

古巴与太平洋岛国同为小岛屿国家联盟(Alliance of Small Island States,AOSIS)的成员国,具有共同的岛国身份属性,这决定了双方在国际社会中具有共同利益。小岛屿国家联盟是一个由 50 多个小岛屿发展中国家组成的在全球气候谈判中共同发出声音的国家联盟。基于生存条件的脆弱性,小岛

---

[1] 张金霞:《"古巴模式"的理论探索——卡斯特罗的社会主义观》,人民出版社,2012,第 190~191 页。
[2] "PNG PM And Cuba President Discuss Bilateral Relations", Pacific Islands Report, http://www.pireport.org/articles/2016/11/21/png-prime-minister-makes-official-visit-cuba.

屿国家往往具有更强烈的环保意识。对那些被联合国定义为低洼沿海的岛国来说，气候变化是一个特别严重的问题。全球气候变暖将使雪山、冰川融化，导致海平面上升。全球海平面的上升必将对这些国家造成严重的损害。对这些国家而言，海平面的上升将引发诸如水灾、土地侵蚀、海水侵入和风暴加剧等严重的危害，威胁到这些国家的领土和主权完整，并导致围绕资源和领土的冲突和动荡，甚至使几个小岛国面临彻底消失的危险。① 除此之外，旅游业、农业、渔业等是小岛国的支柱产业，但由于海平面上升、海岸侵蚀等因素的影响，小岛国经济的发展受到了很大的制约。小岛屿发展中国家由于自身无法克服这种先天的缺陷，基本的生存和发展都受到了很大影响，因此成为国际社会关注的焦点。

小岛国意识到了自身的先天脆弱性之后，由于自身的种种限制，往往得不到国际社会的支持，因此走上了区域内合作的道路，发挥集体声音的力量。在这种情况下，小岛屿国家联盟应运而生。小岛国区域内的合作表现在两个方面。第一，是在联合国的舞台上共同发声。在联合国框架内，作为一个游说集团，小岛屿国家联盟具有了一定的国际政治地位。它为成员国发出声音，将全球变暖、海平面上升作为关注的焦点问题。通过联合国这个平台，小岛屿国家加深了相互之间的理解和信任。古巴与太平洋岛国分别作为加勒比海地区和南太平洋地区的岛国，除了在气候变化问题上保持一致的立场之外，在其他议题中也逐渐相互支持。太平洋岛国在联合国中的"投票集团"优势对古巴有着重大的吸引力。小岛屿国家联盟使得双方成为志趣相投的国家。例如，在联合国关于解除美国对古巴的决议（A/RES/68/8）上，除了美国的自由联系邦（密克罗尼西亚、马绍尔群岛、帕劳）之外，其余岛国都投了赞成票，有力地支持了古巴在联合国的活动。② 2015年10月27日，联合国大会就谴责美国对古巴的制裁进行了投票，结果古巴获得了191张赞成票，2张反对票，获得了前所未有的压倒性胜利。美国的自由联系邦投了弃权票，这表明太平洋岛国对古巴持坚定的立场。2015年9月，密克罗尼西亚在太平洋岛国论坛峰会上与古巴确立了外交关系，美国的自由

---

① 韦民：《小国与国际关系》，北京大学出版社，2014，第264~265页。
② Oliver Hasenkamp, "The Pacific Island Countries and International Organizations: Issues, Power and Strategies", in Andreas Holtz, Matthias Kowasch and Oliver Kasenkamp, *A Region in Transition: Politics and Power in the Pacific Island Countries*, eds., Saarland: Saarland University Press, 2016, p. 249.

联系邦已经开始在对待古巴的态度上出现松动。① 第二，小岛国之间的援助。南太平洋地区与加勒比地区的小岛国不仅共享小岛屿国家联盟的身份属性，而且彼此相邻，这注定了双方之间的互动将会日益频繁。目前，双方已经开始了南南合作框架内的关于气候适应性和灾难风险管理的项目。该项目致力于鼓励知识和经验的系统分享，以加强社区安全和这两个地区对于一系列自然灾难的抵抗力。联合国开发计划署太平洋中心（UNDP Pacific Center）负责协调这个项目，并从 UNDP 下属的地区项目和次地区项目中提供大量支持。加勒比地区参与的组织有加勒比灾害与应急管理局（CDEMA）、加勒比共同体气候变化中心（CCCCC）和西印度群岛大学。南太平洋地区参与的主要组织有太平洋岛国应用地理科学委员会。联合国开发计划署太平洋中为该项目投资了 80 多万美元。②

（三）提升自身软实力的需要

医疗援助往往不涉及与硬实力相关的经济收益，更多是展现一国的医疗技术、传统文化以及对他国民众的关注等，对软实力的培育有着重要作用。③ 在约瑟夫·奈看来，国际政治中，软实力大部分来自一个国家或组织的文化中所体现出来的价值观、国内管理和政策所提供的范例，以及其处理外部关系的方式。虽然对政府而言，有时候驾驭和运用软实力有一定的难度，但这丝毫不能削弱软实力的重要性。有些国家的政治影响力远远超过其经济和军事实力，那是因为它们将经济援助、和平调解等具有吸引力的因素纳入了国家利益的定义中。国家软实力主要来自三个方面：文化（在其能发挥魅力的地方）、政治价值观（无论在国内外都能付诸实践）、外交政策（当其被视为合法，并具有道德权威时）。就文化而言，当一国文化中包含了普世价值观和利益，其政策中推行的也是被他国认同的价值观和利益，那

---

① "United Nations votes 191 - 2 to condemn U. S. embargo against Cuba", Miamiherald, http: //www.miamiherald.com/news/nation - world/world/americas/cuba/article41538987.html.

② "South-South Cooperation between Pacific and Caribbean Small Islands Developing States on Climate Change Adaption and Disaster Risk Management", United Nations Office for South-South Cooperation, http: //ssc. undp. org/content/ssc/partner/NewPartnershipOpportunities/_ jcr _ content/parmain/sscdownload _ 0/file. res/South － South% 20Cooperation% 20between% 20Pacific% 20and% 20Caribbean% 20Small% 20Islands% 20Developing% 20States（SIDS）% 20on% 20Climate% 20Change% 20Adaption% 20and% 20Disaster% 20Risk% 20Management. pdf.

③ 张春：《医疗外交与软实力培育——以中国援非医疗队为例》，载《现代国际关系》2010 年第 3 期，第 49 页。

么双方就会建立一种兼具吸引力和责任感的关系，该国得偿所愿的可能性也大大增加。① 目前，世界各国政府意识到了医疗援助对于培育软实力的重要作用。对医疗条件较差的国家提供医疗援助，不仅可以助推双边关系，还可以提高受援国的国际声誉。在国际政治中，声誉向来很重要，由于"充足悖论"的存在，可信度成为越发重要的实力资源。②

古巴医疗卫生建设在国际上享有较高的影响力。20世纪60年代初，美国断绝了与古巴的外交关系，切断对古巴医药和医疗设备的供应，人民的健康面临着严峻的挑战。在这种情况下，卡斯特罗提出，要把公共卫生事业的发展置于"优先和神圣的地位"。20世纪80年代末，古巴的医疗保健水平已经位居世界前列。"医疗强国"的国家战略大大提升了古巴在国际社会中的影响力。然而，卡斯特罗并没有把医疗卫生事业局限在国内。为了增强自身的软实力，古巴开始在全球范围内推行医疗援助。医疗援助主要集中在传染病防治、灾后医疗援助和医务人员培训等方面。1998年中美洲和加勒比地区遭受到了飓风的侵袭，古巴随即派遣了1000多名医生进行医疗援助。2005年，危地马拉同样遭受到了飓风的侵袭，古巴600名医务人员实施援助。除此之外，古巴于1999年在哈瓦那建立拉美医学院，主要向拉美国家青年学生提供奖学金，培养医务人才。太平洋岛国由于地理位置比较特殊，成为全球气候变化的"重灾区"，地震、火山活动以及飓风比较频繁。自然灾害的频发对岛国人民的健康构成了极大的威胁，同时，一些慢性疾病、艾滋病、皮肤病等不断肆虐着岛国。因此，古巴的医疗援助一定程度上保障了太平洋岛国人口的健康，受到了当地人口的高度欢迎。对古巴而言，医疗援助提升了其在南太平洋地区的软实力，与太平洋岛国的外交关系越来越紧密。

四 古巴对太平洋岛国外交战略的影响

域外国家为了提高在该地区的影响力，不断增加对太平洋岛国的援助。值得注意的是，不同的国家所使用的援助偏好不同。比如，德国偏好于对太平洋岛国进行气候变化方面的援助，中国偏好于基础设施领域的援助，印度

---

① 〔美〕约瑟夫·奈著《软实力》，马娟娟译，中信出版社，2013，第8~16页。
② 〔美〕约瑟夫·奈著《软实力》，马娟娟译，中信出版社，2013，第143页。

偏好于对斐济的印度族进行援助，日本偏好于海洋资源开发和气候变化领域的援助，俄罗斯偏好于提供军火援助，美国偏好于对太平洋岛国的多部门进行双边援助。国内外学术界就域外国家对太平洋岛国援助的研究很多，研究的切入点也比较丰富，但缺少关于古巴对太平洋岛国的援助的研究，这恰恰体现了古巴医疗援助的独特性。与域外国家的援助偏好相比，古巴在南南合作框架下的医疗援助具有自己的特色，更契合太平洋岛国的实际需求。因此，古巴虽然进入南太平洋地区的时间不长，但凭借医疗援助的强力推动，在该地区的影响力日益提高。南太地区的国际组织对古巴持认同和欢迎的态度。2012年，太平洋岛国论坛会后对话会确立了古巴的成员国资格，[①] 这标志着论坛成员国认同了古巴，同时，论坛会后对话会为古巴与太平洋岛国的互动提供了便利的平台。2014年，古巴首次参加了帕劳举行的太平洋岛国论坛会后对话会，并引起了轰动。古巴驻南太平洋地区的全权大使埃雷拉·卡塞宜罗（Harrera Caseiro）表示，"古巴将保持与峰会主题一致的价值观，比如海洋、气候变化等"。帕劳总统汤米·雷蒙杰索（Thomas Esang Remengesau Jr）指出，"对太平洋岛国来说，在国际社会拥有各种不同的伙伴非常重要。我们不需要政治，只需要愿意与我们保持一致方向的伙伴。古巴为我们的子女培训医疗，并为留学生提供奖学金"。[②] 除了参加太平洋岛国论坛这个重要地区组织之外，古巴对太平洋岛国发展论坛也抱有很大的兴趣。2013年，太平洋岛国发展论坛开幕式在斐济举行。古巴出席了此次开幕式。[③] 2016年4月1日，古巴驻斐济大使马里奥·阿尔苏加赖·罗德里格斯（Mario Alzugaray Rodriguez）对太平洋岛国发展论坛进行了访问。论坛秘书长对于古巴与太平洋岛国发展论坛的关系表示了赞赏。[④]

作为域外国家，古巴是唯一一个加勒比地区的国家，在地理上紧靠着南太平洋地区。作为小岛屿发展中国家，古巴与太平洋岛国有着关于气候变化

[①] "Cuba", Pacific Islands Forum Secretariat, http：//www.forumsec.org/pages.cfm/strategic－partnerships－coordination/post－forum－dialogue/cuba.html.

[②] "Cuba Attends Post-Forum Dialogue of Pacific Islands Forum", Radio Havana Cuba, http：//www.radiohc.cu/en/noticias/nacionales/29952－cuba－attends－post－forum－dialogue－of－pacific－islands－forum.

[③] "2013 Pacific Islands development Forum Outcomes", Pacific Islands Development Forum, http：//pacificidf.org/2013－pacific－islands－development－forum－outcomes/.

[④] "Cuban Ambassador Visits PIDF", Pacific Islands Development Forum, http：//pacificidf.org/cuban－ambassador－visits－pidf/.

问题的共同利益诉求。作为联合国成员国，古巴与太平洋岛国组成了小岛屿国家联盟，在国际组织中坚持以一个声音说话。因此，古巴与太平洋岛国之间的联系紧密而牢固。医疗援助成为双方感情维系的纽带，这是其他域外国家所不能比拟的。就南太平洋地区的博弈态势而言，人道主义和国际主义思想将使得古巴与太平洋岛国一道反对"硬平衡"，巩固"软平衡"的博弈态势。奉行人道主义和国际主义是古巴外交思想的重要内容。自 20 世纪 60 年代开始，古巴一直保持与西欧国家、加拿大、日本等国家的友好关系，并在党的"一大"上宣称，古巴没有意识形态的障碍。卡斯特罗认为即使是美国人民，古巴也有提供人道主义援助的义务。古巴的医疗和教育等人道主义援助使许多拉美国家、亚洲、非洲的一些落后、贫困国家从中受惠。同时，古巴曾在无产阶级国际联合中和世界人民一道反对帝国主义、殖民主义、霸权主义和国际不公正现象，声援第三世界人民的斗争。[1]

然而，古巴对太平洋岛国的医疗援助并不是一帆风顺，也面临着挑战。这些挑战既有外部因素，也有内部因素。

第一，美国在南太平洋地区对古巴的限制。一直以来，美国把南太平洋地区视为自己的"内湖"，对域外国家的参与保持着谨慎的态度，并不断采取措施平衡域外国家不断上升的影响力。比如，针对中国在该地区不断上升的影响力，美国改变了以往对该地区"善意忽略"的态度。2012 年 8 月 31 日，希拉里出席了在库克群岛拉罗汤加岛举行的第 24 届太平洋岛国论坛峰会，她表示：太平洋岛国在亚太地区的安全战略和经济发展中发挥着极其特殊的作用，而且这种作用变得越来越重要，在太平洋地区，美国有着长期的保护海上商业的历史，坚持与太平洋岛民保持长期的伙伴关系。[2] 2014 年 8 月，希拉里·克林顿参加了在库克群岛举行的第 43 届太平洋岛国论坛领导人峰会。会上希拉里宣布了与太平洋岛国合作的三项内容，并承诺拨款3200 万美元用于太平洋岛国的发展。2015 年 9 月 11 日，美国负责管理和资源事务的副秘书希金博特姆（Heather Higginbottom）在第 27 届太平洋岛国论坛会后对话会上指出，"美国与太平洋岛国之间的友谊是持久的。奥巴马总统与克里国务卿非常高兴与岛国在许多地区问题上的合作。我们共同致力

---

[1] 张金霞：《"古巴模式"的理论探索——卡斯特罗的社会主义观》，人民出版社，2012，第 295～296 页。
[2] Hillary Clinton, "Remarks at the Pacific Islands Forum Post-Forum Dialogue", August 31, 2012, http://state.gov/secretary/20092013clinton/rm/2012/08/197266.htm.

于战胜气候变化、提高防灾抗灾能力以及保护海洋、维护人权等。去年我们给太平洋岛国提供了超过3.5亿美元的援助"。[1] 虽然近年来美古关系出现了松动，2015年7月，两国恢复外交关系。2016年3月，奥巴马对古巴进行了国事访问，但意识形态的差异及地缘政治的考量注定了美国对古巴的敌视政策。古巴凭借医疗援助把影响力渗透到了美国的"内湖"，企图打破美国在国际范围内对其外交孤立，这不符合美国在南太平洋的战略利益以及美国对古巴的外交政策。国际社会担心得罪或激怒美国，对古巴的医疗援助持怀疑或否定的态度。对古巴来说，美国对其贸易禁运仍是医疗援助的重大障碍。[2] 换句话说，古巴在南太平洋地区的医疗援助不可能绕开美国。

第二，语言的障碍。古巴医疗援助实践表明一些太平洋岛民对于古巴医生在患者互动以及古巴医生与本地医生沟通时缺乏足够的语言技巧表示担忧。[3] 2004年11个医生被派往瑙鲁，但18个月后协议被提前终止，据瑙鲁卫生部解释，部分原因是语言困难。其他岛国同样认为古巴医生英语的能力低下。[4] 古巴的官方语言为西班牙语。在古巴的语言教学过程中，英语大部分时期处于被忽略的地位。在20世纪70年代，古巴作为苏联的盟友，曾用俄语替代了英语课程的教学。自2014年美国与古巴的外交关系出现缓和之后，古巴才开始对英语产生兴趣。由此可以看出，古巴的英语教学受意识形态的影响很大，这间接造成了古巴援外医生英语沟通水平的低下。就南太平洋地区而言，大部分土著人讲的是通行范围广泛的澳大尼西亚语族，这种语族的语言流行在马达加斯加岛一带。但在美拉尼西亚，估计有700多种完全不同的语言在使用，这些语言统称为巴布亚语。欧洲人和亚洲人定居这里以后，通常讲本国的语言，因此法语在新喀里多尼亚和其他法属地区，应用

---

[1] "Remarks at the 27th PIF Post-Forum Dialogue", U. S. Department of State, http://www.state.gov/s/dmr/remarks/2015/246882.htm.

[2] "Bolivia protest over Cuba medics", BBC, http://news.bbc.co.uk/2/hi/5108498.stm; "Cuba&the Global Health Workforce: Health Professional Abroad", Aspeninstitute, https://assets.aspeninstitute.org/content/uploads/files/content/images/IX% 20b% 20 - % 20Cuba% 20Global% 20Health% 20Professionals% 20Abroad% 20（from% 20Salud% 20website）.pdf.

[3] Augustine D Asante and Joel Negin and John Hall and John Dewdney and Anthony B Zwi, "Analysis of policy implications and challenges of the Cuban health assistance program related to human resources for health in the Pacific", *Human Resources for Health*, Vol. 10, No. 10, 2012, p. 6.

[4] De Vos P, De Ceukelaire W, Bonet M&Van der Stuyft P, "Cuba's international cooperation in health: an overview", *Int J Health Service*, Vol. 4, No. 37, 2007, pp. 761 - 776.

广泛。英语则在英国势力大的地方通行。① 目前,绝大部分国家的官方语言为英语。如果古巴的医务人员不能提高英语水平,那么未来仍会在与当地医生和患者的沟通方面存在障碍,进而对古巴的医疗援助形成挑战。

第三,太平洋岛国国内政治的不稳定。一直以来,古巴的南南合作面临着许多连续的挑战,其中之一就是困扰发展中国家的政治和社会不稳定。二战给太平洋岛国带来了显著的变化。这不仅表现在战争的进程之中,而且也体现在战后形势的变化方面。这些变化引发了地区民族主义的兴起。在民族国家建构过程中,绝大部分岛国的政治制度带有殖民主义的色彩,这严重影响了国内政治稳定。殖民统治极大地影响着独立国家的正常发展。殖民统治带来的长期负面后果是族群关系的复杂化和尖锐化。大多数殖民地边界往往依照军事行动或行政管理的需要而武断划定,根本未考虑过该地域上的族群分布状况,由此带来单一族群的割裂和多个族群混杂的结果。受民族主义的影响,斐济、巴布亚新几内亚、所罗门群岛和新喀里多尼亚都发生过国内政变或者暴乱。斐济自独立以后,先后爆发了4次军事政变,每次政变的背后都有民族主义的影子。② 最近的一次军事政变发生在2006年12月5日,时任斐济武装部队总司令姆拜尼马拉马发动政变,推翻了前总理恩加拉塞(Laisenia Qarase)领导的民选政府并宣布解散议会。2007年1月斐济成立临时政府,姆拜尼马拉马担任总理。斐济国内的土著斐济族和印度族之间的利益冲突是引发其国内军事政变的重要变量。对巴布亚新几内亚来说,布干维尔危机的爆发加剧了巴新国内治理问题解决的复杂性和艰巨性。布干维尔危机在多方面产生了灾难性的后果,此次危机加剧了巴新国内的分裂,很多警察和军人在与布干维尔人的冲突中丧生,许多布干维尔人遭到了迫害。所罗门群岛的种族歧视也比较严重,1997年的亚洲金融危机加剧了所罗门群岛的贫富差距,民兵组织"伊萨塔不自由运动"和马莱塔人组成的"马莱塔之鹰力量"进行了一场交战,结果马莱塔人被赶出了瓜达尔卡纳尔,2000年6月,当地又爆发了武装冲突。瓦努阿图的国内政治也存在不稳定的状况,国内政局多变。2007年3月,瓦努阿图首都维拉港发生了数百人的恶性群殴事件,造成了多人重伤。

---

① 〔美〕约翰·亨德森著《大洋洲地区手册》,福建师范大学译,商务印书馆,1978,第90~91页。
② 〔澳〕格雷厄姆·哈索尔著《太平洋群岛的民族主义与民族冲突》,载《世界民族》1997年第2期,第29页。

小　结

在南太平洋地区的域外国家中，古巴凭借具有人道主义和国际主义的特色医疗援助，迅速与越来越多的太平洋岛国建立了外交关系，同时保持着同太平洋岛国论坛和太平洋岛国发展论坛的密切联系，因此它在该地区的影响力日益提升。古巴的医疗援助主要包括派遣医务人员去太平洋岛国以及帮助太平洋岛国的青年学生接受医疗培训，并为他们提供奖学金。迄今为止，总共超过200个学生在古巴接受了医疗培训，其中相当一部分已经顺利完成学业并返回岛国，大大填补了岛国医生的缺口。古巴的医疗援助具有以下两个特点。第一，与新西兰一道加强对岛国的医疗援助，开展三方合作。第二，古巴的医疗援助体现了南南合作的思想。在新的全球语境下，出于拓展外交空间的需要、小岛屿国家联盟合作的需要以及提升自身软实力需要的战略考量，古巴把太平洋岛国视为新时期医疗援助的战略选择。就南太平洋地区的博弈态势而言，具有人道主义和国际主义思想的医疗援助将使得古巴巩固了目前"软平衡"的博弈态势。

第十一章 域外国家对太平洋岛国外交战略的对比

在新的国际地缘政治体系下，太平洋岛国正在经历一种"范式"的转变，逐渐成为国际社会的焦点区域。域外国家基于不同的战略考量，发展同太平洋岛国的外交关系，采取了多样化的外交战略，取得了不同的战略效果。本章将从战略动机、战略手段及战略影响三个方面来比较域外国家对太平洋岛国的外交战略。

一 战略动机

域外不同的国家对太平洋岛国有着不同的战略动机。传统来看，太平洋岛国所具有的优势是域外国家战略考量中不可或缺部分。海洋大型发展中国家是太平洋岛国的身份定位。因此，归结起来，海洋资源、联合国投票权、国际海洋事务、海上战略通道等使太平洋岛国具有明显优势。域外国家共同的战略考量是南太平洋丰富的海洋资源及维护海上战略通道的安全，而日本、德国、印度比较重视的一个考量是太平洋岛国的联合国投票权。域外国家的战略动机有共同的一面，也有不同的一面。

（一）拉拢太平洋岛国的联合国投票权

就联合国投票行为而言，美国学术界较早开始研究美国在联合国的投票行为：从1946年起，美国总统和国务院向国会提交关于《美国参与联合国》以及《美国在联合国的投票实践》的年度报告，美国国会也举办相关听证会，发布《美国与联合国听证会报告》。从 1985 年起，美国国务院向国会提交关于联合国投票表决情况的年度报告，这些报告对系统研究联合国投票具有重要的价值。[1] 目前，国内学术界有很多关于联合国投票权的研究，主要的研究对象是联合国投票与国家对外关系，国内的研究主要有朱立群的《联合国投票变化与国家间关系（1990~2004）》、刘胜湘的《从中国的联合国投票看中国的朝鲜半岛政策》、戴莹的《冷战后中美在联合国大会投票行为及影响因素分析》[2]。国外学者也做了相关研究，一些学者对联合国投票模式进行了研究，譬如，史蒂文·霍洛韦（Steven K. Holloway）运用多维度分析方法分析联合国大会投票集团的演变。[3] 兰德尔·霍尔库姆（Randall G. Holcombe）和拉塞尔·索贝尔（Russell S. Sobel）研究了冷战后的投票稳定性。[4] 一些学者对国家类型与投票相关性进行了研究，[5] 除此之外，还有一些学者就国际规范对投票行为的影响进行了研究。[6] 然而，对于太平洋岛国投票权这一领域，国内外学术界鲜有系统的研究，有学者零星地涉及了岛国的投票权，譬如，奥利弗·哈森坎普（Oliver Hasenkamp）在研究太平洋岛国与国际组织的路径及战略时涉及了投票权，在他看来，太平

---

[1] 漆海霞、张佐莉：《弃权还是否决 - 中国如何在联合国安理会中表达反对立场》，载《世界经济与政治》2014 年第 5 期，第 102 页。

[2] 朱立群：《联合国投票变化与国家间关系（1990~2004）》，载《世界经济与政治》2006 年第 4 期，第 49~54 页；刘胜湘、李明月、戴卫华：《从中国的联合国投票看中国的朝鲜半岛政策——基于周期性视角》，载《社会主义研究》2013 年第 6 期，第 139~146 页；漆海霞、张佐莉：《弃权还是否决——中国如何在联合国安理会中表达反对立场》，载《世界经济与政治》2014 年第 5 期，第 101~123 页。

[3] Steven K. Holloway, "Forty Years of United Nations General Assembly Voting", *Canadian Journal of Political Science*, Vol. 23, No. 2, 1990, pp. 279 - 296.

[4] Randall G. Holcombe&Russell S. Sobel, "The Stability of International Coalitions in United States Voting from 1946 to 1973", *Public Choice*, Vol. 86, No1/2, 1996, pp. 17 - 34.

[5] Soo Yeon Kim and Bruce Russett, "The New Politics of Voting Alignment in the United Nations General Assembly", *International Organization*, Vol. 50, No. 4, 1996, pp. 629 - 652; Eric Voeton, "Clashes in the Assembly", *International Organization*, Vol. 54, No. 2, 2000, pp. 185 - 215; John Oatley and Bruce Russett, "Assessing the Liberal Peace with Alternative Specifications: Trade Still Reduces Conflict", *Journal of Peace Research*, Vol. 36, No. 4, 1999, pp. 432 - 436; Axel Dreher, Jan-Egbert Sturm and James Raymond Vreeland, "Global Horse Trading: IMF Loans for Votes in the United Nations Security Council", *European Economic Review*, No. 53, 2009, pp. 742 - 757.

[6] Kyle Beardsley and Holger Schmidt, "Following the Flag or Following the Charter? Examining the Determinants of UN Involvement in International Crises, 1945 - 2002", *International Studies Quarterly*, Vol. 56, No. 1, 2012, pp. 33 - 49.

洋岛国在与自身不相关的问题上，其投票态度比较冷漠，这对与太平洋岛国志趣相投国家的影响力来说，是一个障碍。①

在联合国的体系之下，太平洋岛国被称为所谓的"太平洋小岛屿发展中国家"（Pacific Small Island Developing States），这被认为是岛国在联合国的一个身份标签。自2007年之后，岛国同样在联合国的各种多边场合的游说集团使用这个身份标签。它并不是一个区域决策机构，而是一个为了在国际组织中以一种声音说话、集中合力和发表联合声明的平台。② PSIDS 又从属于小岛屿发展中国家。小岛屿发展中国家是指一些小型低海岸国家。这些国家普遍遇到可持续发展的挑战，包括领土面积较小、人口的日益增长、资金有限、对自然灾害的抵抗能力较弱等。该集团在1992年6月的联合国环境与发展会议上被定义为发展中国家集团。库克群岛和纽埃在南太平洋地区事务上享有完全的主权，包括太平洋岛国论坛成员国的资格，但有时被认为是 PSIDS 的成员。新西兰代表这两个国家在联合国行使权力，但它们是其他国际组织的成员国，比如世界卫生组织、联合国气候变化框架公约等。

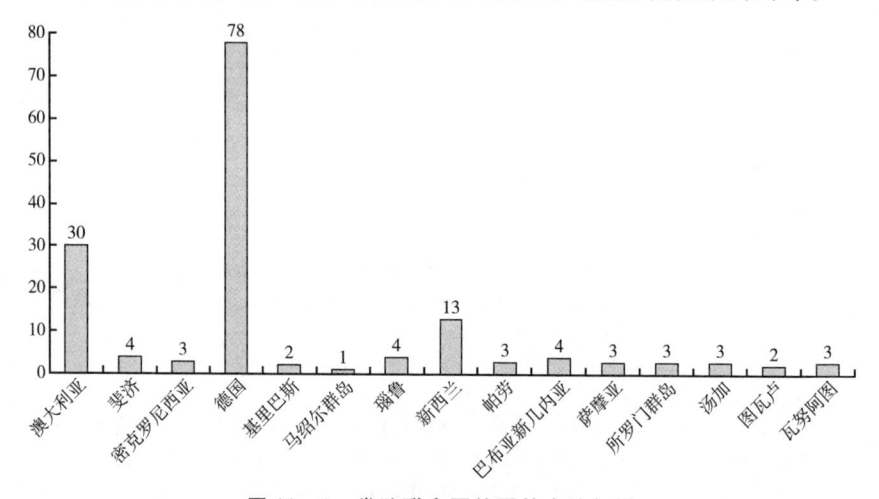

图11-1　常驻联合国使团的大使数量

资料来源：根据联合国礼宾和联络处的数据整理，http://www.un.org/Depts/DGACM/funcProtocol.shtml。

---

① Oliver Hasenkamp, "The Pacific Island Countries and International Organizations: Issues, Power and Strategies", in Andreas Holtz, Matthias Kowasch and Oliver Kasenkamp, *A Region in Transition: Politics and Power in the Pacific Island Countries*, eds., Saarland: Saarland University Press, 2016, pp. 227 – 263.

② 太平洋小岛屿发展中国家集团不同于在纽约的南太平洋使团，不包括澳大利亚和新西兰。

大部分国际组织认为 PSIDS 属于亚洲，因此它们的身份属性有着亚洲地区组织的色彩，比如亚洲开发银行。就联合国体系下的投票机构来说，当涉及地理分配时，联合国体系内的非洲国家、拉美和加勒比国家、西欧国家、东欧国家和亚太国家具有特殊的关联性。基里巴斯目前不属于任何区域组织，除它之外，PSIDS 成员也是亚太集团的成员。2011 年，为了增加 PSIDS 在国际社会中的话语权，它们成功的在亚洲地区集团内更名为"亚洲和太平洋小岛屿发展中国家"。① 斐济驻联合国大使皮特·汤普森（Peter Thompson）表示，"此举表明 PSIDS 欲充分发挥作用，并承担责任。"② 虽然 PSIDS 重命名主要是象征性的，但这强化了它们的身份属性和在联合国体系中的建构意义，使得它们在联合国中的合理诉求得以合法化。从某种程度上说，投票几乎是小国参与国际互动的唯一"政策筹码"。大多数政府间国际组织实行"一国一票"的运作机制。这不仅有益于小国，而且给予小国一个巨大的激励，在这个过程中，小国的主权属性和俱乐部成员国资格得以象征性的显示。③ 对太平洋岛国来说，投票权是其国际价值的体现，投票是其主权资格的象征。太平洋岛国与联合国的互动建构了岛国特定的身份，而联合国成员国的身份又赋予了岛国最重要的一项权利——投票权。投票行为是研究和观察小国国际行为倾向的重要视角。它们热衷于"在各种机构中投票，但与这些机构关系不大或根本没有贡献"。④ 联合国是成员国国家利益协调交换的场所。主权国家在联合国的投票行为受到各自认知的国家利益的驱动，因而多边舞台常常是成员国实现其国家利益和国家目标的工具。各国在联合国政治和安全事务中所采取的合作或不合作投票行为都是受到国家间关系的当时状况制约并服务于国家间的双边关系。⑤

对于太平洋岛国的联合投票权，日本、德国、印度的诉求最为强烈。一直以来，日本、印度、巴西、德国的目标都是加入联合国安理会常任理事

---

① Richard Herr and Anthony Bergin, *Our near abroad: Australia and Pacific islands regionalism*, Barton: Australia Strategic Policy Institute, 2011, p. 22.

② "Asian group of nations at UN changes its name to Asia-Pacific group", Radio New Zealand International, www.radionz.co.nz/international/pacificnews/242511.

③ Andrew F. Cooper and Timothy M. Shaw, *The Diplomacies of Small States: Between Vulnerability and Resilience*, UK: Palgrave Macmillan, 2009, p. 10.

④ Amry Vandenbosch, "The Small States in International Politics and Organization", *The Journal of Politics*, Vol. 26, No. 2, 1964, p. 45.

⑤ 朱立群：《联合国投票变化与国家间关系（1990～2004）》，载《世界经济与政治》2006 年第 4 期，第 49 页。

国。他们曾提出一份安理会改革方案,将常任理事国的数量由现在的5个增加到11个;非常任理事国的数量由现在的10个增加到14~15个,其中分配给非洲国家的名额为1~2个。2004年,日本、德国、印度及巴西组成"四国联盟",借安理会改造的机会积极争取成为联合国常任理事国,但"四国联盟"遭遇到不小的阻力,例如,中国、朝鲜、韩国反对日本,英国、德国、意大利反对德国,巴基斯坦反对印度。美国虽然支持日本成为常任理事国,但反对日本、德国、印度、巴西拥有否决权。不仅如此,"四国联盟"还遭到了"团结谋共识"的对抗。在安理会改革问题上,以意大利为首的"团结谋共识"运动与"四国联盟"形成互相抗衡的两大阵营。"团结谋共识"运动于2005年4月在纽约举行"团结一致大会",参加者多达119个国家。与会国家认为,联合国的改革应达到加强该组织的目的,因此,改革应尽量取得一致,不能加深各国的分歧。在没有取得共识的情况下,大会如果强行通过只有部分国家同意的改革,会带来不好的后果。安理会的扩大,不仅应考虑国家的大小和对联合国的贡献,还应考虑其是否符合《联合国宪章》的原则,对世界和平是否有利。[①] 日本、德国、印度"入常"在国际社会中遭遇到了很大的阻力。在这种情况下,太平洋岛国的联合国投票权成为这三个国家的共同诉求。

(二) 丰富的海洋资源

传统意义上,渔业资源是太平洋岛国最大的海洋资源,也是历史上一些国家发展同太平洋岛国外交关系的一个主要战略考量。然而,太平洋岛国完全缺乏开采专属经济区资源的能力。基于此,太平洋岛国与一些远洋捕鱼国(Distant Water Fishing Nations, DWFNs)签订了捕鱼协议,用以换取外汇收入。这些外汇收入成为太平洋岛国财政收入的重要组成部分。[②] 南太平洋的金枪鱼资源丰富,覆盖了大面积的海域,具有很高的商业价值。每年很多DWFNs都将目标定位于该地区的金枪鱼资源。它们的捕鱼量非常大,约占捕鱼总量的30%~40%。金枪鱼是该地区最重要的商业鱼类资源。FFA的成员国由于缺乏捕捞和加工金枪鱼的能力,并试图通过开采海洋资源获益,因

[①] "'团结谋共识'对抗'四国联盟'",人民网,2006年8月1日,http://culture.people.com.cn/GB/40472/68631/68720/4656418.html。

[②] B. Martin Tsamenyi, S. K. N. Blay, Soviet Fishing In The South Pacific: The Myths and The Realities, *QLD. University of Technology Law Journal*, Vol. 5, 1986, pp. 155 – 156.

此它们积极推动与 *DWFNs* 签订渔业协议。①

陆地发现的矿产，在海洋里几乎都有蕴藏，目前能够显示海洋矿产重要地位的是海底石油天然气、大气锰结核和各类热液矿产、滨海与浅海砂矿、海底煤矿以及溶存在海水中的矿物。其藏量之大，前景之广阔，已不容置疑。在海洋矿产资源里，有的是现实资源，有的是潜在资源。在已开发的矿产中有海底石油、天然气、砂矿、海底煤矿等，海滨与浅海砂矿是当下投入开发的第二大矿种。海洋砂矿品种繁多。海洋矿产资源中，更大量的是潜在资源，比如被称为21世纪矿产的大洋锰结核、海底热液矿产、富钴结核等。大洋锰结核，富含锰、铜、钴、镍四种金属，储量巨大，估计约在3万亿吨左右，太平洋底最为富集。此项资源对世界未来发展的矿物需要关系极大。海洋里的矿产资源不仅种类多，而且数量大，只要技术和社会经济能力具备，海洋可以成为社会物质生产的原材料基地。② 阿达尔贝托·瓦勒格（Adalberto Vallega）把海洋视为一个资源蓄水池。"海洋是一个巨大的资源蓄水池。来自渔业和水产业的生物资源在供养大部分人口方面扮演着关键角色，特别是对于发展中国家而言。自20世纪60年代深海采矿以来，近海石油和天然气资源的绘图一直在进行。海底石油和天然气比陆地资源更能满足世界能源和石油化工的需求。深海天然地基的矿产，包括铁、铜、锌及其他许多金属，相比较陆地的矿产，储量更大。在20世纪70年代期间，国际社会对海洋资源在供养子孙后代方面关键角色的认知已经达成共识。这个期间，工业化开始下降，后工业化组织开始取而代之。两个重大发现引发了这种认知。第一，在遥感技术的支持下，深海海底的开采导致了4000～6000米的深度，发现了锰结核；第二，生物知识和生物工程技术的完善开始为养殖业注入强劲动力。自此，海洋开采的新边疆一直被定向为开采生物及非生物资源，对社会和经济组织产生了前所未有的影响。"③ 南太平洋地区有着丰富的渔业资源、深海资源等。

南太平洋的渔业资源、深海资源是所有域外国家都关注的一个战略目标。历史上，苏联也是基于这一战略考量，发展同太平洋岛国的外交关系。

---

① David Doulman, "Distant-Water Fishing Access Agreements for Tuna in The South Pacific", *FFA Report 90/14*, March 1990, p. 1.

② 鹿守本：《海洋管理通论》，海洋出版社，1997，第10～11页。

③ Adalberto Vallega, *Sustainable ocean governance: a geographical perspective*, London: Routledge, 2001, pp. 82–83.

"20世纪80年代，苏联和利比亚尝试建立可见度更高的基地。十几年来，苏联一直拉拢太平洋岛国。作为回应苏联向太平洋岛国提供在南太平洋辨认矿床地质的帮助，美国、澳大利亚、新西兰成立了一个三方联营，目的是向太平洋岛国提供类似的援助。在南太平洋近岸矿产联合勘探协调委员会（Committee for the Co-ordination of Joint Prospecting for Mineral Resources in South Pacific，CCOP/SOPAC）的支持下，它们的目的得以实现。这个三方联营主要关注南太平洋海洋矿产和油气资源的绘图和开采。"[1] 中国、美国、日本、法国、英国、印尼、德国都对海洋资源有着很强的依赖，特别是日本、英国和法国是岛屿国家，四面环海，对海洋资源的依赖更深。

（三）南太平洋海上战略通道

"海上战略通道是实现国家利益的一个重要途径，不掌控海上战略通道的国家，就无法掌控国家的命运。历史证明，海上战略通道对于国家有重要的战略意义。有效控制和运用海上战略通道可以维护国家利益和促进国家经济发展。"[2] 国家为了掌握自己的命运，会采取各种战略手段以控制重要的海上战略通道（这里称为"海上通道战略"）。只有把海上通道战略放在大战略视野中，其才会具有战略意义。如果仅仅是着眼于其本身，那么海上通道战略将会有很大的局限性。国家大战略对于一个国家在国际社会中的生存与发展有着重要作用。另外，随着外部战略环境的变化，在国家大战略的范畴之内，由于海洋安全问题的日益多元化、复杂化，海上战略通道安全面临着严重的威胁，因此海上通道战略的地位日益重要。

这些域外国家在官方的海洋战略中使用了关于海上战略通道的术语，强调了海上交通线、国际大洋航线、海洋贸易航线、能源运输路线、咽喉点等的战略重要性。印度在其《保障安全的海洋：印度海洋安全战略》中使用了"国际大洋航线""海上交通线"和"咽喉点"的概念，目的是表明印度优越的地缘战略位置以及海上交通线对于印度的重要性。"印度处于印度洋地区中央的位置，跨越主要的'国际大洋航线'，具有特定的优势，这使得印度到达大部分'咽喉点'的距离相似，便于海军的补给和调动。近年

---

[1] Biliana Cicin-Sain, Robert W. Knecht, "The Emergence of a Regional Ocean Regime in the South Pacific", *Ecology Law Quarterly*, Vol. 16, Issue 1, 1989, p. 181.

[2] 梁芳：《海上战略通道论》，时事出版社，2011，第162页。

来，通过海运的贸易和货物的流动不断增多，能源进口对海运的依赖也不断增强。'海运交通线'的安全与稳定成为一个重要的国家利益。"[1] 法国在2015年《针对海洋区域安全的国家战略》中则使用了"战略航线"的概念，"战略航线"包括海峡与通道。除了"战略航线"之外，法国的海洋战略明确提出要确保能源的战略供给，"大洋航线"关系着法国的能源运输安全，因此需要保护世界主要能源运输通道的安全。法国海洋安全战略主要涉及的问题之一是船只航行以及货物的安全，并保护主要海上航线的安全。[2] 英国在2014年《英国国家海洋安全战略》（The UK National Strategy for Maritime Security）则使用了"海洋贸易航线"和"能源运输路线"的表述。"我们将提出并保证我们的国家利益，集中在五个海洋战略目标，其中之一是在地区层面和国际层面上，确保英国专属经济区内主要'海洋贸易航线'和'能源运输路线'的安全。"[3] 美国在2005年《国家海上安全战略》（The National Strategy for Maritime Security）中使用了"国际海洋通道"（global maritime link）的概念，指出"全球超过90%的贸易通过海洋，形成了国际贸易通道。75%的全球贸易通过几个重要的国际海峡和运河实现"。[4] 日本在2013年《国家安全保障战略》（National Security Strategy）中使用了"海上运输航线"的概念。"日本严重依赖中东的自然资源，但是日本与中东之间的'海上运输航线'比较脆弱，因此，解决这些安全问题对于保护'海上运输航线'非常重要。此外，北冰洋被认为具有成为新'海上运输航线'和自然资源开发的巨大潜力。为了保证海洋安全，日本将采取措施，解决'海上运输航线'面临的威胁，包括采取反海盗行动，以确保海洋交通的安全，并推动与其他国家的海洋合作。值得注意的是，日本的'海上运输航线'从波斯湾、霍尔木兹海峡、红海、亚丁湾延伸到日本周围的海域，并穿越印度洋、马六甲海峡和中国南海。由于日本从中东进口的能源海洋运输依赖'海上运输航线'，因此它们对日本的国家安全特别重要。"[5]

与其他海域的战略通道不同，除了澳大利亚与新西兰之外，南太平洋海

---

[1] "Ensuring Secure Seas: Indian Maritime Security Strategy", India Navy, 2015, pp. 16 – 31.
[2] "National strategy for the security of maritime areas", Premier Minister, 2015, p. 19.
[3] "The UK National Strategy for Maritime Security", UN Parliament, 2014, p. 10.
[4] "The National Strategy for Maritime Security", U. S. Department of State, 2015, p. 2. https://www.state.gov/t/pm/rls/othr/misc/255321.htm.
[5] "National Security Strategy", Ministry of Foreign Affairs of Japan, 2013, pp. 9 – 17. http://www.mofa.go.jp/fp/nsp/page1we_000081.html.

上战略通道沿线的国家都是小岛屿国家，国小民少，相互之间处于孤立的状态。同时，这一海域面临着严峻的日益多样化的海洋安全问题，比如海盗、恐怖主义、毒品走私、石油泄漏等，这些海洋安全问题严重威胁着南太平洋海上战略通道的安全。因此，域外这些国家的一个共同战略考量是维护这一海上战略通道的安全，保证自身海外贸易、能源运输航线的安全与稳定。

二 战略手段

战略家的共识是："国家利益是构成正确战略的基础。"罗伯特·阿特也把确定一个国家的国家利益作为最重要的工作。在他看来，生死攸关利益是根本的利益，如果不能实现这项利益，就会带来灾难性或者近似灾难性的损失。高度重要利益是指那些实现能够给国家带来巨大收益，但若不能实现就会造成不至于灾难性却是严重性损失的利益。重要利益是这样的一种利益，它促进国家的经济繁荣并可能增强国家安全，总体上能改善国际环境，使之更适合于国家利益的实现，但是它的潜在价值或潜在损失都不是很大。安全是国家的一项生死攸关利益。它意味着保护国家本土免受进攻、侵犯、征服和摧毁。维护国家安全就是确保领土安全与政治主权。[①]

（一）基于生死攸关利益的军事手段

根据阿特对国家利益的排序，域外国家在南太平洋具有生死攸关利益的是美国、法国和英国。如前所述，美国在南太平洋地区有三个自由联系邦，即马绍尔群岛、密克罗尼西亚和帕劳。英国在南太平洋地区的海外领地是皮特凯恩群岛。法国在南太平洋有三个海外领地，即新喀里多尼亚、瓦里斯与富图纳、法属波利尼西亚。由于英国近年来军事实力的衰退，所以无力在南太平洋地区驻军。美国和法国在该地区都有着军事力量，尤其是美国自奥巴马提出"重返亚太"战略以来，在该地区拥有更多的军事力量。

维持南太平洋地区的霸主地位是美国在该地区的生死攸关利益，这关系到美国本土的安全与稳定。美国对太平洋岛国的战略手段以军事手段为主，其他手段为辅。太平洋岛国本身的利益关切在美国的利益排序中处于重要利益层面。"美国有三项重要利益。第一，国际经济开放促进了美国的繁荣。

---

① 〔美〕罗伯特·阿特著《美国大战略》，郭树勇译，北京大学出版社，2005，第57页。

当然，万一国际经济转向了高度的封闭，美国人也不会成为赤贫群体；第二，民主扩展可以使世界更和平，不过在第三世界维护民主与人权方面的失败并不会对美国的安全和繁荣产生直接的影响；第三，气候变化将会使美国付出沉重的代价，但这种代价是美国能够承受的，除非发生了严峻的或灾难性的变化。"[1]

美国未把气候变化对太平洋岛国的影响视为其生死攸关利益，也未视为其高度重要利益。历史上，美国在南太平洋地区任性的捕鱼方式以及核试验不仅严重损害了其在该地区的形象，而且对南太平洋地区的海洋环境、海洋资源造成了难以想象的危害。特朗普应该意识到维护美国的全球地位需要担负起相应的责任，否则这些非传统安全问题很可能决定美国的国际地位。布热津斯基也表达了这个观点，尽管他强调了地缘政治的重要性。"处于统治地位的民族精英越来越意识到，一些与领土无关的因素更能决定一个国家国际地位的高低或国际影响的大小。"[2]

除了美国以外，法国在南太平洋地区有着生死攸关利益，因此在该地区拥有军事力量。目前，法国在新喀里多尼亚有驻军，在法属波利尼西亚有2艘侦查舰、4艘巡逻艇、2艘多功能军舰、5架海军侦察机、4架运输机和7架直升机，军事力量不可小觑。[3] 法国是一个典型的海陆复合型国家，东北与东部背靠欧洲大陆，南邻地中海，西临大西洋，北隔英吉利海峡、多佛尔海峡与英国相望。历史上，法国不仅面临欧洲大陆强权的威胁，而且受到世界大洋霸权的挑战。由于法国本土东西两个海洋方向被伊比利亚半岛所阻隔，只能通过直布罗陀海峡联系起来。这种地理位置使法国长期面临着重点发展"陆权"还是发展"海权"的选择。值得确定的是，法国从来没有放弃过对"海权"的追求。法国国内也涌现出了很多海权战略思想家，比如拉乌尔·卡斯态（Raoul Castex）、若泽·曼努埃尔（Jose Manuel）、帕里特斯·基尤特洛（Patrice Guillotreau）等。独特的地理位置和广阔的专属经济区使法国有着广泛的海洋利益。法国在南太平洋的海外领地使其获得了广阔的海洋专属经济区，成为世界海洋面积第二大国家。维护这些海洋外领地的安全意味着维护法国本土的安全。

---

[1] 〔美〕罗伯特·阿特著《美国大战略》，郭树勇译，北京大学出版社，2005，第58页。
[2] 〔美〕兹比格纽·布热津斯基著《大棋局：美国的首要地位及其地缘战略》，中国国际问题研究所译，上海人民出版社，2007，第32～33页。
[3] "France and Security in Asia-Pacific", Minister of Defense, 2014, p. 12.

（二）基于高度重要利益及重要利益军事手段

与美国、法国和英国不同，中国、日本、印度、印尼、古巴在南太平洋地区具有高度重要利益及重要利益，这意味着这些国家没必要通过采取军事为主的手段来发展同太平洋岛国的外交关系。基于此，这些国家采取包括经济援助、气候外交、医疗外交、公共外交在内的多样化的外交手段。应当指出的是，太平洋岛国在这些国家的利益排序中虽然未处于生死攸关利益层面，但其对气候变化、经济发展、全球海洋治理的利益关切却被这些国家重视。这些国家都努力帮助太平洋岛国治理气候变化。以中国为例，2015 年，国务院发布了《"十三五"控制温室气体排放工作方案》对于推进中国与国际社会的合作，提出了一些具体举措。"一是深度参与全球气候治理。积极参与落实《巴黎协定》相关谈判，继续参与各种渠道气候变化对话磋商，坚持'共同但有区别的责任'原则、公平原则和各自能力原则，推动《联合国气候变化框架公约》的全面、有效、持续实施，推动建立广泛参与、各尽所能、务实有效、合作共赢的全球气候治理体系，推动落实联合国《2030 年可持续发展议程》，为我国低碳转型创造良好的国际环境；二是推动务实合作。加强气候变化领域国际对话交流，深化与各国的合作，广泛开展与国际组织的合作。深入务实推进应对气候变化南南合作，设立并用好中国气候变化南南合作基金，支持发展中国家提高应对气候变化和防灾减灾能力；三是加强履约工作。做好《巴黎协定》国内履约准备。按时编制和提交国家信息通报和两年更新报，参与《联合国气候变化框架公约》下的国际磋商和分析进程。"[①] 中国在太平洋岛国的气候适应性项目主要集中在斐济、萨摩亚和巴布亚新几内亚。太平洋地区战胜气候变化需要同包括中国在内的国际伙伴进行合作，主要是因为该地区的气候适应性项目严重依赖来自国际社会的融资。虽然中国目前没有一个协调的针对太平洋地区的气候变化适应性项目，但它每年都对 SPREP 进行支持气候适应性的援助。[②] 同时，中国为南太平洋地区的政府官员进行关于自然灾害方面的培训。[③]

[①] 《国务院关于印发"十三五"控制温室气体排放工作方案的通知》，中华人民共和国中央人民政府，2016 年 10 月 27 日，http://www.gov.cn/zhengce/content/2016 - 11/04/content_5128619.htm。

[②] 从 2012 年至 2014 年，中国每年对 SPREP 项目的援助为 15 万美元。

[③] UNDP, *China's South-South Cooperation with Pacific Island Countries in the Context of the 2030 Agenda for Sustainable Development*, Series Report：Climate Change Adaptation, 2017, p. 11.

三 域外国家对太平洋岛国外交战略的历史与前景

南太平洋地区有着悠久的历史。大约 20000 年以前，第一批定居在大洋洲的人漂流到美拉尼西亚地区。它们主要是来自印尼和亚洲的迁移游牧人，说的语言是与祖先有关的巴布亚语。公元前 3000 年和公元前 2000 年，其他人通过独木船迁入该地区，它们来自印尼。① 然而，欧洲人的探险发现了太平洋，并打通了东方新航线。自此，域外国家围绕此航线展开了不同阶段、不同层面的战略博弈。域外国家由于战略利益的碰撞很难和谐共处，博弈态势从未停止过，这客观上使得南太平洋在很长一段时间内成为"动荡之洋"，严重威胁到了南太平洋地区的安全。几百年来，南太平洋地区自被发现以后，凭借其优越的地理位置、重要的海上战略通道价值等，吸引着域外国家。在赫洛尔德·韦恩斯（Herold H. Wiens）看来，太平洋群岛除了具有军事重要性之外，还具有海洋商业和交通的战略价值。它们不仅扮演加油站和中继站的角色，还是交通和人员流动的起点和目的地。长久以来，主要的太平洋航线已经成型。在亚洲岛链的东太平洋，火奴鲁鲁是海运和空运的十字路口。六条大吨位的海上航线从香港出发，连接到旧金山、横滨、巴拿马海峡、悉尼、奥克兰。大约有 12 条小吨位的航线连接到环太平洋的其他港口。②

（一）太平洋航线的发现及开辟

1513 年，西班牙探险家巴尔波亚，通过 45 英里的巴拿马海峡，发现一片汪洋（太平洋），误认为是中国的"南海"，1535 年，西班牙探险家、殖民者科特斯，从墨西哥进入太平洋东岸的加利福尼亚湾考察。1568 年，西班牙水手曼塔纳先后考察了太平洋中部的埃利斯群岛（今图瓦卢）、所罗门群岛和马绍尔群岛，1595 年曼塔纳又考察了马克萨斯群岛。1605 年，西班牙水手托雷斯和托瓦，从秘鲁航行至新赫布里底群岛，发现了新几内亚与澳大利亚之间的托雷斯海峡。葡萄牙人在太平洋的探险考察活动始于 1519 年。

---

① Gotz Mackensen, Don Hinrichsen, "A New 'South Pacific'", *AMBIO*, Vol. 13, No5/6, 1984, p. 291.

② Herold J. Wiens, *Pacific Island Bastions of the United States*, New Jersey: D. Van Nostrand Company, INC, 1962, pp. 112–113.

这一年，葡萄牙没落骑士家庭出身的麦哲伦越大西洋远航，穿过美洲最南端的麦哲伦海峡，驶入"南海"，因风平冷静而称之为"太平洋"。麦哲伦在菲律宾群岛被土著人杀死，其船队在马鲁古群岛满载香料，沿着葡萄牙通往印度洋的航路回国。荷兰人在太平洋的探险考察活动始于1616年。这一年，荷兰航海家斯考顿、梅里，通过德雷克海峡，证明了麦哲伦海峡以南的火地岛与南极大陆并未连接。不久，荷兰航海家塔斯曼，从印度洋的毛里求斯向东航行，发现澳大利亚东南方向的塔斯马尼亚岛和塔斯曼海，并航行至新西兰、汤加群岛、斐济群岛和新几内亚。荷兰海员罗格维恩，绕过美洲南端火地岛的合恩角进入太平洋，发现太平洋东南方向一个孤岛复活节岛。1577~1580年，英国伊丽莎白女王的宠臣德雷克爵士乘"金鹿"号进行第一次环球航行时，通过麦哲伦海峡到达太平洋。1776年，英国海军军官、航海家、探险家库克在最后一次环球航行时，曾考察了澳大利亚、新西兰，并发现了新西兰南北岛之间的库克海峡。德雷克与麦哲伦的命运一样，他在最后到达夏威夷时被土著人所杀。至此，西方人在太平洋的航海、探险活动基本结束。①

太平洋航线的开辟成为西方国家探险的主要目的，但这却有一个转变的过程。唐纳德·弗里德曼认同这个观点。"起初欧洲人的注意力集中在环太平洋地区的土地上，传说那里有以黄金或香料形式存在的财富，无论谁征服那些地方就如同中了大奖。邻近的'南海'（哪怕它的界限含糊不清）对帝国主义野心来说是不方便的障碍。随着他们对太平洋环带更为熟悉并开始勘察冲刷其海岸的海洋，欧洲人发现了进一步探险的其他动机。这些激烈因素包括据说存在于太平洋辽阔疆域中的广袤而惊人富裕的陆地，即'未知的南方大陆'，还有在其边缘存在可航行的通道的可能性，例如西北航道，它们会提供欧洲和东西印度群岛那些盛产香料的岛屿之间更短而方便的航道。"② 随着太平洋航线的开辟，大洋洲的航路以及造船业不断得到拓展。林肯·佩恩指出，"在太平洋上航行，如果希望能够安全返回出发地点或在遥远的地方登陆，就必须要有高超的航海能力。新几内亚岛以东各岛屿的面积之和不到太平洋地区陆地面积的1%，包括大约21000个岛屿和环状珊瑚岛，平均面积不足60平方米，而其中多数岛屿要更小。正如大洋洲的探险

---

① 王生荣：《海权对大国兴衰的历史影响》，海潮出版社，2009，第42~43页。
② 〔美〕唐纳德·弗里德曼著《太平洋史》，王成至译，东方出版社，2011，第83页。

和定居在世界历史上是独一无二的成就,其航海实践也是独一无二的。大洋洲的水手们是通过观察海上的环境与天象来完成的。他们运用天体导航的方法,这要求熟记'从每一个已知岛屿前往另一个岛屿的方向'。太平洋上不同区域的水手们使用不同的航海方法,其中少数方法至今仍然存在。马绍尔群岛的居民十分留意海水的涨落,而密克罗尼西亚联邦共和国的水手们则更多地依赖天上繁星的升降"。①

西方国家围绕太平洋航线展开了激烈的争夺。在唐纳德·弗里德曼看来,"期望从辽阔的太平洋土地和人民那里攫取财富是西方国家在必要时使用武力的强烈动机之一,目的是从先前的所有人那里夺取富饶的领土,保护具有战略意义的贸易路线不受竞争者的侵扰。早在第一艘欧洲船只进入'南海',而且确实早在巴尔沃亚从巴拿马地峡看到太平洋之前,欧洲人对太平洋的争夺就开始了。最早的竞争涉及西班牙和葡萄牙,在15、16世纪之交,两国忙于扩大它们的帝国并搜寻财富和香料的新来源。大多数最早冒险进入太平洋的欧洲船只都有武装,哪怕是贸易船只、捕鲸船和檀香木帆船,而且在它们感到威胁时不会对使用他们的大炮有丝毫迟疑"。②

(二) 二战期间美日对太平洋运输通道的争夺

数百年来,争夺和控制海上战略通道,一直是海洋强国侵略海洋的重中之重。翻开历史,我们不难发现,不论是过去还是现在,不论是西方还是东方,当海洋大国用掠夺书写历史时,海洋强国永无止境追求利益而进行多次交锋,大国频繁出现在几个关键战略点上。从地理构成看,这些地点主要为海上通道,范围包括影响通道安全的监控岛屿和陆地。从战略价值看,这些地点扼控世界海上交通,对支撑海洋国家拓展利益,形成全球战略布局,有无可代替的战略功能,因而成为海上战略的咽喉要地。战略家和军事家高度关注能够对全局产生重大影响的地点。③太平洋岛屿数目为世界大洋之最,尤其是太平洋中部和西部,岛屿星罗棋布,岛岸多有优良港湾。东太平洋由巴拿马运河与加勒比海、中大西洋相通;南太平洋由麦哲伦海峡和德雷克海峡与南大西洋相连;西太平洋由马六甲海峡和巽他海峡等与印度洋相连,拥

---

① 〔美〕林肯·佩恩著《海洋与文明》,陈建军译,天津人民出版社,2017,第15~20页。
② 〔美〕唐纳德·弗里德曼著《太平洋史》,王成至译,东方出版社,2011,第196~206页。
③ 梁芳:《海上战略通道论》,时事出版社,2011,第126页。

有发达的海上交通线。二战期间，美国和日本围绕争夺太平洋的战略岛屿、控制海上战略通道，展开了激烈的斗争。

在太平洋，美国海军同海军陆战队和陆军一起，面对的是日本强大的水面舰队、海军航空力量和海岛上强大的防御力量。在最初几个月中，美国海军守着阵地，等待新军舰的竣工。珍珠港事件之后，海军在太平洋的所有舰艇只是一些条约型巡洋舰、航母和部分潜艇。欲在夏威夷以西的中太平洋部署兵力需要有战略岛屿的支持，对美国而言，这只能一寸一寸地争夺。美国海军的首要任务是保护海岸。这意味着要坚守太平洋的防御，即阿拉斯加－夏威夷－巴拿马弧线。其次，作为延伸防御的一部分，海军必须保证通往澳大利亚（美国在日本以南的主要盟友）的补给线，向那里运送尽可能多的飞机和部队，[①] 目的是保护好这条海上战略通道的安全。对日本而言，三条集中的防线组成了保护日本大洋洲帝国的框架。最里面的防线是从日本本土穿越琉球群岛至中国台湾，经过韩国至中国沿海，经过千岛群岛至堪察加半岛；第二条防线从小笠原群岛经马里亚纳群岛、关岛至特鲁克岛、帕劳、菲律宾和中国南海；最外面的防线范围从阿留申群岛开始，途经威克岛、马绍尔群岛、吉尔伯特群岛、所罗门群岛、印尼和新加坡附近的东南亚大陆。中间防线的要塞是一些战略岛屿，主要有塞班岛、特鲁克岛和马尼拉。外层防线的要塞是夸贾林环礁、拉包尔、泗水和新加坡。中西太平洋群岛上的飞机场使得日本确信可以比美国更有战略优势。[②] 太平洋群岛是南太平洋航线的重要枢纽，控制了这些岛屿就有利于控制海上的战略通道，这对于双方具有重要的战略意义。

1942年2月，美国开始对日本在马绍尔群岛的沃杰环礁、夸贾林环礁、马洛埃拉普环礁以及吉尔伯特群岛上的马金岛上的防御工事和军舰进行猛烈的轰炸。在南部，美国、澳大利亚和新西兰的部队在3月10日攻击了日本位于新几内亚的莱城和萨拉马瓦。5月7～8日，珊瑚海海战切断了日本南进路线，而6月3～6日的中途岛战役则对日本的空军和运输部队造成了灾难性的影响。1942年8月7日，所罗门群岛战役开始，日本不得不在次年的2月7～8日撤离瓜达康纳尔岛。在麦克阿瑟的带领下，美国和澳大利亚

---

① 〔美〕乔治·贝尔著《美国海权百年：1890～1990年的美国海军》，吴征宇译，人民出版社，2014，第235～240页。

② Herold J. Wiens, *Pacific Island Bastions of the United States*, New Jersy, Toronto, London: D. Van Nostrand Company INC, 1962, pp. 43－44.

的地面部队从西北群岛以及沿着新几内亚海岸，打开了一条出路。① 在这期间，对美国战略家而言，中途岛海战意外解决了美国在南太平洋的难题。日本不再具备南进的实力，美国也不需要打防御战了。② 1942年6月第一个星期里发生的中途岛海战，使得太平洋海权的天平开始向美国倾斜。1944年1月、2月的战役中，海军和海军陆战队吸取了塔拉瓦岛的教训，开始对马绍尔群岛进行猛烈的轰炸。马绍尔群岛，尤其是夸贾林环礁、罗伊－那慕尔岛，有保护吉尔伯特群岛所必需的空军基地。马里亚纳群岛是美国中太平洋战略的关键点。以这些岛屿为根据地，海军可以掌控整个西太平洋。从马里亚纳群岛出发的潜艇和飞机可以立即切断通往特鲁克岛的重要补给线和增援线。美国以马里亚纳群岛为根据地，可以覆盖麦克阿瑟进攻吕宋所必需的海上战略通道。③ 在太平洋群岛的战斗中，虽然很少有日本的部队投降，但是一个战略岛屿的丢失，意味着所有的防御设施被摧毁，以及海上交通线的切断。④ 日本的海上战略失败了。日本海军从来都不具备保护防御外围的实力和机动性，其海上战略通道的安全也面临着严重的威胁，一旦被美军切断，海军将面临非常被动的情形。美国可以自由地在任何时间任何地点攻击日本的防御圈，而避免日本战前一直计划的海上决战。⑤

1944年7月21日，日本大本营确立了新的战略防御方针，确保千岛群岛—日本本土—西南诸岛—台湾岛—菲律宾群岛第一线的防御。日本大本营判断，美军进攻菲律宾，先在棉兰老岛登陆，然后攻取吕宋岛。而美军先取莱特岛的步骤，完全出于日本大本营的预料之外。日本海军探知美军在莱特岛登陆的情报后，小泽海军中将率领北部编队由北向南进发，以引诱美国主力舰队北上进行决战，粟田海军中将和西村海军中将率领南部编队的两支战斗大队由南向北进发。对美国两支舰队实施分进合击。结果，这次大海战，美国舰队在锡布延海海空战、苏里高海峡的夜战、萨马海海战和恩格诺角海

---

① Herold J. Wiens, *Pacific Island Bastions of the United States*, New Jersy, Toronto, London: D. Van Nostrand Company INC, 1962, p. 44.
② John B Lundstrom, *The First South Pacific Campain*, New York: U. S. Navy Institute Press, 2014, p. 174.
③ 〔美〕乔治·贝尔著《美国海权百年：1890~1990年的美国海军》，吴征宇译，人民出版社，2014，第278~284页。
④ Herold J. Wiens, *Pacific Island Bastions of the United States*, New Jersy, Toronto, London: D. Van Nostrand Company INC, 1962, p. 52.
⑤ 〔美〕乔治·贝尔著《美国海权百年：1890~1990年的美国海军》，吴征宇译，人民出版社，2014，第300页。

空战四次海上战斗中,将日本舰队各个击破。莱特湾海战为美军顺利登陆吕宋岛铺平了道路,日本"捷1号"作战计划宣告破产。日本本土面临着美国强大海军力量的包围之势,不可避免要遭受到灭顶之灾。①

(三) 冷战期间美苏对太平洋海上战略通道的争夺

虽然1905年日俄战争结束的时候,俄国海军从世界海军第三位跌到了第六位,但其进行海外扩张、争夺海上通道控制权的势头却丝毫未减。十月革命后,苏联成为世界上第一个社会主义国家,在旧海军基础上建立起来的苏联海军,在卫国战争期间,通过破坏敌方海上交通线,给德军造成了重大损失,从而有力地支援了陆军的作战和各个战区的行动。而外海海上交通线的顺畅,保障了1700多万吨同盟国支援苏联的战略物资的顺利运输,为苏联取得卫国战争的胜利做出了重大贡献。随着苏联海军实力的增强,苏联海军开始向世界各大洋渗透,推行霸权主义,以争夺海上战略通道的控制权。1967年,苏联海军进驻地中海,成立地中海分舰队;1968年,苏联海军进军印度洋,组建了印度洋分舰队;1979年,苏联派舰队进驻越南湾。苏联还在西非海岸部署舰船,经常派舰艇编队前往加勒比海等地。20世纪80年代中末期,苏联在世界各大洋上与美国展开了暗潮汹涌的较量。② 在美苏争霸的过程中,双方对海上战略通道的争夺无处不在。这种情形甚至延伸到了南太平洋地区。蒋建东在《苏联的海洋扩张》中探讨了苏联在南太平洋地区的发展历程。"在南太平洋辽阔的洋面上,出现了苏联扩张的阴影。苏联的军舰、飞机近年来不断闯进南太平洋地区各国的海域和领空,它的商船、渔船在这一带穿来穿去,它的间谍特务和各种人员也在这里到处活动和渗透。自从七十年代以来,随着苏联太平洋舰队实力的迅速增长,这一地区成了它扩张渗透的目标。苏联《红星报》的文章曾表示:'第五大陆的地理位置恰恰是在美国重大战略利益交错点上,使五角大楼从远东到波斯湾的基地相连。'因此,如果苏联在南太平洋地区获得立足支点,就可以威胁到美国通往东南亚、南亚、中东和东非的航运线,切断美国的'列岛防线',给美国以巨大威胁;可以加强它自己从日本海南下进入印度洋的地位,并还可以向拉丁美洲扩张。同时,苏联还打算把南太平洋变成它新的导弹核潜艇发射

---

① 王生荣:《海权对大国兴衰的历史影响》,海潮出版社,2009,第155~161页。
② 梁芳:《海上战略通道论》,时事出版社,2011,第99~101页。

场，建立向南极洲扩张的基地。从经济方面说，苏联对南太平洋地区的资源也垂涎三尺。在一望无垠的南太平洋上，散布着一个又一个岛屿。六十年代以来，相继取得独立的汤加、斐济、西萨摩亚等国，就在这些岛屿之中。这些岛国位于太平洋、印度洋和南极洲之间，具有重要的战略地位。如果苏联太平洋舰队在南太平洋岛国获得补给基地，就将不再受冬季必须从西伯利亚出发的航海限制。苏联曾企图在汤加取得立足点，以威胁大洋洲、东南亚和美国。苏联对南太平洋的其他岛国也不断加紧渗透活动。苏联与西萨摩亚建交后，也曾向西萨摩亚提出建立渔业基地的建议。苏联对斐济和巴布亚新几内亚也曾大力兜售其援助计划，但都没有获得结果。"[1]

自 1521 年之后，区域外大国在太平洋岛国的一个永恒主题是加强与泛太平洋的战略联系。这一战略动机推动了 19 世纪和 20 世纪早期西方对太平洋殖民地的争夺以及太平洋战争期间美日对战略岛屿的争夺。在亚太地区，太平洋岛国无疑是苏联关注的次区域最低层面。与其他西方大国不同，苏联在南太平洋地区处于一种"零基地"状态，即无固定的军事基地、无外交使团、无投资渠道、无高水平的贸易往来、无意识形态的关联性。直到 20 世纪 70 年代中期，苏联的地区活动也仅限于专门的海洋研究以及针对夸贾林导弹射程和法国核试验的情报搜集活动。也就是说，20 世纪 70 年代中期苏联在南太平洋地区的战略具备了雏形，但直到 1985 年即戈尔巴乔夫执政初期，苏联的战略才变得明晰。这不但意味着西方国家开始认同苏联的太平洋强国身份，也意味着苏联削弱了西方国家在南太平洋地区的影响力以及客观上推动了太平洋岛国的不结盟运动。[2]

虽然美国在二战后一直依赖"澳新美同盟"来控制南太平洋地区，自身并未直接介入其中的具体事务，但冷战改变了南太平洋地区的格局，苏联在该地区的影响力日益增加，扩张的意图日益明显。对美国和欧洲国家而言，南太平洋海上战略通道对其安全有着重要的意义。任何切断美国和欧洲国家与南太平洋地区经济联系的威胁都会破坏它们的经济稳定。美国在意识到了这点以后，开始通过双边援助的形式，在南太平洋地区保持着重要的影响力，目的是维持在该地区的存在。在美国强大影响力的遏制下，苏联未能

---

[1] 蒋建东：《苏联的海洋扩张》，人民出版社，1981，第 164~169 页。
[2] John C. Dorrance, "The Soviet union and the Pacific Islands: A Current Assessment", *Asian Survey*, Vol. 30, No. 9, 1990, pp. 908 - 912.

建立与南太平洋地区的经济和军事联系。①

苏联对南太平洋地区目标的追求始于 1976 年，其建议在汤加设立大使馆、建立码头和扩大汤加的主要机场。但由于汤加保守主义的影响以及澳大利亚和新西兰的干扰，这个建议未付诸实践。苏联的压力迫使美国在 1977 年、1978 年决定设立小区域发展援助项目、新式教育和文化交流项目以及扩大在南太平洋地区的政治存在。"俄国人来了"的综合征将会使得"澳新美同盟"的利益聚焦在南太平洋。然而，由于 1979 年苏联入侵阿富汗给太平洋岛国造成了负面影响，且苏联的意识形态外交对岛国没有多大吸引力，苏联在其他太平洋岛国建立外交代表团的建议被拒绝。在"新思维"改革的影响下，苏联在 20 世纪 80 年代在南太平洋地区不仅寻求渔业合作，还建立外交使团、加强文化交流、贸易往来等。

在"澳新美同盟"看来，由于南太平洋地区很少受大国竞争的影响，因此该地区应该是一个充满和平与稳定的堡垒。西方国家认为苏联的到来破坏了南太平洋地区的平静，因此它们需要加大参与和投资力度以保证对潜在对手的"战略拒止"。自此以后，美国对太平洋岛国的援助大幅增加，外交关系逐步改善。②在"澳新美同盟"的努力下，尽管苏联在操作地区代理人方面取得了一些成果，但是在加强军事存在的努力方面归于失败，这意味着苏联同美国在争夺南太平洋地区的海上战略通道上败下阵来。1979 年 9 月 2 日，美国政府人士在一次讲话中警告说："谁都不要弄错，美国仍然是一个太平洋国家"，自由出入太平洋海上通道对美国的安全是生死攸关的，因此我们正在保护这条通道。"美国政府表示将保持在亚洲的军事力量，并加强第七舰队的实力。1979 年下半年，美国先后为第七舰队配备了新型的驱逐舰和潜艇，在太平洋地区增加驻军人数，派遣"F－16"战斗机和新的机载预警机与控制系统，加强美国的军事基地和军事设施。第七舰队在太平洋水域的活动也更加频繁，不断进行针对苏联的大规模演习。演习区域选在菲律宾、冲绳岛附近海域以及一些重要的海峡通道上。苏联在太平洋的扩张，不仅加剧了它同美国的扩张，而且从客观上推动了太平洋地区国家和人民反霸力量的发展。③

---

① Gotz Mackensen&Don Hinrichsen, "A'New' South Pacific", *AMBIO*, Vol. 13, No. 5, 1984, p. 291.
② J. Fairbarn, Charles E. Morrison, Richaed W. Baker&Sheree A. Groves, *The Pacific Islands: Politics, Economics and International Relations*, Hawaii: University of Hawaii, 1991, p. 88.
③ 蒋建东:《苏联的海洋扩张》，人民出版社，1981，第 170 页。

（四）后冷战时代建设和谐海洋的努力

构建和谐海洋是南太平洋地区的共识或呼声。"太平洋是地球上最大的海域，拥有一些最丰富的海域生态系统。太平洋地区几乎 98% 都是海洋。海洋及其资源对太平洋岛民的生活和未来繁荣至关重要。海洋及其海岸线为该地区居民提供了许多生态系统服务，这巩固了渔业资源、娱乐、旅游业、交通部门的基础。海洋同样提供了串联我们风俗和文化传统的共同点，这种方式对于蓝色太平洋大陆是独特的。我们的海洋同样以深海资源和药物以及尚未开采的可再生能源为形式的机会。"①《关于"海洋：生命与未来"的帕劳宣言》同样指出了太平洋对于太平洋岛国的重要性。"太平洋是社会和经济的生命线，对全球气候和环境的稳定至关重要。海洋是我们的生命与未来。太平洋地区的人民正在见证这一事实。我们的生活方式、文化方向和行动应当体现这个事实，因为'太平洋人民'是我们的身份……我们呼吁地区和全球合作伙伴，包括公民社会和私营部门，共同合作，以打击非法海洋活动。"②由此看来，太平洋对太平洋岛国及其居民具有特殊的意义。传统基于海上战略通道的争夺不仅会破坏太平洋的和谐、健康，更会威胁太平洋岛国及其居民的生存和发展。出于这种考量，南太平洋地区意识到了构建和谐海洋的重要性，制定各种规范来呼吁保护海洋健康、构建和谐海洋。《太平洋岛国区域海洋政策和针对联合战略行动的框架》强调了这一点。"它的指导原则包括维持海洋的健康、推动海洋的和平利用、建立伙伴关系、推动合作、完善对海洋的理解、可持续利用海洋资源。就维护海洋的健康而言，区域层面的生态系统过程驱动着我们海洋的健康。海洋健康取决于保护生态系统的完整性，并最大限度减少人类活动的负面影响。海水质量恶化以及资源的耗尽体现了海洋健康的威胁；就推动海洋的和平利用而言，和平利用海洋包括环境、政治、社会、经济和安全维度。推动和平利用意味着减少与地区和国际法相悖的不可接受的非法活动。这类活动威胁着太平洋岛屿地区主要的生活资料来源。就建立伙伴

---

① "Ocean Management and Conservation", Pacific Islands Forum Secretariat, https://www.forumsec.org/ocean-management-conservation/.
② "Palau Declaration on 'The Ocean: Life and Future'", Pacific Islands Forum Secretariat, https://www.forumsec.org/wp-content/uploads/2017/11/2014-Palau-Declaration-on-%E2%80%98The-Ocean-Life-and-Future%E2%80%99.pdf.

关系而言，伙伴关系与合作提供了一个有利环境，对可持续利用海洋至关重要。为了建立伙伴关系，太平洋岛屿地区将致力于维护主权和治理海洋以及保护海洋的责任。"①

2001年7月，第二节太平洋共同体秘书处（Secretariat of Pacific Community，SPC）通过了《太平洋岛屿区域海洋政策》（Pacific Islands Regional Ocean Policy）。该文件也对构建和谐海洋进行了重点关注。"关心海洋是全人类的责任。海洋是相通的，而且相互依赖。海洋是最后一道重要的防线，其保护与可持续利用对人类的生存与生活至关重要。在过往的3500年间，太平洋岛屿地区分布着散落在海洋上的众多岛屿，这里出现了人类历史上一些重要的移民。海洋把太平洋岛屿地区联结在一起，并对该地区子孙后代提供支持——不仅是交通的媒介，而且是食物、传统和文化的源泉。当下，海洋为经济发展提供了最大的机会。"② SPC作为南太平洋地区重要的海洋治理组织，对其观念进行了界定。"我们的太平洋观念是追求一个和平、和谐、安全的地区，目的是所有太平洋人民可以过一种自由、健康的生活。"③ 一些学者也对太平洋给予了特别关注。米尔·普丽（Mere Pulea）在《为了保护海洋环境的太平洋未完成章程》（The Unfinished Agenda for the Pacific to Protect the Ocean Environment）一文中指出，"太平洋是地球上最大的部分，将需要特殊关注，因为它对于太平洋国家和世界的发展是必须的。海洋环境不能被分开为具体的部分，因为太平洋分散的区域中，陆地的环境问题与海洋环境密切相连。域外国家的活动严重威胁到了南太平洋的海洋环境，主要包括美国与法国的核试验、日本在北太平洋倾倒核废物、美国在约翰逊群岛焚毁化学武器、远洋国家在太平洋的过度渔业捕捞。太平洋岛国在意识到这些问题之后，在20世纪70年代采取了很多措施。南太平洋委员会举行了关于'岛礁和环礁湖'的研讨会。1974年，南太平洋地区制定了'自然保护特别计划'。1976年，南太平洋论坛决定南太平洋经济合作局（目前的太平洋岛国论坛秘书处）应当与南太平洋委员会一致，以准备磋商环境治理的

---

① SPC, FFA, PIFS, SOPAC, USP, SPREP, *Pacific Islands Regional Ocean Policy and Framework for Integrated Strategic Action*, Fiji: Suva, 2005. https://www.forumsec.org/wp-content/uploads/2018/03/Pacific-Islands-Regional-Ocean-Policy-2002.pdf.

② Secretariat of Pacific Comunity, *Pacific Islands regional Ocean Policy Draft*, New Caledonia: Noumea, 2001, pp.1-2.

③ "About Us", Pacific Community, http://www.spc.int/about-us/.

区域路径"。①

随着海洋问题日益严峻以及海洋共同利益的日益集中，域外国家意识到了建构和谐、稳定的南太平洋的重要性，不断构建各种平台，加强防务合作。2013年5月，SPDMM在努库阿洛法举行，澳大利亚、新西兰、巴布亚新几内亚、智利、法国的国防部长举行了会谈。这次会议强调了太平洋安全的重要性。"我们强调了太平洋安全的持久重要性，强调了区域安全与稳定。我们注意了太平洋地区安全与繁荣持续的重要性，包括脆弱国家内部的冲突、跨国犯罪、气候变化、环境恶化的影响以及持续的自然灾害。我们欢迎把SPDMM视为完善区域安全合作与协调的重要步骤。我们都同意SPDMM提供了一个有益的平台，用以就区域安全问题共享立场以及协调参与者之间的政策和路径。"② 2017年，第三届两年一次的SPDMM会议在奥克兰召开。此次会议讨论了区域安全、人道主义援助、减缓灾害、维和行动以及太平洋地区的军事演习协调。SPDMM是南太平洋地区唯一的部长级防务会议。澳大利亚是其坚定支持者，并在区域安全框架方面扮演着重要的角色。③

对太平洋岛国而言，倡导和谐南太平洋成为它们的共识，这既基于历史上的经验和教训，又源于当下海洋问题日益严峻的现实。太平洋岛国论坛第41届论坛峰会指出，"领导人强调了确保可持续发展、治理海洋的重要性。气候变化仍然是太平洋地区人民生活、安全和生存状况的最大威胁。论坛成员国必须在国家层面、地区层面以及国际层面上努力重视与太平洋地区有关的气候变化协议。同时，跨国犯罪也是国家和地区安全的一大威胁。这需要有效的国家法律执行机构来推进区域合作，共同打击跨国犯罪。论坛领导人意识到了马绍尔群岛放射性残留物的特殊危害，强调了美国对马绍尔群岛所

---

① Jon M. Van Dyke, Durwood Zaelke, Grant Hewison, *Freedom for the Seas in the 21st Century: ocean governance and environmental harmony*, Washington, DC: Island Press, 1992, pp. 103 – 105.

② "Communique: South Pacific Defence Minister's meeting concluded in Nuku'alofa on 1 May 2013. Details of the Meetings' outcome is outlined in the joint communique", Ministry of Information and Communications, May 3, 2013, http://www.mic.gov.to/news-today/press-releases/4377-south-pacific-defence-ministers-meeting-concludes-in-nukualofa.

③ "Fiji joins South Pacific Defence Ministers' Meeting", Australian Defence Magazine, April 10, 2017, http://www.australiandefence.com.au/news/fiji-joins-south-pacific-defence-ministers-meeting.

应该承担的责任。这是美国在马绍尔群岛托管期间进行核试验的直接后果"。① 第45届太平洋岛国论坛峰会指出,"领导人欢迎在帕劳举行的第45届太平洋岛国论坛主题——海洋：生命与未来。这强调了太平洋地区可持续发展、治理海洋的许多承诺和努力。同时,领导人对于金枪鱼存量的快速下降,表示了高度的关切,并要求渔业部门紧急加强渔业治理,目的是减少和限制捕鱼量"。② 第46届论坛峰会公报指出,"论坛领导人进一步强调了强化海洋监测与执行,并意识到这些问题的多维度本质。太平洋岛国和地区是世界上受气候变化的危害以及应对、适应气候变化最脆弱的地区,包括气候多样性的恶化、海平面上升、海洋酸化、极端气候频发"。③《太平洋岛国区域海洋政策和针对联合战略行动的框架》同样指出了南太平洋所面临的严峻挑战。"南太平洋地区成千上万的岛屿和珊瑚礁完全是海岸性的。海洋不仅是生命线,而且是危害的来源。这些危害随着太平洋岛屿地区内外的人类活动的影响而不断增加。太平洋岛屿地区对特定的环境、经济、社会条件具有特定的脆弱性。环境因素包括气候多样性、气候变化、海平面上升、频繁的自然灾害、脆弱的生态系统和自然资源基地、相互之间的地理孤立状态;经济因素包括有限的陆地面积和淡水资源、有限的市场规模、严重依附于进口、远离国际市场等；社会因素包括人口增长与分布、人身与食品安全、传统知识和实践的缺失等。"④

小　结

域外国家基于不同的战略目标和战略利益,对太平洋岛国采取了不同的战略手段。随着南太平洋地区战略环境的改变,太平洋岛国对域外国家的吸引力将日益增大。域外国家将会更加重视发展同太平洋岛国的外交关系。未来,域外国家不仅注重双边层面的交往,而且将会重视多边层面的互动,比如通过南太平洋地区的区域组织来发展同太平洋岛国的外交关系。当前,南

---

① PIFS, *Forty-First Pacific Islands Forum Communique*, Vanuatu：Port Vila, August 2010, pp. 1 – 10.
② PIFS, *Forty-Fifth Pacific Islands Forum Communique*, Palau：Koror, July 2014, p. 3.
③ PIFS, *Forty-Sixth Pacific Islands Forum Communique*, Papua New Guinea：Port Moresby, September 2015, p. 3.
④ FFA, PIFS, SPC, SPREP, SOPAC, USP, *Pacific Islands Regional Ocean Policy and Framework for Integrated Strategic Action*, Fiji：Suva, 2005, pp. 3 – 4.

太平洋地区多极化趋势不可阻挡。旧的以美国控制海上战略通道为特征的争霸体系日益被打破。南太平洋地区正在进入一个"战略竞争时代",一个需要战略理性与审慎思维的时代。需要指出的是,战略竞争并不意味着零和博弈,而是域外国家的互利共赢,共同构建南太平洋地区新型海洋秩序。基于能力提升、互利共赢和风险共担的战略理念而非基于威胁或威慑的战略理念应成为一种共识和努力的目标。

结　语

进入 21 世纪之后，伴随国际地缘政治的变化，在建构全球人类命运共同体的大背景下，域外国家加大了发展同太平洋岛国外交关系的力度。基于在南太平洋地区不同的利益排序及战略目标，域外国家采取了多样化的外交战略手段。作为海洋大型发展中国家，太平洋岛国在新的全球语境中具有新的意义。构建域外国家与太平洋岛国的命运共同体已为大势所趋，传统的以零和博弈为特征的地缘政治博弈不符合世界大势。世界各国，无论大小，应该顺势而为，摒弃以损害人类共同利益为目的的零和博弈。然而，构建域外国家与太平洋岛国的命运共同体不可避免地面临着一些障碍。

太平洋岛国远离国际社会的热点地区，深受西方文化影响，排斥外来文化。同时，一些太平洋岛国政局不稳，政治生态环境较差，这也是构建域外国家同太平洋岛国命运共同体的限制因素。太平洋岛国历史对现实选择具有重要的作用。没有任何国家可以割裂自己的历史。这个规律同样适用于太平洋岛国。独特的历史因素对岛国的政治产生了重要的影响。以英国为代表的西方殖民者以商业和战略利益并举为目的，自 16 世纪开始将其触角伸向广大的太平洋岛屿。殖民统治极大地影响了殖民地国家的政党发展。殖民撤退时，为了在独立后保持对殖民地的控制和影响，宗主国规定了殖民地实行"多党制"。在取得独立的过程中，当地许多政党为了民族独立做出了巨大贡献，取得了广泛的民众支持。在国家独立后，这些政党获得了相当有利的群众基础，为多党民主制提供了可能。[①] 然而，对于前殖

[①] Robert Pinkney, *Democracy In the Third World*, Boulder, CO: Lynne Rienner, 1994; Jorge I. Dominguez, *The Caribbean Question: Why Has Liberal Democracy Flourished?* Baltimore: Johns Hopkins University Press, 1993.

民地国家而言，非殖民化后的体制建设面临着很多困难。一方面，独立后出现的某种类型的专制政体破坏了原有体制；另一方面，实行专制统治不可能保持长期政治稳定。[1] 因此，太平洋岛国面临着严重的政治脆弱性。《太平洋地区的土地和争端》（Land and Conflict in Pacific Region）指出，"在过去的二十多年中，南太平洋地区经历了日益增加的政治不稳定、种族间暴力和武装暴乱。自1987年之后，斐济经历了三次武装暴乱，其中最近的一次发生在2006年。从1998～2003年，所罗门群岛的首都霍尼亚拉和瓜达康纳尔岛经常发生土族人和来自马莱塔岛移民之间的暴乱。族际冲突很大程度上是两大族群对土地所有权的争夺，而政治介入加剧了族际冲突，最终引发了一系列的攻击与反攻击行动。这些冲突增加了相关太平洋岛国的巨大社会、经济和政治成本。数千平民死亡，数万平民不得不移居别的地方。暴力和不稳定阻碍了旅游业和国外投资，使经济变得脆弱。每次危机都破坏了国家的'社会资本'（social capital），增加了不稳定的可能性"。[2]

在艾鲁·萨满（Konai Helu-Thaman）看来，太平洋岛国是世界上文化最丰富的地区。独特的文化已存在数千年，逐步形成独特的认知和理解体系，其中一些与西方文化并不同，比如与海洋航行、船舶建造和传统医学相关的文化。大部分的太平洋岛国土著人想使自己的传统文化被认同和保持。这意味着太平洋岛国需要至少一千种语言来满足这种需求。太平洋岛国文化具有两个特性。第一，许多太平洋岛国可以自愿改变其社会身份，一个太平洋岛民可以保持多种身份；第二，不论政治和经济发生何种转型，太平洋岛国文化都具有持久性。这也是太平洋岛国文化最重要的特点。[3] 环太平洋地区拥有许多岛屿和岛群。依据岛屿位置、地理特性，这些岛群可分为美拉尼西亚、密克罗尼西亚和波利尼西亚岛群。在南太平洋地区，土著文化保持着很强的特性，但西方文化的影响深入太平洋岛民的日常生活中。除了一些海外领地，其余岛国受欧洲或美国文化的影响很深。西方文化逐渐取

---

[1] 韦民：《小国与国际关系》，北京大学出版社，2014，第150页。
[2] Chris Wilson, "Land and Conflict in Pacific Region", Land Management and Conflict Minimisation Sub-Project 1.1, 2015, p. 7. http://www.forumsec.org/resources/uploads/attachments/documents/LMCM%201_1%20COMPLETE.pdf.
[3] Konai Helu-Thaman, "Cultural Democracy for Whom? A View from the Pacific Islands", http://repository.usp.ac.fj/6108/1/Cultural_democracy_for_whom_a_view_from_the_Pacific_Islands.pdf.

代太平洋岛国土著文化的位置。① 因此，太平洋岛国文化中拥有很多西方文化的基因。

长远来看，南太平洋地区远离国际热点区域，域外国家在该地区并没有直接的地缘政治冲突，因此爆发直接冲突的可能性较小。在求和平、谋发展成为主流的今天，构建域外国家与太平洋岛国的命运共同体成为未来的趋势。行为体具有共同命运是指他们的每个人的生存、健康、幸福取决于整个群体的状况。像相互依存一样，只有当共同命运是客观条件的时候，才能够成为集体身份形成的原因，因为"同舟共济"的主观意识是集体身份的建构因素，不是其原因因素。② 斐迪南·滕尼斯（Ferdinand Tonnies）把共同体视为"组成一定关系的人们"，人们的意志以有机的方式相互结合和相互肯定的地方总会有这种或那种方式的共同体。③ 共同体意味着人类或国家在相互交往过程中，在某些特定条件下或在某些特定的领域中产生了对彼此身份、角色的认同。④ 目前，域外国家发展同太平洋岛国外交关系的主要手段是对外援助。然而，与接受援助相比，太平洋岛国更希望自身能够保证海洋的健康。"太平洋是世界上最大的海域，拥有着最丰富的海洋资源。因此，太平洋及其海洋资源对太平洋岛民的生存和繁荣至关重要。太平洋及其海岸线为该地区的居民提供了种类繁多的生态系统服务，这支撑着我们的海洋渔业、娱乐业、旅游业以及交通业。近年来，我们海洋的健康日益恶化。气候变化、全球化、人口增长等因素导致了海洋生物多样性的破坏、过度捕捞以及海洋污染等问题。"⑤

域外国家已经具备了构建与太平洋岛国的命运共同体的客观条件，即构建和谐太平洋。域外国家历史上对于太平洋海上战略通道的争夺给南太平洋地区人民留下了很大的心理创伤。除此之外，对于海洋而言，海洋的健康、安全则受到了核试验的严重挑战。尤其是冷战期间法国、

---

① "The Pacific Islands", World Regional Geography: People, Places and Globalization, http://open.lib.umn.edu/worldgeography/chapter/13 - 1 - the - pacific - islands/.
② 〔美〕亚历山大·温特著《国际政治的社会理论》，秦亚青译，上海人民出版社，2014，第339页。
③ 〔德〕斐迪南·滕尼斯著《共同体与社会：纯粹社会学的基本概念》，林荣远译，北京大学出版社，2010，第43页。
④ 王帆、凌胜利：《人类命运共同体：全球治理的中国方案》，湖南人民出版社，2017，第142页。
⑤ "Oceans", Pacific Islands Forum Secretaraic, http://www.forumsec.org/pages.cfm/strategic - partnerships - coordination/pacific - oceanscape/，访问时间：2018年2月5日。

美国、英国在南太平洋进行的核试验，严重破坏了海洋生态系统。从1946～1996年，美国、法国、英国在澳大利亚沙漠地区以及中南太平洋地区的环礁进行了冷战期间的核试验。在50多年的时间里，它们在南太平洋地区总共进行了315次核试验。从1946～1958年，英国在马绍尔群岛进行了67次核试验。[1] 法国的核试验是其独立防务政策指导下的必然选择。法国从1960～1996年在南太平洋地区共进行了193次核试验。1962年阿尔及利亚独立以后，法国被迫将其在撒哈拉沙漠的核试验基地迁往南太平洋的穆鲁罗瓦岛，自此法国每年在该岛进行8次地下核试验。1962年9月21日，法国正式成立了太平洋实验中心。法国选择了无人居住的穆鲁罗瓦岛和方加陶法环礁，它们都位于土阿莫土群岛，距离法国18000公里。[2] 根据法国国防部最新公布的文件，其核试验远比之前认定的要更具毒性，在波利尼西亚的大部分地区留下了放射性尘埃。[3] 美国在托管马绍尔群岛时期，进行了67次核试验。核试验的长期负面影响阻碍了马绍尔群岛国家和人民的发展。[4] 基于此，南太平洋区域环境署（SPREP）于1985年签署了《南太平洋无核区条约》（South Pacific Nuclear Free Zone Treaty Act 1986），该条约于1986年生效。它重申了《不扩散核武器条约》对于防止核武器扩散和促进世界安全的重要性。每个缔约国承诺不通过任何方式在南太平洋无核区内外的任何地方生产或以其他办法获取、拥有或控制任何核爆炸装置，不寻求或接受任何援助以生产或获取核爆炸装置。[5]

对中国而言，虽然中国与太平洋岛国的经贸往来日益密切，但这并不意味着双方文化差异的消失。"国家之间的日益互动和全球化并不意味着文化

---

[1] "Nucelar Testing in the Pacific 1950s – 80s", Australia Living Peace Museaum, http://www.livingpeacemuseum.org.au/omeka/exhibits/show/nuclear–weapons–in–aus–pacific/nuclear–testing–pacific.

[2] Robert S. Norris, "French and Chinese Nuclear Weapon Testing", *Security Dialogue*, Vol. 27, No. 1, 1996, p. 40.

[3] "France nuclear tests showered vast area of Polynesia with radioactivity", The Guardian, July 2013, https://www.theguardian.com/world/2013/jul/03/french–nuclear–tests–polynesia–declassified.

[4] "Ongoing Impact of Nclear Testing in the Republic of Marshall islands", Pacific Islands Forum secretariat, https://www.forumsec.org/ongoing–impact–of–nuclear–testing–in–the–republic–of–marshall–islands/.

[5] "*South Pacific Nuclear Free Zone Treaty Act 1986*", SPREP, http://www.sprep.org/attachments/legal/SPNFZstatus.pdf.

差异性在消失或减少。虽然国家间的经济界限在消失,但文化障碍可能在增加。当来自不同文化背景的人们在互动时,可能会出现很多共性,但许多文化差异可能被放大。"① 中国属于典型的东方文化,而太平洋岛国目前既有西方文化的基因,又未脱离土著文化,双方在文化上并不兼容。在亨廷顿看来,"在冷战后的世界,文化既是分裂的力量,又是统一的力量。具有文化亲缘关系的国家在经济上和政治上相互合作。哲学假定、基本价值、社会关系、习俗以及全面的生活观在各文明之间有重大的差异。文明之间在政治和经济发展方面的重大差异显然根植于它们不同的文化之中。文化的共性和差异影响了国家的利益、对抗和联合"。② 文化的共性使得一些太平洋岛国对西方国家保持认同的态度,而文化的差异导致它们对中国并不认同。尽管中国近年来不断增加对太平洋岛国的援助,可是这并没有改变一些岛国对中国的偏见。整体来看,尽管中国对太平洋岛国的援助不附带任何政治条件,充分尊重对方国家的意志,但这没有避免西方对中国援助的猜疑。不仅如此,岛国对中国的援助心存猜疑。尽管中国被太平洋岛国的文化所打动,但是远未赢得岛国的心。③

发展海洋外交是中国—太平洋岛国命运共同体构建的最佳切入点。具体而言,构建命运共同体应该包括两个关键的路径,一是意识层面的路径,二是务实与互惠合作层面的路径。

第一,秉承"和谐海洋"发展观应成为双方的共识。海洋是人类生存与发展的共同空间与宝贵财富。作为沟通中国与太平洋岛国的纽带,太平洋为双方提供了巨大的合作潜力。中国与太平洋岛国都是对海洋依存度比较高的国家,海洋与国家的命运息息相关,秉承"和谐海洋"发展观应成为双方的共识,也是双方建设命运共同体的一个基本理念。从人与自然关系的角度看,和谐海洋观体现为一种人类在处理人与海洋关系时和谐生态观,意指人与海洋中的客观物质对象等达成和谐、共生的相处方式,使人类与海洋形成一个和谐统一的整体。和谐海洋观必然要求人类在处理与海洋关系时放弃

---

① House R. J., Hanges P. J., Javidan, M., Dorfman, Culture Leadership and Organization: The GLOBE Study of 62 Societies, Thousand Oaks: Sage Publications, 2004, p. 32.
② 〔美〕塞缪尔·亨廷顿著《文明的冲突与世界秩序的重建》,周琪等译,新华出版社,2009,第6~7页。
③ "Dragon's touch-China's Pacific outreach", Radio New Zealand National, March 2015, http://www.radionz.co.nz/national/programmes/insight/audio/20172666/insight – for – 29 – march – 2015 – china – in – the – pacific.

"人类中心主义"的自然观，树立人类与海洋生态系统同呼吸、共命运的自然观。①

对中国传统海洋文化进行梳理可以发现：中国传统海洋文化具有崇尚和平、四海一家的价值追求，创造了以"海纳百川，和而不同"为底蕴的中华海洋文化圈。这种价值追求，在郑和下西洋奉行明朝"内安华夏、外抚四夷、一视同仁、共享太平"的基本国策中，得到鲜明体现。如宣诏颁赏，增进友谊；调解纠纷，和平相处；树碑布施，联络感情；克制忍让，化干戈为玉帛等。②

第二，夯实中国与太平洋岛国海洋领域的务实合作。目前，域外国家发展同太平洋岛国外交关系的主要手段是对外援助。然而，与接受援助相比，太平洋岛国更希望自身能够实现保证海洋的健康。"太平洋是世界上最大的海域，拥有着一些最丰富的海洋资源。因此，太平洋及其海洋资源对太平洋岛民的生存和繁荣至关重要。太平洋及其漫长的海岸线为该地区的居民提供了种类繁多的生态系统服务，这支撑着我们的海洋渔业、娱乐业、旅游业以及交通业。近年来，我们海洋的健康日益恶化。气候变化、全球化、人口增长等因素导致了海洋生物多样性的破坏、过度捕捞以及海洋污染等问题。"③中国构建与太平洋岛国的命运共同体应该关注岛国的切身利益诉求，站在岛国的立场上，去解决岛国的利益关切。夯实与太平洋岛国海洋领域的务实合作，一方面应该积极参与南太平洋地区的海洋治理，与岛国共谋合作治理之路；另一方面应该积极拓宽双方海洋领域的合作，互利共赢。

构建中国—太平洋岛国命运共同体是一个长期而艰巨的任务，不可避免地面临着许多挑战，这些挑战涉及多个维度。然而，从长远来看，构建命运共同体不仅有助于中国与太平洋岛国之间的互利共赢，而且有助于国际社会的和平与稳定。随着命运共同体理念的践行，越来越多的国家和地区高度赞赏这一理念。由于各个国家和地区的实际情况不同，构建命运共同体的路径也不尽相同。作为国际社会中特殊的群体，太平洋岛国特殊的地理位置、独

---

① 王印红、吴金鹏：《"和谐海洋观"的阐释与建构》，载《中国海洋大学学报》2015年第3期，第19~20页。
② 崔凤、宋宁而：《中国海洋社会发展报告（2015）》，社会科学文献出版社，2015，第46页。
③ "Oceans", Pacific Islands Forum Secretaraic, http://www.forumsec.org/pages.cfm/strategic-partnerships-coordination/pacific-oceanscape/，访问时间：2018年2月5日。

特且多元的土著文化以及长期被殖民的历史决定了它们的特殊性，因此寻找合适的切入点关系到命运共同构建的成效。人类命运共同体理念是一种超越民族国家和意识形态的"全球观"，是为人类社会发展进步所提出的新思路。但人类命运共同体理念的践行既需要全球路径，也需要地区路径。中国构建与太平洋岛国的命运共同体更需要结合南太平洋地区的实际情况，在全球路径的基础上，采取地区路径。中国是最大的发展中国家，发展中国家是中国外交的根基，积极推动中国—太平洋岛国命运共同体构建符合双方的共同利益，也有助于打造新型"南南合作"的典范，实现人类社会的共同发展。构建中国－太平洋岛国命运共同体，需要扎实推进。目前，中国与太平洋岛国对于构建命运共同体都表现出了积极的态势。

参考文献

一 中文文献

（一）译著

[1]〔德〕斐迪楠·滕尼斯：《共同体与社会：纯粹社会学的基本概念》，林荣远译，北京大学出版社，2010。

[2]〔德〕乔尔根·舒尔茨、〔德〕维尔弗雷德、〔德〕汉斯-弗兰克：《亚洲海洋战略》，鞠海龙、吴艳译，人民出版社，2014。

[3]〔古希腊〕修昔底德：《伯罗奔尼撒战争史》，谢德风译，商务印书馆，2013。

[4]〔美〕安德鲁·S.埃里克森、莱尔·J.戈尔茨坦：《中国、美国与21世纪海权》，徐胜、范晓婷等译，海洋出版社，2011。

[5]〔美〕海伦·米尔纳：《利益、制度与信息》，曲博译，上海人民出版社，2010。

[6]〔美〕J. W.库尔特：《斐济现代史》，吴江霖、陈一百译，广东人民出版社，1967。

[7]〔美〕理查德·哈斯：《外交政策始于国内：办好美国国内的事》，胡利平、王淮海译，上海人民出版社，2015。

[8]〔美〕林肯·佩恩：《海洋与文明》，陈建军译，天津人民出版社，2017。

[9]〔美〕罗伯特·阿特：《美国大战略》，郭树勇译，北京大学出版社，2005。

[10]〔美〕罗伯特·基欧汉:《霸权之后:世界政治经济中的合作与纷争》,苏长河、信强、何曜译,上海人民出版社,2012。

[11]〔美〕罗伯特·基欧汉、〔美〕约瑟夫·奈:《权力与相互依赖》,门洪华译,北京大学出版社,2012。

[12]〔美〕马汉:《海权论》,萧伟中、梅然译,中国言实出版社,1997。

[13]〔美〕马汉:《海权对历史的影响》,安常容等译,解放军出版社,1998。

[14]〔美〕马汉:《海军战略》,蔡鸿翰、田常吉译,商务印书馆,2016。

[15]〔美〕乔治·贝尔:《美国海权百年:1890~1990年的美国海军》,吴征宇译,人民出版社,2014。

[16]〔美〕塞缪尔·亨廷顿:《文明的冲突与世界秩序的重建》,周琦等译,新华出版社,2009。

[17]〔美〕索尔·科恩:《地缘政治学——国际关系的地理学》,严春松译,上海社会科学院出版社,2011。

[18]〔美〕唐纳德·弗里德曼:《太平洋史》,王成至译,东方出版社,2011。

[19]〔美〕沃尔特·拉塞尔·米德译:《美国外交政策及其如何影响了世界》,曹化银译,中信出版社,2003。

[20]〔美〕亚历山大·温特:《国际政治的社会理论》,秦亚青译,上海人民出版社,2014。

[21]〔美〕约翰·亨德森、〔美〕海伦·巴特:《大洋洲地区手册》,福建师范大学外语系译,商务印书馆,1978。

[22]〔美〕约翰·伊肯伯里:《美国无敌:均势的未来》,韩昭颖译,北京大学出版社,2005。

[23]〔美〕约瑟夫·奈:《软实力》,马娟娟译,中信出版社,2013。

[24]〔美〕兹比格纽·布热津斯基:《大棋局:美国的首要地位及其地缘战略》,中国国际问题研究所译,上海人民出版社,2007。

[25]〔日〕福泽谕吉:《文明略概论》,北京编译社译,九州出版社,2008。

[26]〔印〕贾瓦拉哈尔·尼赫鲁:《印度的发现》,齐文译,世界知识出版社,1956。

[27]〔印〕雷嘉·莫汉:《中印海洋大战略》,朱宪超、张玉梅译,中国民主法制出版社,2014。

[28]〔印〕雷嘉·莫汉：《莫迪的世界》，朱翠萍译，社会科学文献出版社，2016。

[29]〔印〕潘尼迦：《印度和印度洋——略论海权对印度历史的影响》，世界知识出版社，1964。

[30]〔英〕肯·布思：《战略与民族优越感》，冉冉译，中央编译出版社，2009。

[31]〔英〕利德尔·哈特：《战略论》，钮先钟译，广西师范大学出版社，2010。

（二）专著

[1] 蔡拓、杨雪冬、吴志成：《全球治理概论》，北京大学出版社，2016。

[2] 陈宝明：《气候外交》，立信会计出版社，2011。

[3] 陈学恩、刘岳、郝虹：《德国科学考察船编队——未来十年战略需求》，中国海洋大学出版社，2011。

[4] 蒋建东：《苏联的海洋扩张》，人民出版社，1981。

[5] 康绍邦、宫力等：《国际战略新论》，解放军出版社，2006。

[6] 李德芳：《全球时代的公共外交》，中国社会科学出版社，2014。

[7] 李少军：《国际战略学》，中国社会科学出版社，2009。

[8] 李双建：《主要沿海国家的海洋战略研究》，海军出版社，2014。

[9] 梁芳：《海上战略通道论》，时事出版社，2011。

[10] 林宁、黄南艳、吴克勤：《海洋综合管理手册：衡量沿岸和海洋综合管理过程和成效的手册》，海洋出版社，2008。

[11] 刘文立：《法国史纲要》，武汉大学出版社，1988。

[12] 鹿守本：《海洋管理通论》，海洋出版社，1997。

[13] 马加力：《崛起中的巨象：关注印度》，山东大学出版社，2010。

[14] 门洪华、曾锐生：《未来十年中国的战略走向》，中国经济出版社，2015。

[15] 钮先钟：《西方战略思想史》，广西师范大学出版社，2003。

[16] 秦亚青：《关系与过程：中国国际关系理论的文化建构》，上海人民出版社，2012。

[17] 仇华飞：《国际秩序演变中的中国周边外交与中美关系》，人民出版社，2015。

［18］阮宗泽：《美国亚太再平衡战略与中国对策》，时事出版社，2015。
［19］宋德星：《印度海洋战略研究》，时事出版社，2016。
［20］汪诗明、王艳芬：《太平洋英联邦国家——处在现代化的边缘》，四川人民出版社，2005。
［21］王帆、凌胜利：《人类命运共同体：全球治理的中国方案》，湖南人民出版社，2017。
［22］王华：《萨摩亚争端与大国外交：1871~1900》，中国社会科学出版社，2008。
［23］王生荣：《海权论对大国兴衰的历史影响》，海潮出版社，2009。
［24］韦民：《小国与国际关系》，北京大学出版社，2014。
［25］徐世澄：《列国志·古巴》，社会科学文献出版社，2003。
［26］杨泽伟：《中国海上能源通道安全的法律保障》，武汉大学出版社，2011。
［27］喻常森：《大洋洲发展报告（2014~2015）》，社会科学文献出版社，2015。
［28］张金霞：《"古巴模式"的；理论探索——卡斯特罗的社会主义观》，人民出版社，2012。
［29］张炜、郑宏：《影响历史的海权论》，军事科学出版社，2000。
［30］张文木：《印度与印度洋——基于中国地缘政治视角》，中国社会科学出版社，2015。
［31］周弘：《对外援助与国际关系》，中国社会科学出版社，2002。
［32］国家海洋局海洋发展战略研究所：《联合国海洋法公约》，海洋出版社，2014。
［33］中国现代国际关系学院海上通道安全课题组：《海上通道安全与国际合作》，时事出版社，2005。
［34］中国现代国际关系研究院经济安全研究中心：《全球能源大棋局》，时事出版社，2005。

（三）期刊文章

［1］陈洪桥：《太平洋岛国区域海洋治理探析》，《战略决策研究》2017年第4期。
［2］达巍：《特朗普政府的对华战略前瞻》，《美国研究》2016年第6期。

[3] 胡欣：《向东看得更远：印度全球外交走进南太平洋》，《世界知识》2016年第8期。

[4] 黄任望：《全球海洋治理问题初探》，《海洋开发与管理》2014年第3期。

[5] 李德芳：《中国开展南太平洋岛国公共外交的动因及现状分析》，《太平洋学报》2014年第11期。

[6] 李莉娜：《气候外交中的中德比较》，《公共外交季刊》2016年第1期。

[7] 梁甲瑞：《海上战略通道视角下中国南太地区的海洋战略》，《世界经济与政治论坛》2016年第3期。

[8] 梁甲瑞：《马汉的"海权论"与美国在南太地区的海洋战略》，《聊城大学学报》2016年第2期。

[9] 梁甲瑞：《美国重返亚太及中国的战略应对》，《世界地理研究》2017年第1期。

[10] 马加力、徐俊：《印度的海洋观及其海洋战略》，《亚非纵横》2009年第2期。

[11] 马建英：《海洋外交的兴起：内涵、机制和趋势》，《世界经济与政治》2014年第4期。

[12] 漆海霞、张佐丽：《弃权还是否决——中国如何在联合国安理会中表达反对立场》，《世界经济与政治》2014年第5期。

[13] 曲升：《南太平洋区域海洋机制的缘起、发展及意义》，《太平洋学报》2017年第2期。

[14] 宋秀琚、叶圣萱：《浅析"亚太再平衡"战略下美国与南太岛国关系的新发展》，《太平洋学报》2016年第1期。

[15] 孙洪波：《古巴的医疗外交》，《拉丁美洲研究》2007年第5期。

[16] 唐露萍：《印度的对外援助及其管理》，《厦门大学国际发展论坛》2013年第9期。

[17] 王琦、崔野：《将全球治理引入海洋领域——论全球海洋治理的基本问题与我国的应对策略》，《太平洋学报》2015年第6期。

[18] 肖刚：《国家认同：德国与日本的联合国外交比较》，《德国研究》2001年第3期。

[19] 肖洋：《德国参与北极事务的路径构建：顶层设计与引领因素》，《德国研究》2015年第1期。

［20］尹继武、郑建君、李宏洲：《特朗普的政治人格特质及其政策偏好分析》，《现代国际关系》2017年第2期。

［21］喻常森：《试析21世纪初美国对太平洋岛国的援助》，《亚太经济》2014年第5期。

［22］张宏明：《巴黎在南太平洋面临的问题及其对策》，《国际问题研究》1989年第1期。

［23］朱立群：《联合国投票变化与国家间关系（1990～2004）》，《世界经济与政治》2006年第4期。

二 外文文献

（一）英文专著

［1］Adalberto Vallega, *Sustainable ocean governance: a geographical perspective*, London: Routledge, 2001.

［2］Alfred T. Mahan, *The Influence of Sea Power upon History* 1660-1783, Boston: Little Brown and Company, 1898.

［3］Andreas Holtz, Matthias Kowasch, Oliver Kasenkamp, *A Region in Transition: Politics and Power in the Pacific Island Countries*, Saarland: Saarland University Press, 2016.

［4］David Nevin, *American Touch in Micronesia*, New York: W. W. Norton & Company·Inc, 1977.

［5］Denise Fisher, *France in the South Pacific: Power and Politics*, Australia: ANU Press, 2013.

［6］Fry G., *Australia's regional security*, North Sydney: Allen and Unwin Press, 1991.

［7］Greg Fry, Sandra Tarte, *The New Pacific Diplomacy*, Canberra: ANU Press, 2015.

［8］H. Terashima, *Proceedings of the International Seminar on Islands and Oceans*, Tokyo: Ocean Policy Research Foundation, 2010.

［9］Hal M. Friedman, *Create an American Lake: United States Imperialism and Strategic Security in the Pacific Basin*, 1945-1947, Westport: Greenwood

Press, 2001.

[10] Helen Lee, Steve Tupai Francis, *Migration and Transnationalism: Pacific Perspectives*, Australia: ANU Press, 2009.

[11] Henry A. Kissinger, *Diplomacy*, New York: Simon and Schuster, 1994.

[12] Herold J. Wiens, *Pacific Island Bastions of the United States*, New Jersey: D. Van Nostrand Company, INC, 1962.

[13] I. J. Fairbairn, Charles E. Morrison, Richard W. Baker, Sheree A. Groves, *The Pacific Islands: Politics, Economics and International Relations*, Honolulu: University of Hawaii, 1991.

[14] John B. Lundstrom, *The First South Pacific Campain*, New York: U. S. Navy Institute Press, 2014.

[15] Jon M. Dyke, Durwood Zaelke, Grant Hewison, *Freedom of the Seas in the 21st Century*, Washington D. C.: Island Press, 1993.

[16] Lawrence Juda, *International Law and Ocean Use Management*, London: Routledge, 2003.

[17] Milan Jazbec, *The Diplomacies of New Small States: the case of Slovenia with some comparison from the Baltics*, England: Ashgate Publishing Limited, 2002.

[18] Ratana Chuenpagdee, *World Small-Scale Fisheries Contemporary Visions*, The Netherlands: Eburon Acad, 2011.

[19] Robert L. Rothstein, *Alliance and Small Powers*, New York: Columbia University Press, 1968.

[20] Rouben Azizian, Carleton Cramer, *Regionalism, Security and Cooperation in the Oceania*, Honolulu: Asia-Pacific Center for Security Studies, 2015.

[21] Tuiloma Neroni Slade, *The Making of International Law: The Role of Small Island States*, Int'l&Comp. L. J., 2003.

（二）英文期刊文章

[1] Alan Dupont, "Indonesian Defence Strategy and Security: Time for a Rethink", *Contemporary Southeast Asia*, Vol. 18, No. 3, 1996.

[2] B. S. Gupta, "India in the Twenty-first Century", *International Affairs*, Vol. 73, No. 2, 1997.

[3] Biliana Cicin-Sain, Robert W. Knecht, "The Emergence of a Regional

Ocean Regime in the South Pacific", *Ecology Law Quarterly*, Vol. 16, Issue 1, 1989.

[4] Campbell LM, Gray NJ, Fairbanks, Silver JJ, "Oceans at Rio + 20", *Conservation Letters*, Vol. 6, No. 6, 2013.

[5] Daniel J. Kostecka, "Places and Bases: The Chinese Navy's Emerging Support Network in the Indian Ocean", *Naval War College Review*, Vol. 64, No. 1, 2011.

[6] Denghua Zhang, Hemant Shivakumar, "Dragon versus Elephant: A Comparative Study of Chinese and Indian Aid in the Pacific", *Asia and The Pacific Policy Studies*, Vol4, No. 2, 2017.

[7] Don Mackay, "Nuclear Testing: New Zealand and France in the International Court of Justice", *Fordham International Law*, Vol. 19, No. 5, 1995.

[8] Evan A. Laksmana, "The Enduring Strategic Trinity: Explaining Indonesia's Geopolitical Architecture", *Journal of the Indian Ocean Region*, Vol. 7, No. 1, 2011.

[9] Gotz Mackensen, Don Hinrichsen, "A 'New' South Pacific", *Ambio*, Vol. 13, No. 5/6, 1984.

[10] K. R. Singh, "The Changing Paradigm of India's Maritime Security", *International Studies*, Vol. 40, No. 3, 2003.

[11] Kate O'Neill, Erika Weinthal, Kimberly Marion Suiseeya, "Methods and global environmental governance", *Annual Review of Environment and Resources*, Vol. 38, No. 1, 2013.

[12] L. P. Singh, "Bases of Indonesia's Claim to West New Guinea", *The Australian Quarterly*, Vol. 34, No. 1, 1962.

[13] Lisa M. Campbell, Noella J. Gray, Luke Fairbanks, Jennifer J. Silver, Rebecca L. Gruby, "Global Ocean Governance: New and Emerging Oceans", *Annual Review of Environment&Resources*, Vol. 41, No. 1, 2016.

[14] Mark Pelling, Juha I. Unitto, "Small island developing states: natural disaster vulnerability and global change", *Environmental Hazards*, Vol. 2, No. 3, 2001.

[15] Martin Tsamenyi, "The institutional framework for regional cooperation in

ocean and coastal management in the South Pacific", *Ocean and Coastal Management*, Vol. 42, 1999.

[16] Norman Macqueen, "Papua Guinea's Relations with Indonesia and Australia: Diplomacy on the Asia-Pacific Interface", *Asian Survey*, Vol. 29, No. 5, 1989.

[17] Quentin Hanich, Feleti Teo, Martin Tsamenyi, "A collective approach to Pacific islands fisheries management: Moving beyond regional agreements", *Marine Policy*, Vol. 34, Issue 1, 2010.

[18] Quirk, G., Hanich Q., "Ocean Diplomacy: The Pacific Island Countries' Campaign to the UN for an Ocean Sustainable Development Goal", *Asia-Pacific Journal of Ocean Law and Policy*, Vol. 1, No. 1, 2016.

[19] Rebecca Hingley, "'Climate Refugees': An Oceanic Perspective", *Asia&The Pacific Policy Studies*, Vol. 4, No. 1, 2017.

[20] Rebecca L. Gruby, Xavier Basurto, "Multi-level governance for large marine commons: Politics and polycentricity in Palau's protected area network", *Environmental Science and Policy*, Vol. 36, 2014.

[21] Rognvaldur Hannesson, "The exclusive economic zone and economic development in the pacific island countries", *Marine Policy*, Vol. 32, No. 6, 2008.

[22] Robert O. Keohane, "Lilliputians' Dilemmas: Small States in International Politics", *International Organization*, Vol. 23, No. 2, 1969.

[23] Steven K. Holloway, "Forty Years of United Nations General Assembly Voting", *Canadian Journal of Political Science*, Vol. 23, No. 2, 1990.

后　记

　　这是笔者的第二部学术专著，与第一部专著《中美南太平洋地区合作：基于维护海上战略通道安全的视角》的主题类似，聚焦点都是太平洋岛国。这本书中的相当一部分是笔者已经发表或准备发表的学术论文，在循其内在逻辑线关联下，整合、升级而成。如果第一部专著是笔者的读博期间的思考，那这部专著则是笔者最近两年心路历程的总结和对人生未来发展的一些沉淀。

　　笔者的天资不够聪颖，起步较晚，所以不图做宏大的学问。然而，笔者却敢于为学术献身。任何事情都有两面性。一方面，学术有枯燥、单调的一面，经常让人感到焦虑；另一方面，学术给人一种莫名的成就感，尤其是当思想不再流浪，用文字将它留住的时候，这种成就感给人的冲击非常震撼。青春期，笔者是一个十足的叛逆少年，玩世不恭。然而，当接触到学术的时候，笔者学会了沉淀，学会了沉稳，学会了独立思考，学会了独立判断，这些都得益于学术的功能。

　　在国际关系研究中，太平洋岛国属于小国的行列，称之为微型国家也不过分。就国家本体而言，它们与大国、中等强国相比，微不足道。但在国际体系中，它们也是一个变量，一个不容忽视的变量。正如书中所言，太平洋岛国是大型海洋发展中国家。因此，从不同的角度看，太平洋岛国有着不同的现实意义。任何一个变量的变化，都有可能对现有国际体系产生影响。随着全球海洋治理成为焦点议题，太平洋岛国凭借丰富的海洋治理经验、遵循"人海合一"的海洋观念，在国际舞台上非常活跃。从博士论文到任职后发表的论文，笔者关注的议题绝大多是太平洋岛国以及它们所在的海域——南太平洋。如果说之前是闭着眼睛写太平洋的话，那么自从2018年8月去了萨摩亚之后，笔者终于看到了心有所系、梦有所归的南太平洋。广阔的南太平洋给笔者的震撼至今仍在。憨厚、善良的太平洋岛民让人印象深刻。由此，萨摩亚之行让笔者坚信所研究的方向是有意义的，更让笔者坚定了余生继续研究南太平洋的信念。

带着这个信念，笔者从未敢有任何懈怠，从未敢轻薄学术。未来，笔者将去太平洋岛国实地调研，以另外一种方式了解这些岛国及岛民。作为研究方向，海洋治理将是笔者以后重要的研究领域。海洋对人类的重要性不言而喻。南太平洋的海洋治理不仅是区域的重要议题，也是整个国际社会的关注议题。今后，笔者将深入太平洋岛国内部，研究太平洋岛国如何治理海洋以及对全球的启示。

图书在版编目(CIP)数据

域外国家对太平洋岛国的外交战略研究/梁甲瑞著
.--北京：社会科学文献出版社，2019.5
ISBN 978-7-5201-4451-3

Ⅰ.①域… Ⅱ.①梁… Ⅲ.①国际关系-外交战略-研究 Ⅳ.①D8

中国版本图书馆CIP数据核字（2019）第039754号

域外国家对太平洋岛国的外交战略研究

著　　者 / 梁甲瑞

出 版 人 / 谢寿光
责任编辑 / 叶　娟
文稿编辑 / 左美辰

出　　版 / 社会科学文献出版社·国别区域分社（010）59367078
　　　　　地址：北京市北三环中路甲29号院华龙大厦　邮编：100029
　　　　　网址：www.ssap.com.cn

发　　行 / 市场营销中心（010）59367081　59367083
印　　装 / 三河市东方印刷有限公司

规　　格 / 开　本：787mm×1092mm　1/16
　　　　　印　张：16.75　字　数：287千字
版　　次 / 2019年5月第1版　2019年5月第1次印刷
书　　号 / ISBN 978-7-5201-4451-3
定　　价 / 118.00元

本书如有印装质量问题，请与读者服务中心（010-59367028）联系

版权所有 翻印必究